企业家精神赋能新质生产力研究

王 娟 朱卫未 著

中国财经出版传媒集团
中国财政经济出版社
· 北京 ·

图书在版编目（CIP）数据

企业家精神赋能新质生产力研究 / 王娟，朱卫未著.
北京 ：中国财政经济出版社，2025. 5. -- ISBN 978-7
-5223-3986-3

Ⅰ. F279.23；F120.2

中国国家版本馆CIP数据核字第2025XP5656号

责任编辑：潘　飞　　　　责任校对：张　凡

封面设计：卜建辰　　　　责任印制：张　健

企业家精神赋能新质生产力研究

QIYEJIA JINGSHEN FUNENG XINZHI SHENGCHANLI YANJIU

中国财政经济出版社 出版

URL：http：//www. cfeph. cn

E－mail：cfeph@ cfeph. cn

社址：北京市海淀区阜成路甲 28 号　邮政编码：100142

营销中心电话：010－88191522

天猫网店：中国财政经济出版社旗舰店

网址：https：//zgczjjcbs. tmall. com

涿州汇美亿浓印刷有限公司印刷　各地新华书店经销

成品尺寸：170mm×240mm　16 开　18. 5 印张　265 000 字

2025 年 5 月第 1 版　2025 年 5 月河北第 1 次印刷

定价：68. 00 元

ISBN 978－7－5223－3986－3

（图书出现印装问题，本社负责调换，电话：010－88190548）

本社质量投诉电话：010－88190744

打击盗版举报热线：010－88191661　QQ：2242791300

序

2023年9月，习近平总书记在黑龙江考察期间首次提出“新质生产力”一词，此后多次在重要场合展开论述。这些重要论述是对马克思主义生产力理论的新发展，为新时代全面把握新一轮科技革命和产业变革突破方向、推动生产力高质量发展、全面推进中国式现代化建设提供了根本遵循和行动指南。

党的二十届三中全会审议通过的《中共中央关于进一步全面深化改革、推进中国式现代化的决定》强调，要健全因地制宜发展新质生产力体制机制，催生新产业、新模式、新动能，发展以高技术、高效能、高质量为特征的生产力。强化企业科技创新主体地位，加强企业主导的产学研深度融合。

2023年中央经济工作会议明确要求“弘扬企业家精神，激发微观主体活力”，国务院《关于加快建设世界一流企业的指导意见》亦提出“健全企业家精神培育长效机制”。

当前，我国正处于经济转型升级的关键期，“人口红利”消减、资源约束加剧与全球科技竞争白热化三重压力叠加，传统增长模式难以为继。在此背景下，新质生产力的培育不仅是破局之钥，更是大国竞争的制胜之道。善谋者行远，实干者乃成。企业是创新的主体，而企业家精神作为创新生态的“催化剂”与“新质生产力”的活力之源，其赋能效应亟待理论与实践的深度解构。

行远自迩，登高自卑。南京邮电大学王娟教授及其团队长期从事企业战略管理的研究工作，承担了多项国家级课题、政府咨询研究并完成多篇优秀的管理案例，在战略管理领域具有一定的影响力。王教授等以其长期的科学评价学术研究成果为抓手，以当前国家发展新质生产力需求为导向，撰写完成了《企业家精神赋能新质生产力研究》一书。本书立足国家培育新质生产力的战略需求，通过跨学科融合与多方法交叉，系统解释企业家精神赋能的实施过程，对促进我国发展新质生产力具有积极的意义。

该书在深度解析新质生产力的内涵与战略价值的基础上，进一步剖析企业家精神的赋能机制，揭示企业家精神通过创新能力、数智技术应用、资源配置效率三条路径驱动新质生产力的动态作用规律，为企业进一步发展新质生产力提供实践参考。此外，该书进一步解构国内政策文本的“供给—环境—需求”工具失衡问题，提出“制度包容性设计—区域差异化施策—企业能力型激励”协同方案，明确国家与企业双层面的优化路径。这些路径能为政府精准施策提供依据，进而助力破解企业家精神区域失衡困局。

道阻且长，行则将至。新质生产力的崛起既需要硬核科技的突破，又依赖企业家精神的“软实力”支撑。本书的价值不仅在于构建理论范式，更在于其强烈的现实关怀——当“创新冒险”遭遇“不确定性”，当“资源配置”直面“区域发展鸿沟”，本书以严谨的学术语言，为中国新质生产力的培育与发展提供了充满张力的解决方案。期待王娟教授团队以此书为起点，持续深耕企业家精神与新质生产力的动态演化规律，在“理论—实践—政策”的螺旋上升中，为中国经济的高质量发展注入更多思想动能。

此为序。

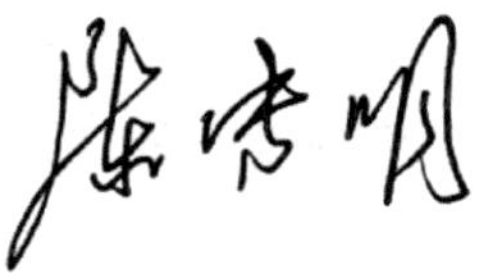

2025 年 5 月

前　言

在当前我国经济社会发展的新阶段，面对“人口红利”逐渐减弱、资源环境约束趋紧的现实挑战以及全球科技竞争日益激烈的外部环境等重重挑战，新质生产力的培育与发展成为推动我国经济高质量发展的关键引擎。新质生产力，作为传统生产力形态的深刻变革与超越，不仅涵盖了以新一代信息技术、人工智能、生物技术、新能源、新材料、高端装备、绿色环保等为代表的战略性新兴产业，更强调创新驱动、绿色低碳、数字赋能、融合共享的发展理念。因此，新质生产力的崛起，不仅是我国经济发展方式转变的必然要求，也是构建新发展格局、实现高质量发展的必由之路。企业家作为经济生产过程中的主角，企业家经济已成为经济发展的源泉。从中国现实状况来看，企业家精神区域分布不均衡，且已经严重制约了经济高质量发展。因此，从理论和实证方面分析企业家精神对新质生产力发展的影响，具有重要的理论价值和实践意义。

第一章，绪论。主要介绍本书的研究背景，阐述研究的关键问题及其意义，介绍本书的研究方法和思路，提出本书的研究框架和研究内容，并简述本书的主要创新点。

第二章，文献综述。重点梳理和总结了两个方面的文献：第一是企业家精神的相关研究，厘清不同视角下企业家精神的内涵和外延，认识时代赋予下的社会企业家精神新内涵，以制度环境为切入点研究企业家精神，强调企业家精神中所蕴含的创新、创业、冒险精神。第二是新质生产力的相关研究，从不同维度来总结新质生产力的内涵、测度方法和实现途径，阐述新质生产力的理论创新，介绍其现实意义和独特内涵，提出研究中的不足，明确本书的研究视角和研究问题。

第三章，国内外企业家精神赋能新质生产力发展的经验介绍。企业家精神在赋能新质生产力发展过程中扮演着重要角色。本章首先介绍国外企业家精神教育的兴起和背景。其次，以美国、日本和英国为例，阐述和总结国外借助企业家精神驱动经济发展的实践经验。最后，以浙江、广东和江苏三省为例，介绍国内在企业家精神驱动新质生产力方面所进行的探索与实践，对比国外取长补短。

第四章，企业家精神赋能新质生产力的案例研究。本章选取了比亚迪股份有限公司为研究对象，深入分析企业在生命周期的不同阶段，企业家精神与双元创新的作用模式以及对企业成长带来的不同影响。企业从创立、成长到跨越式的发展，都离不开企业家及企业家精神，这使得企业的财富目标不再是单纯追求利润的最大化，而是要考虑员工的利益与社会的效益，有利于企业的可持续发展。

第五章，企业家精神赋能新质生产力的理论机制与路径分析。本章首先是理论基础分析，包括企业家的内涵界定、企业家精神的测量；其次研究企业家精神对新质生产力的影响，主要从企业家精神与新质生产力、企业家精神影响新质生产力发展的理论机制、路径分析等方面展开；最后，进行相应的总结。

第六章，企业家精神赋能新质生产力发展的影响研究。本章在前文分析的基础上，结合熵权法构建新质生产力发展指标，构建计量模型，实证检验企业家精神与新质生产力发展的关系。采用熵权法和文本分析法构建新质生产力发展指标体系、测度企业家精神、企业创新能力、数智技术应用、环境不确定性和企业竞争地位等变量。通过构建个体和时间的双固定效应模型，引入中介机制检验、调节机制检验、链式中介机制及内生性、稳健性和异质性等实证检验企业家精神促进新质生产力发展的影响机理。

第七章，激发企业家精神的政策文本分析和效果评估。本章借助扎根理论方法对国内激发企业家精神的政策文本及主题类型进行分析，概括国内供给型、环境型及需求型政策工具内涵及使用频率等。依托创新驱动、产业升级、资源配置及经济发展等层面完成政策效果评估。

第八章，激发企业家精神、发展新质生产力的对策建议。本章结合上述研究结果，进一步提炼出激发企业家精神、发展新质生产力的对策建议。建议观点围绕国家和企业两个层面展开。其中国家层面包括：创造有利于企业家精神发展的制度环境，重塑企业家精神；新时代激发保护企业家精神的相关制度与法治环境建设；新时代激发保护企业家精神的创业型体系和机制建设；构建跨区域的创新创业战略联盟，发挥科技创新和知识创新在区域间的溢出作用；发挥区域创新创业中心的扩散作用，实现企业家精神对区域经济增长的正向溢出；制定差异化的区域创新创业政策和管理措施，科学有效地配置和利用创新资源。企业层面包括：企业应当认识并高度重视企业家精神的作用；正面引导企业家精神，保护和培育企业家精神，强化责任担当，促进企业的永续发展；完善公司治理结构与企业激励机制，规范管理层权力的运用，促进企业的成长，进而驱动新质生产力的发展；始终坚持创新驱动，促进企业实现动力变革；始终坚持效益优先，促进企业实现效益变革；始终坚持质量第一，促进企业实现质量变革。

第九章，研究结论与展望。本书得出以下结论：揭示了企业家精神赋能新质生产力；企业家精神赋能企业新质生产力存在产权、区域及企业性质的异质性；企业家精神与新质生产力之间存在企业创新能力、数智技术应用和资源配置效率的中介效应；环境不确定性在企业家精神赋能企业新质生产力的过程中起负向调节作用，企业竞争地位在企业家精神赋能企业新质生产力的过程中起正向调节作用；企业家精神赋能企业新质生产力过程中存在“企业家精神→企业创新能力→数智技术应用→企业新质生产力”和“企业家精神→企业创新能力→资源配置效率→企业新质生产力”两条链式中介路径。

目　录

第一章

绪　论

一、研究背景与研究意义

（一）研究背景

随着全球经济的转型和科技的迅猛发展，传统的生产和管理模式难以应对新的挑战。企业在不断变化的市场环境中，必须持续创新并灵活调整战略以保持竞争力。在此背景下，企业家精神尤为重要，因为它能够帮助企业识别新机会，快速响应市场变化，并保持竞争优势。科技的飞速发展催生了新的生产方式和商业模式，如人工智能、大数据和物联网等技术的应用，极大地改变了生产和服务方式。

在当前的经济环境下，市场竞争日益加剧，企业必须具备独特的竞争优势才能在市场中立足。企业家精神注重创新和变革，帮助企业在产品、服务和管理等多个方面不断突破，形成显著的差异化优势。与此同时，全球可持续发展的目标要求企业在追求经济效益的同时，也要承担相应的社会责任和环境保护义务。企业家精神提倡责任意识和长远发展视角，帮助企业实现可持续发展目标。各国政府充分认识到企业家精神对经济发展的重要作用，通过制定相关政策和优化环境，来激励企业家精神的发挥。对企业家精神赋能新质生产力的研究，不仅为政策制定提供了理论支持，也为实践操作提供了具体指导。

改革开放以来，中国经济总量跃居全球第二，发展迅速。企业家精神是重要的推动力。大量具有创新精神和冒险精神的企业家通过创办企业、开拓市场和引进技术，推动了中国经济的快速增长和产业结构的优化升级。在中国，企业家精神不仅表现在技术创新和市场拓展上，还表现在制度创新和管理创新方面。许多中国企业家勇于打破传统体制的束缚，探索新的管理模式和商业模式，为企业的发展注入新的活力。随着互联网经济的崛起，大批年轻的创业者涌现，他们在电子商务、共享经济和金融科技等领域展现出强大的创新能力和执行力。

新质生产力相对于传统生产力，强调知识、技术和信息在生产过程中的主导地位，涵盖高新技术产业、现代服务业和文化创意产业等。新质生产力的核心在于创新和高效，要求企业迅速适应市场变化，持续进行技术和管理创新。新质生产力力求从传统生产力的束缚中解放出来，追求在技术、效率、产品及服务品质等方面的全面跃升。它不仅涵盖了劳动者素质的提升、劳动资料的革新和劳动对象的优化，更强调这三者之间的优化组合与协同效应，从而显著提高全要素生产率的。企业在新质生产力的框架下，需要更加重视原创性研发和颠覆性技术创新。这不仅是对现有产品和服务的渐进改进，更是在全新的领域和产业中进行勇敢的探索与实践。将科技创新的成果及时应用到具体产业和产业链上，不仅可以改造提升传统产业，还能加快新兴产业的成长，构建符合未来发展趋势的产业体系。

企业家精神是一个极具吸引力的研究领域，是个不断向前推进的过程。自熊彼特（Schum－peter）开创性地提出以来，至今备受关注。企业家精神的研究源于经济学领域，而后逐渐拓展到心理学、行为学、社会学和管理学等多个学科领域，并在科学研究中占有较为突出的地位。

长期以来，企业家精神被认为是创新、增长和发展的引擎（Forner，2006）。库拉特科（Kuratko，2007）认为，全球经济发展的结果清晰可见，美国和世界上多数经济体逐渐达成一致，承认企业家精神是人类已知的最强大的经济力量（Simon S. Mak，2011）。

政策制定者和实践者对企业家精神同样存在着很大的持续兴趣，企业家精神实践的增长一直在随着学术兴趣和学术研究的发展而不断升级，如何弘扬企业家精神也引起了各国政府与学者们的关注并成为研究的重要课题。企业家精神是一种动态的管理方式，涉及随着时间推移识别和利用机会。它强调通过持续的管理方法来发现并追逐机会，协调和组织资源以应对不断变化的市场环境，并在时间和环境变化过程中不断重新评估需求。在互联网时代，动态竞争加剧，企业生存难度明显提高，为了应对各种环境所带来的不确定性，企业精神扮演着举足轻重的角色。积极向上的企业精神能够营造良好的内部创新环境，激励员工释放创造力，培育持续学习和改进的动力，从而为企业在新质生产力的道路上提供坚实的文化支撑和精神动力。

全球化的动态环境带来了客户的动态需求，使企业家在面对不断变化的市场时需要重新思考激烈的竞争以及发挥企业家精神的必要性，促进企业创新活动的实现，为企业提供更高水平的核心竞争力和增长，促进经济高质量发展。企业家精神在微观层面能有效促进企业的持续成长，在宏观层面能够促进经济增长。鲍莫尔（Baumol，1990）认为，企业家作为经济发展的稀缺资源，释放了经济活力，被赋予了保持企业活力的重要责任，因此受到了世界各国政府的高度重视，各国政府纷纷为企业家精神的发挥创造良好的制度环境①。

中国经济在经历了多年的高速发展之后，正面临一系列发展瓶颈。支撑经济快速增长的人口红利、资源红利和环境红利逐渐消退，资源消

---

① Baumol W J. Entrepreneurship: Productive, unproductive, and destructive [J]. Journal of Political Economy, 1990, 98 (5): 893 -921.

耗和环境污染问题日益凸显。这些挑战对经济的高质量发展提出了新的要求。当前，中国经济步入新常态，创新驱动成为国家战略核心，供给侧结构性改革被视为重中之重。在这个背景下，中国需要什么样的企业家？需要弘扬怎样的企业家精神？深入探讨企业家精神的价值和意义变得尤为重要。近年来，国家领导人在讲话中多次提到“创新创业”和“企业家精神”，这表明政府高度重视企业家群体，并希望通过政策支持和环境优化，激发更多的创新和创业活动，助力经济的持续发展。

在中国经济转型和产业升级的过程中，资源和环境压力日益增加，而以创新创业为核心的企业家精神，成为推动中国经济在新常态下实现工业化和现代化、并维持可持续增长的关键力量。为此，中央陆续发布了一系列政策文件，包括《关于发展众创空间、推进大众创新创业的指导意见》《关于进一步做好新形势下就业创业工作的意见》《关于促进云计算创新发展、培育信息产业新业态的意见》等，旨在全面推进创新创业。随着这些政策的贯彻实施，“双创”理念逐渐深入人心，激发了全国人民的创业热情和创新活力，形成了一股强劲的“双创”浪潮。《2016 年大众创业万众创新发展报告》显示，中国的创新创业呈现出以下特点：创新创业正朝着高层次、深程度的方向转变，一大批科技含量高、发展前景好、市场估值高的企业不断显现；市场创新主体快速增加，2016 年全国新增企业数量为 410. 8 万户，增速为 18. 8%，技术合同成交额超过 1 万亿元；青年创业活跃程度高，比重达到 41. 7%，包括央企在内的大型企业在人才、技术、市场等方面具有优势，对中小企业的引领带动作用逐渐加强，日益发展成创新创业的有生力量；创新创业呈现出鲜明的地域特征，北京、上海创新创业活跃程度显著高于其他地区，以“独角兽”企业为例，截至 2015 年底，全国共有 70 家。其中，北京最多，为 40 家，占比接近 60%；然后是上海，为 15 家；杭州、深圳分别为 4 家和 3 家。与此同时，各地区和各部门在简政放权的同时，强化了金融、互联网、知识产权保护和信用体系建设等方面的监管，创新创业环境不断优化。2016 年 3 月，习近平总书记在全国政协民建、工商联界委员联组会上强调，要完善企业经营管理制度，激发企业家精神，增强企业活力和创造力。2016 年 12 月，习近平总书记在中央经济工作会议上进一步指出，要保护企业家精神，支持企业家专心创业。

总之，在各地区各部门的大力推动下，“双创”的深度和广度不断拓展，市场活力和全社会创造力进一步释放。但与此同时，我们也关注到，大量的新创企业举步维艰，尤其是在 2015—2017 年，开心网、博湃养车、小蓝单车、悟空单车、绿盒子、借卖网等一大批初创互联网企业纷纷倒闭，创新创业成功率过低成为“双创”过程中无法回避的难题，从中国投资机构的数据来看，创业成功率甚至不超过 1%。随着众多著名互联网企业的倒闭，创业神话的相继破灭，需要我们重归市场理性，重塑企业家精神，唯有凭借那些坚持不懈在市场中顽强拼搏多年才塑造出企业家精神的创业者，以及在实践中千锤百炼才培养出具有工匠精神的创新者，才能引领和激发全社会的创业创新创造活力。但从中国的现实状况来看，各地区企业家精神分布存在显著差异。《2015 年中国创新创业指数》数据显示，在公布的 300 多个城市中，排名前十的城市依次为：北京、上海、深圳、广州、杭州、成都、重庆、南京、厦门和长沙。其中，东部地区城市占据了 70% 的席位，显示出企业家精神在这些地区的发展尤为活跃；相比之下，中西部地区的城市仅占 30%，企业家精神发展相对滞后。这种区域分布的不均衡，已经对中国新质生产力的发展形成了严重制约。

因此，重新审视并识别以“创新创业”为核心的企业家精神对企业新质生产力的影响是亟待解决的重要问题。虽然企业家精神数据中含有诸多信息，但现有研究很少对此进行重点关注。另外，企业家精神对于企业新质生产力形成的影响机理尚未厘清，企业家精神对企业数字化转型以及新质生产力是否存在促进作用尚且存疑。因此，在研究企业家精神对新质生产力的影响时，有必要将数字化转型程度的因素纳入考虑。这不仅有助于更加精准地理解企业家精神的内涵特征，还能更有效地制定促进企业发展、新质生产力提升核心竞争力的政策。鉴于以上分析，本书根据当前理论和实证上的研究不足，旨在回答以下三个关键问题：

第一，中国企业家精神与企业新质生产力的关系如何？

近年来，随着全球经济环境的复杂化和新技术的快速发展，促进企业新质生产力形成已成为企业提升竞争力的重要途径。企业家精神在这一过程中起着关键作用。习近平总书记在中共中央政治局集体学习时指出，发展新质生产力是推动高质量发展的内在要求和重要着力点，必须继续做好创新这篇大文章。企业家精神作为创新的核心驱动力，对企业新质生产力的形成具有决定性影响。企业家精神中的风险和竞争意识是发展新质生产力的前提。新质生产力的发展往往伴随着高风险和高投入，需要企业家具备强烈的风险意识和竞争意识，敢于面对挑战，勇于承担风险，进而在激烈的市场竞争中立于不败之地。此外，企业家精神中也是构建新质生产力与生产关系的基础。企业家的社会责任感能够赢得消费者的信任和尊重，为企业树立良好的品牌形象进而为企业新质生产力的持续发展提供有力保障。在这一背景下，企业家精神从传统的个体或公司层面，逐渐演变成为一种依托于创业者行为过程的、广泛存在于组织群体中的精神体系，潜移默化促进企业的新质生产力。本书部分将重点探讨企业家精神与企业新质生产力之间的关系。采用实证分析的方法，以中国上市企业为研究对象，结合高层梯队理论、TOE 框架理论等，研究企业家精神与企业新质生产力的关系。

第二，企业家精神影响新质生产力的机理是什么？

新质生产力是以创新为主导，摆脱传统经济增长方式，具有高科技、高效能、高质量特征的先进生产力质态。企业家精神是发展与落实新质生产力不可缺少的要素。习近平总书记多次强调，企业家的创新活动是推动企业创新发展的关键。企业家精神通过影响企业的创新行为，进而推动新质生产力的发展。企业家精神的核心要素包括创新、判断力、敬业以及在中国文化背景下的家国情怀、社会责任等。这些特质促使企业家在技术创新、商业模式创新、管理创新等方面不断寻求突破，进而提升企业的生产力水平。在新质生产力的形成过程中，企业家精神通过引领企业的创新活动，促进知识的生产和成果的转化，从而实现生产力的跃迁。本书部分将详细探讨企业家精神影响新质生产力的机理。采用案例研究和实证分析相结合的方法，分析企业家精神如何通过创新行为、数智技术应用和资源配置等方式，推动新质生产力的形成和发展。同时，研究将探讨企业家精神在不同所有制企业中的差异及其对新质生产力的影响，以期为企业的高质量发展提供理论支持和实践指导。

第三，是否存在其他影响企业家精神与新质生产力关系的因素？

在探讨企业家精神与新质生产力关系的过程中，除了中介变量外，环境不确定性和企业竞争地位也是重要的调节变量。环境不稳定性包括市场环境的不确定性和技术环境的不确定性，这些因素都会影响企业家精神的发挥和新质生产力的形成。市场环境的不确定性使得企业需要不断调整战略以适应市场变化，而技术环境的不确定性则要求企业不断创新以保持竞争优势。在这些不确定性的环境中，企业家精神的发挥尤为重要。企业家需要具备敏锐的洞察力、果敢的决策能力和持续的创新能力，以应对环境的挑战。而企业竞争地位的差异间接反映企业之间的资源差距。本书部分将探讨环境不确定性和企业竞争地位如何调节企业家精神与新质生产力之间的关系。通过这一研究，将为企业在复杂多变的环境中更好地发挥企业家精神、提升核心竞争力以及赋能新质生产力的发展提供理论支持和实践指导。同时，也为政府制定相关政策、优化企业创新环境提供参考。

（二）研究意义

本书对企业家精神与新质生产力这一需要迫切研究的热点和难点问题，运用案例分析法，研究国内外企业家精神在赋能新质生产力方面的特征及历史进程。其中，选取美国、日本、英国等企业家精神发展态势良好的国家进行经验总结，并结合国内江苏、广东、浙江等科技创新成果突出的省份进行案例研究。从实证研究的视角，利用中国上市企业面板数据，进行计量分析，无疑具有重要的理论价值和实践意义。

1. 理论价值

理论上，本书丰富了企业家精神与新质生产力理论的研究体系，验证了这些理论在我国企业中的适用性，扩展了其应用边界。企业家精神作为推动社会包容性发展的关键动力，具备协调、服务、干预等多重功能。在承接政府职能转变和实现市场自由化方面发挥着重要作用，是实现高质量发展的重要力量。然而，近年来面对环境污染严重、生态系统退化和资源紧张的严峻形势，以利润为导向的企业家精神引发了诸多行业危机和社会问题。如何将可持续发展与企业家精神相结合，即对企业家精神的可持续性进行研究，成为学术研究的前沿和热点。具体体现在以下几个方面：

首先，本书丰富了企业家精神理论和可持续发展理论在中国经济转型关键时期企业管理、公司治理与绩效层面的具体应用，较好地解释并验证了企业家精神对新质生产力的细化影响。本书在对企业家精神的内涵与测量等做出解释和界定的基础上，增加了客观的企业家精神测量指标。在企业家创新精神测量中，从人力投入、资本投入等维度出发，选取一套适合中国国情的企业家精神评价指标体系，进一步丰富了企业家精神理论的评价体系，补充了现有文献。

其次，本书在中国情境下，检验了企业家精神理论、企业生命周期理论、资源基础理论和可持续发展理论的有效性。熊彼特和鲍莫尔的企业家精神理论能够解释我国企业家精神的现状，当政府和企业制定出合理的政策时，将会引导企业家精神向生产性活动配置，有利于企业的发展和整体经济的增长。企业生命周期理论表明，在企业不同的生命周期阶段，企业家精神的内容和管理层权力的发挥功能也会不同，如在孕育期或创业期，企业家的创业精神和创新精神很重要；在企业的发展期，在持续发挥企业家创新精神的同时，企业应当强调规范运作，以免管理失控，管理层权力的发挥显得十分重要；在成熟期的企业，持续发挥企业家的创新精神十分重要，团队精神同样重要，管理层需要运用其权力构建团队精神，形成向心力。委托代理理论中委托代理关系、管理层权力理论中的权力寻租的现象在我国企业运作中同样存在，如何设计出一套完善的激励与约束机制，来有效激励与约束作为代理人的企业家或管理层的经营行为，使其将资源配置到有利于企业长远发展的活动中去，依然重要。资源基础理论认为，企业是各种资源的集合体，企业所拥有的特殊的异质性的资源决定了企业竞争力的差异。企业家精神是一个企业所具有的异质性的稀缺资源，这种扎根在企业家身上的资源具有不可模仿性，企业家精神对一个企业的持续发展具有不可估量的价值。此外，本书能够有力证明这些理论不仅适用于民营企业，对国有企业也同样适用，拓宽了理论的适用边界。

最后，在企业案例中，研究选取比亚迪实业和华为，从双元创新的角度，通过对其完整生命周期的剖析，揭示了企业家精神在不同阶段所起的作用。积累性企业能力作为一种重要的创新优势，关键在于谁能为企业家精神的发挥创造有利条件，能够更快摆脱“创新者困境”的企业将能在新市场上占得先机。案例研究再次证实企业家精神所发挥的赋能作用，为研究增加案例内容支撑。

2. 实践意义

除了理论贡献之外，从本书的实践意义看，立足于中国情境，研究国家所倡导的创新创业企业家精神的问题，为厘清企业家精神和新质生产力发展之间的关系，弘扬企业家精神的发挥、规范高层管理权力的运用等方面提供了有益的参考。实践中，为企业家和地方政府的各项决策提供科学依据。研究结论为企业、监督部门和投资者提供了更符合实际，有效的决策依据。具体体现在以下几个方面：

首先，本书有助于指导企业创新策略，通过深入研究企业家精神与企业创新能力的关系，本书能够为企业提供具体的创新策略指导。企业可以根据自身企业家精神的特点，制订适合的数字化转型计划，从而更有效地利用新技术提升竞争力。这有助于企业在数字化时代保持领先地位，实现可持续发展。通过度量中对于创业者和投资者来说，良好的制度环境、市场环境和生态环境是激发创造力和活力的先决条件，是决定创业投资成功与否的关键，为此，本书从经济环境、政治环境、基础设施等方面探讨企业家精神的影响因素，为创业者找到合适的发展目标提供可借鉴之处。

其次，本书为监管部门和投资者对企业新质生产力的评价发展了直观的经验证据与依据。企业家精神对新质生产力的影响机理研究，有助于企业理解如何通过创新活动推动生产力的跃迁。企业可以借鉴本书成果，优化资源配置，加强创新管理，从而加速新质生产力的形成与发展。这不仅能提升企业的生产效率和质量，还能为企业创造更大的经济价值和社会价值。本书关注环境不确定性及企业竞争地位对企业新质生产力的影响，旨在引导企业提升应对环境不确定性的能力及竞争能力。环境不稳定性作为调节变量，在企业家精神与新质生产力关系中起着重要作用。本书通过探讨环境不确定性和企业竞争地位对企业家精神发挥和新质生产力形成的影响，为企业提供了应对复杂多变环境的策略建议。企业可以根据市场环境和技术环境的变化，灵活调整战略和决策，以应对不确定性带来的挑战和机遇。严格来说，我国对企业家精神的真正认可和关注还处于初级阶段，结合当前的发展环境，深入了解和剖析企业家精神对新质生产力发展的影响作用与机理，引起企业对企业家精神与管理层权力规范使用的重视，促进企业可持续发展绩效的提高，为企业可持续发展提供参考依据。本书为深化认识和理解企业家精神影响新质生产力发展，正确识别和看待企业家精神引致的企业经营后果提供了针对性的参考意见，以期在引导中国的企业家预期、规范企业家行为、激励企业家创新、正确运用管理层权力等方面创造实际价值。企业家的创新精神、风险承担的精神、战略思维、敬业精神、坚守精神与担当精神，对一个企业能否具有可持续发展的生命力会产生很大的影响，这也可从优秀的企业中见证到，本书也通过实证结果证实了企业家精神对新质生产力发展的积极影响。

最后，本书为政府弘扬企业家精神提供了经验证据，为政府制定相关政策提供参考。本书成果不仅对企业具有实践指导意义，还能为政府制定相关政策提供参考。政府可以了解企业家精神、企业创新能力、数智技术应用、资源配置效率和新质生产力之间的关系，以及环境不确定性和企业竞争地位在这一过程中的作用，从而制定更加科学、合理的政策措施，支持企业创新和发展。通过优化企业创新环境、提升企业竞争力和应对环境不确定性等能力，本书为企业新质生产力和经济转型升级提供有力支撑。

综上所述，企业精神赋能新质生产力是一项涵盖技术、管理、文化等多个层面的系统工程，它要求企业必须摒弃旧有思维，拥抱创新与变革。通过深入研究和积极实践新质生产力的发展路径，企业不仅能够提升自身的核心竞争力，还能够为社会和经济的可持续发展贡献力量，实现企业利益与社会价值的和谐统一。

二、研究方法与研究思路

（一）研究方法

理论发展的使命是挑战和扩展已有的知识，而不是简单地重复验证现有的知识，并且在理论发展的过程中，逻辑应该替代数据成为评价的基础（Wheten，1989）①。在缺少必要的理论指导前提下，仅使用数据对命题进行证实，所得出的模型和假设难以有效指导实践，也就是说，理论逻辑和证据缺一不可，它们相互印证。因此，本书拟主要采用以下

① Whetten D. A. What Constitutes a Theoretical Contribution [J]. Academy of Management Review, 1989, 4 (14): 490-495.

4 种方法进行。

1. 文献研究法

本书在确定了“企业家精神赋能新质生产力发展研究”这一研究问题后，本书对国内外相关领域的文献进行全面和系统的检索和回顾，力求对相关的理论和研究进展有全面的了解。对文献的检索主要定位在主流数据库、学术网站及国内外核心期刊领域。对国外文献的检索，通过图书馆电子资源的英文数据库：在学术期刊文摘及全文数据库（Academic Source Premier - EBSCO）、美国期刊数据库（American Periodicals，AP）、商业资源文摘及全文数据库（BusinessSource Premier - EBSCO）、英国期刊数据库（British Periodicals Collection）、剑桥学术期刊（Cambridge Journals Online）、全文期刊库（管理学）（Emerald）、Journal Storage（JSTOR）、施普林格（SpringerLink）、精选博士论文全文库（PQDD - ProQuest Digital Dissertation）、国外优秀学术论文（试用）（Worldlib - Excel）、精品学术论文（试用）（Worldlib - Sci）、国外文献整合平台（试用）（Worldlib）等数据库检索相关文献的关键字，以确定并下载相关的文献。在第二章文献综述、第三章国内外企业家精神赋能新质生产力发展的经验介绍、第四章案例分析理论基础、第五章机理研究等章节均得到充分运用。文献综述部分是在阅读和整理了多篇核心期刊文献的基础上，归纳整理出的理论要点，在阐明高阶理论和社会资本论的基础上，从理论的角度深入探究企业家精神对于新质生产力发展的影响；模型设计和指标体系的构建也是在阅读和研究大量文献的基础上进行归纳整合，建立了较为科学合理的指标体系，选取了合适的被解释变量、虚拟变量、控制变量以及数据样本，构建空间计量模型；结论建议部分也借鉴了少量重要文献中的重要论点。

2. 案例分析

在广泛查阅相关文献的基础上，结合国内外多个具有代表性的典型案例进行深入分析，本书旨在通过深度剖析企业家精神在企业生命成长周期的不同阶段所发挥的关键作用，进一步归纳其演变发展的脉络，并据此总结提炼出一系列可供借鉴的成熟经验与启示。

3. 扎根理论

本书采用扎根理论对案例公司进行分析。扎根理论是一种系统化的质性研究方法，其核心目标是通过对数据的深入分析，从经验数据中生成理论，而不是从现有理论出发进行验证。扎根理论强调理论应“扎根”于数据，通过对数据的反复分析，逐步形成概念和理论框架。研究过程是动态的，数据收集与分析交替进行，研究者通过不断比较数据、概念和类别，发现模式并提炼理论。当新数据不再提供新的见解时，理论达到饱和状态，研究可以结束。扎根理论的研究步骤主要包括数据收集、开放性编码、主轴编码、选择性编码和理论构建。首先，研究者通过访谈、观察或文献等方式收集数据；其次，在开放性编码阶段，将数据分解为基本概念并初步分类；再次，在主轴编码阶段，进一步整合概念，形成更抽象的类别和子类别；又次，在选择性编码阶段，确定核心类别并围绕其整合其他类别，形成理论框架；最后，通过不断比较和修正，生成能够解释现象的理论。本书选择了比亚迪股份有限公司作为研究案例，识别了企业家精神在不同阶段的具体体现及其演化过程。

4. 统计分析

在构建企业家精神评价指标体系和新质生产力测度体系的基础上，利用统计分析法，采用中国上市企业面板数据，对指标体系中各变量进行分析、总结和归纳，引入企业创新能力、数智技术应用、资源配置效率、环境不确定性和企业竞争地位等变量因素，利用该模型实证验证企业家精神对企业新质生产力的影响机制。

（二）研究思路

本书的研究思路是建立企业家精神理论研究框架，然后运用该框架研究企业家精神对新质生产力发展的影响。第一是绪论部分，介绍研究背景及意义，研究方法思路和内容框架以及主要创新点。第二梳理和分析有关企业家精神和新质生产力发展的文献，结合企业家精神的内涵，以制度环境为切入点，综述已有文献对制度环境与企业家精神的相关研究，梳理新质生产力发展的内涵、测量指标和实现途径，进行研究述评。第三系统梳理国内外企业家精神赋能新质生产力的经验介绍，选取典型案例进行经验总结。第四运用理论分析法分析企业家精神对新质生产力发展的影响，理论分析法中采用案例研究，选取比亚迪实业，从双元创新的角度，通过对其完整的生命周期进行剖析，阐释了企业家精神起到的不同作用，积累性企业能力是一种重要的创新优势，对企业家精神促进新质生产力的理论机制、路径和空间关联规则进行阐述。第五，通过熵权法得到企业家精神测度指标的权重后再计算得到综合结果，并以该结果的自然对数衡量企业家精神。接着结合马克思的生产力二要素理论，从劳动力和生产工具两个层面构建一个企业新质生产力指标体系，运用熵值法构建企业新质生产力测度体系。进而引入企业创新能力、数智技术应用和资源配置效率等变量为中介变量，环境不确定性和企业竞争地位变量为调节变量，进一步阐释企业家精神赋能企业新质生产力之间的内在机理，厘清企业家精神促进新质生产力形成的逻辑；通过对国内现有政策文本分析和效果进行评估，剖析现有政策文件的优势及不足。最后，提出对策建议、研究结论及展望。依据研究结论提出以下建议：从国家层面来看，创造有利于企业家精神发展的制度环境，重塑企业家精神；新时代激发保护企业家精神的相关制度与法治环境建设；新时代激发保护企业家精神的创业型体系和机制建设；构建跨区域的创新创业战略联盟，发挥科技创新和知识创新在区域间的溢出作用；发挥区域创新创业中心的扩散作用，实现企业家精神对区域经济增长的正向溢出；制定差异化的区域创新创业政策和管理措施，科学有效地配置和利用创新资源。从企业层面来看，企业应当认识并高度重视企业家精神的作用；正面引导企业家精神，保护和培育企业家精神，强化责任担当，促进企业的永续发展；完善公司治理结构与企业激励机制，规范管理层权力的运用，促进企业的成长，进而驱动经济高质量发展；始终坚持创新驱动，促进企业实现动力变革；始终坚持效益优先，促进企业实现效益变革；始终坚持质量第一，促进企业实现质量变革。研究结果发现：企业家精神能赋能企业新质生产力。为验证研究结果的稳健性并排除内生性影响，对研究样本进行被解释变量滞后两期、替换解释变量衡量方法等处理，其研究结论依然成立。在企业家精神赋能新质生产力的异质性检验中发现，该研究结论在不同分组中略有差异。其中，国有企业、中西部地区企业和非高新技术企业的影响效果更为突出。中介效应检验表明，企业家精神能够通过增强企业创新能力、促进数智技术应用及提升资源配置效率赋能企业新质生产力。调节效应检验证明，环境不确定性在企业家精神赋能企业新质生产力的过程中起负向调节作用，企业竞争地位在企业家精神赋能企业新质生产力的过程中起正向调节作用。进一步检验表明，企业创新能力和数智技术应用、企业创新能力和资源配置效率在企业家精神与企业新质生产力的关系中具有链式中介效应。

三、研究内容与基本框架

（一）研究内容

全书总共九章，可分为三部分，每部分主要研究内容如下：

第一部分，介绍研究背景及研究意义，回顾企业家精神和新质生产力的相关文献，总结国内外企业家精神促进新质生产力发展的经验。这一部分的目的是为企业家精神对新质生产力发展提供一个企业家精神理论分析前提。

1. 绪论。主要介绍本书的研究背景，阐述本书研究的关键问题及其意义，介绍本书的研究方法和思路，提出本书的研究框架，并阐述本书的研究内容和主要创新点。

2. 文献综述。重点梳理和总结两个方面的文献：第一是关于企业家精神的相关研究。从个体特性和行为特性角度阐释企业家精神的内涵和外延。总结企业家精神的类型、测度，回顾时代赋予企业家精神的新内涵，并从制度环境视角二者联系。第二是回顾新质生产力发展的相关理论，对新质生产力发展的内涵进行界定，分析新质生产力发展的测量指标和实现途径，介绍新质生产力发展的现实意义，独特内涵，理论创新等。最后对已有研究进行述评。

3. 国内外企业家精神赋能新质生产力发展的经验介绍。本章介绍国外企业家精神教育的兴起和背景，以美国硅谷、日本和英国的企业家精神为例研究国外企业家精神的培育机制，以浙江、广东和江苏总结国内企业家精神促进新质生产力发展的经验。

第二部分是本书的研究重点和主体。该部分将运用第一部分的理论，从理论和实证两个角度分析企业家精神对新质生产力发展的影响。

4. 企业家精神赋能新质生产力的案例研究。选取了比亚迪实业，从双元创新的角度，通过对其完整的生命周期进行剖析，阐释了企业家精神起到的不同作用。积累性企业能力是一种重要的创新优势，创新的优势在于谁更能够为企业家精神发挥作用创造条件，能够更快摆脱“创新者困境”的企业就能够在新市场上占得先机。

5. 企业家精神赋能新质生产力发展的机理研究。企业家精神影响新质生产力发展的作用机理尚不明晰。通过对企业家精神赋能新质生产力的理论机制分析，总结企业家精神的需求认知是破解需求侧制约的关键、企业家精神的创新创业特征推动产业结构升级和企业家精神推动经济增长。剖析企业家精神影响新质生产力的路径分析，包含企业创新能力、数智技术应用和资源配置效率。

6. 企业家精神赋能新质生产力发展的影响研究。本章在前文分析的基础上，结合熵权法构建新质生产力发展指标，构建计量模型，实证检验企业家精神与新质生产力发展的关系。采用熵权法和文本分析法构建新质生产力发展指标体系、测度企业家精神、企业创新能力、数智技术应用、环境不确定性和企业竞争地位等变量。通过构建个体和时间的双固定效应模型，引入中介机制检验、调节机制检验、链式中介机制及内生性、稳健性和异质性等实证检验企业家精神促进新质生产力发展的影响机理。

7. 国内激发企业家精神的政策文本分析和效果评估。本章借助扎根理论方法对国内激发企业家精神的政策文本及主题类型进行分析，概括国内供给型、环境型及需求型政策工具内涵及使用频率等。依托创新驱动、产业升级、资源配置及经济发展等层面完成政策效果评估。

第三部分是对全书进行总结，指明未来研究方向。全书总结主要是列出全书的主要结论和相关企业家精神对策。

8. 激发企业家精神、发展新质生产力的对策建议。本章结合上述研究结果，进一步提炼出激发企业家精神、发展新质生产力的对策建议。建议观点围绕国家和企业两个层面展开。其中国家层面包括：创造有利于企业家精神发展的制度环境，重塑企业家精神；新时代激发保护企业家精神的相关制度与法治环境建设；新时代激发保护企业家精神的创业型体系和机制建设；构建跨区域的创新创业战略联盟，发挥科技创新和知识创新在区域间的溢出作用；发挥区域创新创业中心的扩散作用，实现企业家精神对区域经济增长的正向溢出；制定差异化的区域创新创业政策和管理措施，科学有效地配置和利用创新资源。企业层面包括：企业应当认识并高度重视企业家精神的作用；正面引导企业家精神，保护和培育企业家精神，强化责任担当，促进企业的永续发展；完善公司治理结构与企业激励机制，规范管理层权力的运用，促进企业的成长，进而驱动新质生产力的发展；始终坚持创新驱动，促进企业实现动力变革；始终坚持效益优先，促进企业实现效益变革；始终坚持质量第一，促进企业实现质量变革。

9. 研究结论与展望。本书得出以下结论：揭示了企业家精神赋能新质生产力；企业家精神赋能企业新质生产力存在产权、区域及企业性质的异质性；企业家精神与新质生产力之间存在企业创新能力、数智技术应用和资源配置效率的中介效应；环境不确定性在企业家精神赋能企业新质生产力的过程中起负向调节作用，企业竞争地位在企业家精神赋能企业新质生产力的过程中起正向调节作用；企业家精神赋能企业新质生产力过程中存在“企业家精神→企业创新能力→数智技术应用→企业新质生产力”和“企业家精神→企业创新能力→资源配置效率→企业新质生产力”两条链式中介路径。

（二）基本框架

基于企业家精神——新质生产力发展的逻辑框架，从理论和实证的视角揭示其在企业家精神促进经济增长中所发挥的重要作用。研究框架如图 1－1 所示。

四、主要创新点

本书的创新之处主要有以下两点：

（一）本书在企业家精神的定义、测量与研究结论方面的创新

本书给出的企业家精神定义是：企业家精神是企业家所具备的能力与精神的高度概括，是企业家根据所处的发展环境，在对企业内外部信息甄别中及时发现商业机会的能力，充分利用所拥有的资源，实施创新的精神，在企业内部具有创业精神，具备承担风险的精神、坚守精神和责任担当的精神。此定义，一是突出了企业家在所处环境中对信息甄别的重要性，通过辨别信息，找出市场机会；二是除了包含企业家的创业精神、创新精神和冒险精神，也增加了企业家的坚守精神和企业家担当责任的精神。

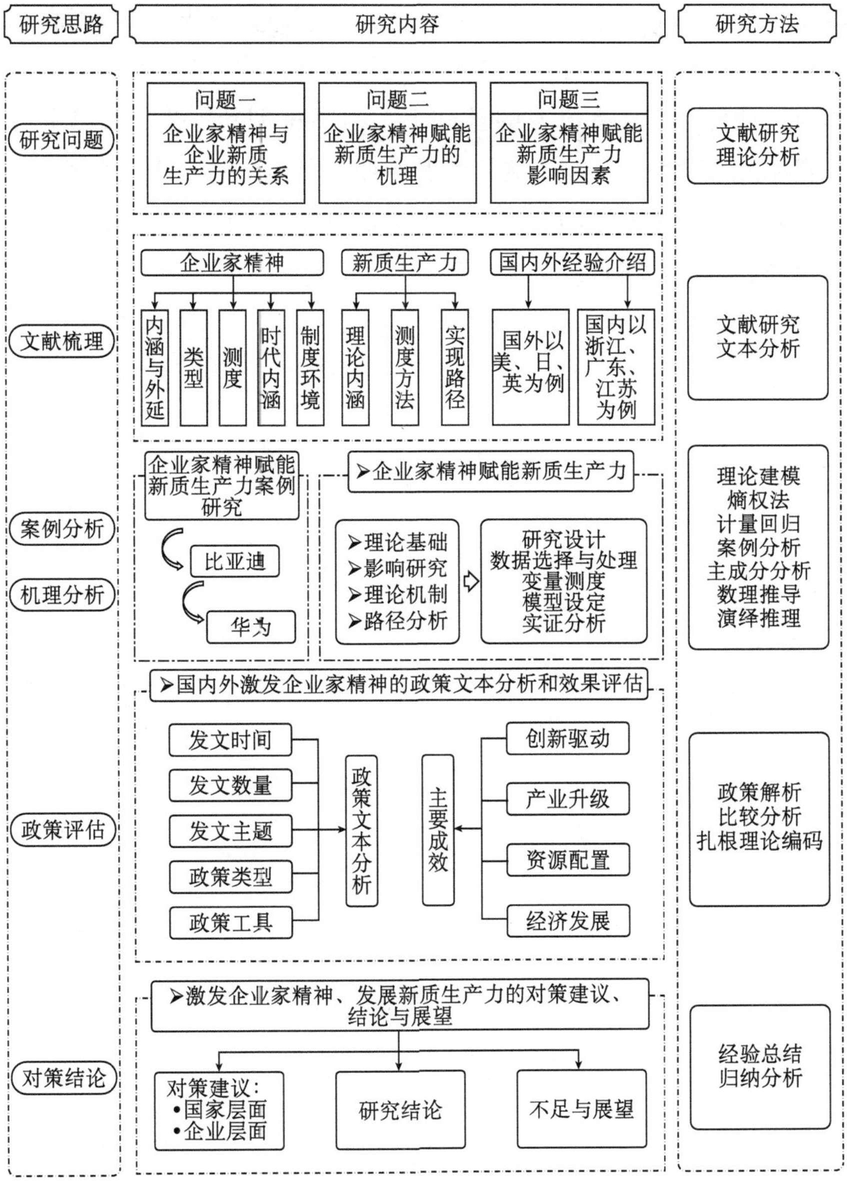

图 1-1 研究框架图

（二）揭示了企业家精神影响企业新质生产力的作用机制

在现有研究基础上，创造性将企业家精神与企业新质生产力列入一个理论模型。现有研究关于企业新质生产力的研究较少，本书创造性引入企业家精神视角，研究企业家精神是否会对新质生产力的发展产生积极影响。此外，在现有研究的基础上，本书将创新能力、数智技术应用、资源配置效率、环境不确定性及企业竞争地位引入研究模型，通过链式中介模型、中介模型和调节模型以期更完整地阐述企业家精神赋能新质生产力的内在机理。

第二章

文献综述

一、企业家精神的相关研究

（一）企业家精神的概念

企业家精神这一概念，最初由弗兰克·H. 奈特（Frank H. Knight）提出，其核心旨在强调企业家的才能与才华。然而，随着社会生产力的持续提升和经济的飞速发展，企业家精神的内涵得到了不断丰富和深化，被赋予了更多层次的含义[①]。近十年间，随着企业理论探索的不断深化，企业家精神的重要性在企业发展乃至社会进步的宏大图景中日益凸显，这一现象促使该议题迅速成为学术界竞相探讨的热点与前沿。研究者们纷纷将目光投向这一领域，致力于深入挖掘企业家精神的多维度价值，及其对组织创新、经济活力乃至社会整体福祉的深远影响。然而，由于企业家精神所包含的含义较为发散，并且在不同时代中赋予不

① Knight F. H. Risk, Uncertainty and Profit [M]. New York: Houghton Mifflin, 1921.

同含义，受到不同研究者文化背景以及制度的影响，其定义尚未形成统一。学界关于企业家精神定义的研究中立足于不同的视角因而存在多种不同的观点和理解。本书在深度剖析现有研究观点和理论的基础上，以期就企业家精神的内涵和外延两个方面进行归纳和总结。通过进一步阐释现有研究中的主流观点及逻辑，构建出关于企业家精神内涵的系统化框架。此外，本书还针对当前企业家精神研究中当前已经表现出的问题进行探讨，并据此厘清企业家精神未来研究的重点和趋势，进而为后续研究提供参考和依据。

1. 企业家精神内涵的研究

自企业家精神成为学术界深入研讨的课题以来，其内涵的探讨便呈现出百花齐放的态势，吸引了包括熊彼特、马歇尔在内的众多杰出学者的关注与贡献。通过整合现有研究成果，本书尝试将企业家精神的内涵凝练为三大核心维度，以更全面地捕捉其精髓。

（1）从个体特性的角度概述企业家精神的内涵

个体特性，顾名思义是指个体所具备的区别于他人的特有的人格特征。而在学术界关于企业家精神的研究范畴中，个体特性往往还涉及企业家个体的本质及其特质。学者们系统化深入分析企业家的成长历程、所处的文化背景和制度环境等，进而从其性格特征中挖掘属于企业家整体的共性特征即称为企业家精神。这种精神的内涵也能够通过几个简单的词汇来反映，常见的有创新、果断、胆大、积极、奉献和智慧等。为更好地映射企业家精神的关键词汇，学者对现有经典文献中相关的关键词进行可视化统计分析，其数据显示“创新精神”频繁出现在学者们的研究文献中。这也从侧面证明学者们普遍认为创新精神应是企业家精神内涵中的关键构成要素。值得一提的是，西方主流观点也与此不谋而合。著名学者熊彼特在研究中同样得出这一结论。他通过罗列企业家的活动来深度识别企业家的内核，并最终发现不断创新正是企业家精神的灵魂所在。除创新以外，出现频率较高的关键词还包含“积极”“胆大”“敬业”和“奉献”等。学者将企业家精神高度凝练总结为关键词汇，不仅能够帮助快速解读企业家精神内涵，还突出其本质内容，对社会实践具有指导意义。但是，这种关键词归纳的方式并不能全面系统地阐释企业家的综合行为，更无法突出企业家精神在实践中的关键所在。

（2）从行为特性的角度概述企业家精神的内涵

行为特性是指一个个体在参与行动过程中所展现出的特质。具体针对企业家而言，这涉及他们会完成何种行为以及如何规划行为。学者常通过剖析企业家个体行为，提炼企业领导者的共性行为偏好，进而将企业家精神视为一系列关联行动及其效能与能力的体现。鉴于行动导向的多样性，企业家精神被细分为几个分支：一是创新引领型企业家精神，以熊彼特为代表，其精髓在于敏锐的洞察与不懈的创新。企业家通过识别潜在问题与持续创新来确保企业始终处于行业前沿。赵少杰和杨少雄探讨了体育用品制造业服务化背景下企业家精神的内涵，指出其核心在于创新意识、风险承担能力和资源整合能力，并强调企业家需具备市场洞察力、服务创新能力以及社会责任感和可持续发展理念。并指出在数字化和全球化背景下，企业家精神的内涵不断演变，未来研究应关注其与文化、制度环境的互动关系①。刘晓斯聚焦女性创业者的企业家精神，发现其不仅包含传统的创新和冒险精神，还强调协作、韧性和情感智慧，随着社会对性别平等的重视，女性企业家精神逐渐从边缘走向主流，为创业领域注入新活力②。提出数字化时代企业家精神的核心在于数据驱动决策、快速迭代创新和生态协同能力，强调技术赋能和跨界融合的重要性。分析了新时代企业家精神的内涵，指出其核心在于务实、创新和开放包容，并认为企业家精神的培育需结合地方文化特色和政策支持，特别是在产业升级和国际化进程中，应注重全球视野和可持续发展。该过程涵盖了研发新品、开拓新市场、优化供应链、革新组织模式与流程等，主要依靠创新来推动企业发展。二是机遇捕捉型企业家精

① 赵少杰，杨少雄．中国体育用品制造业服务化下企业家精神内涵分析［J］．湖北开放职业学院学报，2023，36（20）：136－137.

② 刘晓斯．我国女性创业者的企业家精神内涵与演变过程［D］．深圳大学，2023.

神，以德鲁克为典范，更加强调对市场空白的敏锐捕捉与快速响应。企业家需敏锐洞察市场机遇并果断行动，这类企业家精神以企业成长为宗旨，善于利用现有机遇实现快速扩张。三是价值创造型企业家精神，代表人物有萨伊。这类企业家精神聚焦于企业作为价值创造主体的角色，认为企业家是引领者。因此，企业家精神的核心在于通过优化资源配置，实现经济价值、生产率和效率的稳步提升。四是市场均衡调节型企业家精神，以马歇尔为代表，并基于宏观市场视角。鉴于市场价格波动带来的市场不均衡，企业家需发挥调节作用以维持市场稳定，突出展现其在宏观经济调控中的关键作用。故而，学者将企业家精神定义为调节市场的能力。在行为这一研究视角中，不同导向的剖析都基于同一本质即企业家的行为特质。Cartner 综合个体和行为两种研究视角来分析企业家精神，研究结果发现：企业家的行为和个体特性两者之间存在关联，个体特征会在一定程度上影响企业家的行为，而企业家的行为则是企业家精神的外化表现。在此基础上认为从行为视角下去剖析企业家精神更有现实指导意义。

总的来说，个体特性和行为特征的研究视角在探讨企业家精神时存在一定的局限性。这两种视角主要从企业家本身的特质和行为出发，未能充分关注企业家所处的外部环境对其精神内涵的影响。随着社会的快速发展和经济的不断进步，企业所处的环境也在持续变化，单纯从个体角度研究企业家精神已难以全面反映其复杂性和动态性。因此，越来越多的学者开始将研究视角转向动态变化的市场环境，探讨环境因素对企业家精神的塑造作用。企业家精神作为一种综合性的社会经济现象，其复杂性不仅体现在企业家个体的能力上，更体现在外部环境的多样性对其提出的严苛考验。同时，这种多样化的环境也极大地拓展了企业家精神的内涵边界。在错综复杂的情境下，企业家不仅需要具备应对挑战的高超技能，还需在动态变化中不断探索与适应，从而不断深化和拓展企业家精神的内涵。

从宏观层面来看，企业家精神的内涵发展与社会发展密切相关，并随着时代的变迁而日益丰富。在不同的社会发展阶段，关于企业家精神内涵的研究重点也在不断更新。汪岩桥教授指出，企业家精神的内涵需要持续丰富内容并优化结构，以适应不断变化的社会经济环境。在古典企业发展阶段，企业的形式较为原始且结构简单，主要以独资企业和合伙企业的形式存在，家族企业占据了较大比例。这一时期，人们对企业的概念尚不清晰，企业的社会功能和经济作用也未得到充分认识。因此，企业家精神的内涵研究主要集中在企业家的个体特质上，如冒险精神、创新意识和领导能力等。

随着资本主义取代封建社会，近代企业阶段逐渐到来。在这一阶段，机器化大工业迅速发展，大量企业涌现并逐渐成熟。企业作为社会经济活动的重要主体，其作用和影响力得到了广泛关注。与此同时，企业家精神的概念也开始受到重视。然而，这一阶段的研究仍然主要聚焦于企业家的个体特质，如创新能力、决策能力和风险承担能力等。学者们普遍认为，企业家精神的核心在于企业家个体的独特品质和行为特征，而忽视了外部环境对其精神内涵的塑造作用。进入现代企业发展阶段后，信息技术的迅速发展和高度普及使得企业所处的环境发生了深刻变化。全球化、数字化和市场化等趋势对企业的经营模式和管理方式提出了新的要求，同时也对企业家精神的内涵提出了新的挑战。在这一背景下，学者们对企业家精神的理解逐渐从个体层面转向更广泛的社会层面，开始关注企业家精神与社会环境的互动关系。研究范围从企业家的个体特质扩展到其行为特性，并进一步探讨企业家精神在复杂环境中的表现和作用。这一时期的研究表明，企业家精神不仅体现在企业家的个体能力上，还体现在其对社会环境的适应能力和对市场变化的敏锐洞察力上。随着研究的深入，企业家精神的内涵逐渐呈现出多元化的特点。学者们开始从不同角度探讨企业家精神的内涵，包括其与社会文化、经济制度、技术环境等的互动关系。例如，在数字化转型背景下，企业家精神的内涵被赋予了新的内容，如数据驱动决策能力、快速迭代创新能力和生态协同能力等。这些新的内涵反映了企业家在应对复杂环境时所具备的独特能力和素质。同时，企业家精神的研究也逐渐从单一的经济学视角扩展到管理学、社会学和心理学等多个学科领域，形成了跨学科的研究范式。以中国为例，改革开放以来，企业家精神的内涵在不同地区呈现出不同的特点。例如，在珠三角地区，企业家精神的核心在于务实、创新和开放包容；而在长三角地区，企业家精神则更加强调国际化视野和科技创新能力。这些地域性差异反映了企业家精神内涵的多样性和复杂性，同时也为研究提供了丰富的实践案例。企业家精神的内涵研究经历了从个体特质到行为特征，再到社会环境互动的演变过程。随着社会的不断发展和经济的持续进步，企业家精神的内涵也在不断丰富和深化。未来的研究应进一步关注企业家精神在全球化、数字化和可持续发展背景下的新表现和新内涵，以更好地理解和指导企业家的实践行为。同时，研究还应注重跨学科、跨地域的比较分析，以揭示企业家精神在不同环境下的共性和差异，为企业家精神的培育和发展提供理论支持和实践指导。例如，Kirzner 认为企业家精神是一种甄别机会的能力①，Stevenson 则认为它更强调资源配置能力。

从微观视角审视，企业家精神随着企业成长历程而持续演进与完善。为深入剖析这一过程，首要任务是对企业的生命周期进行科学分类。依据现代企业理论，企业的成长轨迹通常被划分为四个关键阶段，每个阶段都标志着企业发展的不同里程碑与挑战，从而为企业家精神的动态研究提供了清晰的框架。具体包括创业期、成长期、成熟期和变革期四个阶段。随着企业的成长，在不同的阶段中企业所选择的发展战略也有所不同，在不同阶段的企业家精神都与之契合，因而在不同阶段所呈现不同的特点，赋予企业家精神各异的内涵。首先在企业发展的创业期时，企业面临创建市场的系列问题，为更快完成企业市场的开拓、企业组织架构的搭建以及产品的研发和服务标准化，企业家需要精准把握

---

① Kirzner I M. Entrepreneurial discovery and the competitive market process: An Austrian approach [J]. Journal of Economics Literature, 1997 (1): 60 - 85.

市场的机遇，洞悉市场开发的风险，适时开展系列创业行动。因此，在创业阶段企业家精神主要表现为创新和面对风险的能力。王敏的研究在探讨创业和企业家精神两者间联系时得出以下结论：企业家精神，作为驱动创业与创新活动的核心动力源，是创业企业从无到有、由小至大发展的内在灵魂与坚实精神基石。它深刻而微妙地渗透于创业实践的每一个角落，对创业活动的发起、推进及持续成长发挥着基础性且深远的影响。具体而言，企业家精神不仅激发了个体及团队的创造力与冒险精神，促进了新颖商业模式的诞生与技术的革新，还为企业在面对挑战与不确定性时提供了坚韧不拔的意志力与灵活应变的策略思维。因此，在学术探讨中，企业家精神被视为创业生态系统中的关键变量，其重要性在于它能够塑造创业文化的精髓，引导资源有效配置，加速价值创造过程，从而对社会经济发展产生积极的外部效应。在企业快速成长期时，企业的关键目标即迅速扩大市场规模，实现企业的跨越式增长。在这一阶段中，企业家面临发展的巨大压力，一旦错失市场发展的最佳时机其规模的扩大进度将大受打击。企业家应把握市场发展与企业扩展的最佳机会，及时协调对企业有利的市场资源，最大化发挥企业的所长，弥补企业发展的短板，快速并精准地实现企业的全方位成长。综上所述，企业家精神在这一阶段的核心特征表现为机遇洞察能力和市场资源协调能力。当然，对于这两种能力的关注和讨论出现于更早的时期，20 世纪七八十年代就有学者对此开展研究。Kirzner（1978）在 *Competition and Entrepreneurship* 中的观点进行精炼与深化后可以表述为：企业家精神体现在竞争激烈的市场环境中对潜在机遇的敏锐洞察与高效捕捉能力，这种能力是企业突破现状、实现差异化竞争优势的关键。Casson（1982）在 *Entrepreneurship and Business Culture* 中进一步拓展了企业家精神的内涵，将其界定为对市场动态变化的深刻理解与精准协调能力，这种能力使企业能够灵活调整策略，优化资源配置，从而在复杂多变的市场环境中保持稳健成长。在企业成熟期时，企业的发展已经达到一定规模，其组织体系和产业市场都处于稳定发展的阶段。在这一阶段中，企业无须过度关注企业的成长，更应关注如何维持当前发展的优势。企业家需要考虑如何才能更好地保持市场占有率优势和市场地位，企业家精神的内涵也倾向于展示企业家对于资源的配置能力以及布局能力。在企业运营的广阔背景下，企业家面对的是纷繁复杂的内部资源与外部环境交织的挑战。有效配置资源以实现其最大化利用的能力，不仅是企业家精神的核心，也是企业平稳发展期的关键任务。企业家在该阶段面对的工作任务大多是日常化的，更考验其对于总体的布局能力以及韧性。然而，当企业步入变革的十字路口，外部环境中的竞争对手动态、政策导向的变迁以及科技革新的浪潮，共同构成了推动企业转型的强大外力。因此在变革期时原有的运营模式若无法适应这些变化，企业便需寻求突破革来重塑竞争力。此时，企业家需扮演引领者的角色，不仅需具备前瞻性的视野，更需重拾创业初期的那股创新精神和勇于承担风险的气魄。这意味着要敢于开辟未知市场，勇于投入研发以创造新产品，并积极拓展服务领域，从而在激烈的市场竞争中脱颖而出。这一转型过程，实质上是企业生命周期中的一次重要飞跃，它要求企业家不仅要有深厚的行业洞察力，还需具备灵活应变与持续创新的能力。随着变革的成功实施，企业将进入一个全新的发展阶段，开启又一个生命周期的循环，而这一切的起点与核心，正是企业家精神中最为闪耀的——创新精神与风险承担能力。通过这一轮回的锤炼，企业不仅增强了自身的韧性，也为未来的长远发展奠定了坚实的基础。

2. 企业家精神外延的研究

企业家精神的概念中涵盖其内涵意义与外延意义，是一个内外相互影响、互为补充的完整理论框架。其内涵与外延的互补关系共同构成企业家精神的框架与形态，其中内涵框架包含个体特性、行动特性及环境等三个核心内涵，在此基础上企业家精神向不同层面外延发展。因此，关于企业家精神的研究也逐渐由内涵概念向外延意义延伸。

企业家精神，这一伴随着企业诞生并随其发展历程不断演进的核心理念，深深植根于企业从初创、稳固到持续壮大的每一步。基于这一视角将企业家精神划分为三个递进层面：个体层面、组织层面以及社会层面。随着企业规模的扩大与影响力的增强，企业家精神亦经历了一个由个体驱动向组织内嵌，最终辐射至社会的自然升华过程。在个体层面，企业家精神体现为个人的创新思维、冒险精神与领导力，是推动企业初创与初步发展的关键力量。随着企业的稳固与成长，这些个人特质逐渐融入企业文化，转化为组织层面的企业家精神，体现在团队协作、持续创新及市场敏锐度等方面，成为企业稳固市场地位、实现可持续发展的内在动力。最终，当企业达到一定规模与影响力时，其企业家精神将超越组织边界，向更广泛的社会层面扩散。这一层面的企业家精神，不仅体现在企业对社会责任的积极承担上，更在于通过技术创新、产业带动等方式，推动社会经济的整体进步与发展。因此，企业家精神的发展轨迹，是一个从个体到组织，再到社会的自然演进过程，它不仅是企业成长的内在驱动力，更是社会经济发展的重要推动力量。

在个人层次上，企业家精神（start - up entrepreneurship）主要表征在企业的创业初期，它是企业家抓住市场机遇、实现初创企业成长的关键力量。在心理学领域的研究中，企业家精神在个体上的表现为企业家个人特质和禀赋。Schumpeter 作为探索个体企业家精神领域的先行者，其核心观点聚焦于个体层面上的创新精神即个体的创新驱动力，这一视角深刻揭示了企业家如何通过独特视角与创新思维，引领企业突破常规，开辟新的发展路径①。而 David C. McClelland 则另辟蹊径，通过对企业家成长轨迹与成就动机的深入分析，将企业家精神进一步丰富为包含进取精神、机会识别能力等在内的多维度概念。作为企业家精神研究的起点与基石，个体层面的探索已历经长时间的发展与积淀，形成了相对全面且深入的理论体系。这些研究不仅为揭示了企业家个体特质与行为模式对企业成长的关键作用，也为后续向企业层次及社会层次拓展的

---

① Mark C Schumpeter. Entrepreneurship and Business Culture [M]. Aldershot, Hants, England, 1995.

研究奠定了坚实的基础。

刘强在《学习社会企业家精神创新社会创业实践》中，深入探讨了社会企业家精神的内涵及其在社会创业实践中的创新作用。他指出，社会企业家精神是一种将商业思维与社会使命相结合的能力，其核心在于通过创新手段解决社会问题，同时实现经济价值和社会价值的双重目标。社会企业家精神不仅包括传统企业家精神中的创新、冒险和领导力，还特别强调社会责任感和可持续发展理念。这种精神在社会创业实践中表现为对社会问题的敏锐洞察力、资源整合能力以及跨部门合作能力。进一步分析了社会企业家精神在实践中的具体表现。例如，社会企业家通过创新的商业模式，将社会问题的解决与商业运营相结合，从而在实现盈利的同时推动社会进步。他以多个社会创业案例为例，说明社会企业家如何在教育、医疗、环保等领域通过创新手段解决社会问题。例如，在教育领域，社会企业家通过开发低成本的教育技术，帮助贫困地区的学生获得优质教育资源；在环保领域，社会企业家通过推广可持续的生产和消费模式，减少环境污染。社会企业家精神的培育需要从教育、政策和社会文化等多个层面入手。在教育层面，应加强社会创业教育，培养学生的社会责任感和创新能力；在政策层面，政府应提供更多的支持和激励措施，鼓励社会创业；在社会文化层面，应营造一种支持社会创新的文化氛围，增强公众对社会企业家的认可和支持。不仅丰富了社会企业家精神的内涵，还为社会创业实践提供了具体的指导①。在企业发展的阶段中，企业家精神也完成了新的提升与转化，在其适应企业发展的同时企业家精神便不再聚焦于个体层面，而是与整个组织相互链接，成为更深层次的组织企业家精神（corporate entrepreneurship）。组织企业家精神，作为企业家精神在企业层面的体现，着重强调了企业作为一个有机整体与外界环境的动态交互过程。这一层面上的企业家精神，不仅关乎企业的生存与发展，更深刻地影响着企业在市场中的竞争

① 刘强．学习社会企业家精神创新社会创业实践［J］．赤子，2019（34）：188.

态势与开拓能力。其核心特征在于“创业”精神的持续践行，这不仅局限于初创阶段，而是贯穿于企业发展的每一个阶段。组织企业家精神鼓励企业不断进行自我革新，勇于突破既有框架，以开拓性的姿态探索未知领域，展现出强烈的进取心与冒险精神。在这一过程中，企业能借助团队合作、资源共享、协调配合来实现企业家个体创新精神向组织集体行动的趋势转变。Emeric Solymossy 开创性地将企业家精神研究视角从个体转向组织层面，他通过多家小企业对比，将组织企业家精神解构为竞争姿态、战略定位、信息流通网络及技术创新四大维度，此举显著拓宽了研究范畴与深度。随着组织理论的深化，这一新视角备受学界关注，其影响力已跨越初创与小型企业边界，渗透至大型乃至垄断企业的战略与管理实践中。组织企业家精神的研究，不仅聚焦于企业如何在组织层面激发创新活力、促进自我革新与市场开拓，更深刻地探讨了这些行为背后的组织机制、文化支撑及战略导向。这一过程不仅推动了企业家精神理论的丰富与完善，也为组织理论本身注入了新的活力与灵感，促进了两个领域间的交叉融合与相互促进。

当然，企业家精神的最终目的并不是营利。随着企业规模的扩大及影响力的增强，企业家精神会随之上升到新的社会高度，最终会逐渐发展成为社会中的非营利性组织密不可分的一部分。社会企业家精神以敬业、奉献为主要特征，顾名思义这一概念的外延意义在于社会责任感的持续强化。社会企业家精神与社会意义密切相关，久而久之其也逐渐演化为指导解决社会问题的关键。Steven F. Kreft 和 Russell S. Sobel 在《*Public policy, entrepreneurship, and economic growth*》中针对社会企业家精神的宏观价值进行研究，通过将社会企业家精神与经济社会相结合来阐释其解决社会问题的机制和内在逻辑。

虽然在探讨企业家精神的三维层次中发现其在演化过程中的不同特质但不可忽视的是三个层次在本质上仍有共同要素。企业家精神的各维层次都以实现企业家、企业和社会价值的最大化为最终目标。综上所述，可以看出企业家精神的研究是十分必要的。目前，对于企业家精神的研究已经形成了一定的理论架构。通过对企业家精神内涵和外延的概述，能够更直观系统地了解企业家精神的内涵和意义。

（二）企业家精神的类型

学者们依据不同的标准对企业家精神进行了多样化的分类。本书特别关注并简述了当前广受学术界认可的两种分类方式。第一种分类方法基于企业生命周期的过程，属于微观层面的划分（田虹、崔悦）。具体而言，企业家精神可以根据企业生命周期的不同阶段分为四类：创业创新型企业家精神、管理创新型企业家精神、战略创新型企业家精神和配置创新型企业家精神。每一类企业家精神都对应着企业在不同发展阶段的核心需求，并为企业家的角色和能力提出了不同的要求。创业创新型企业家精神主要出现在企业的初创期。在这一阶段，企业规模较小，员工数量有限，成长速度相对缓慢，且面临诸多成长风险。企业能否顺利度过这一阶段并实现持续繁荣，在很大程度上取决于企业家的个人特质和能力。具体而言，企业家的独特性格魅力、深厚的知识储备、卓越的能力以及广泛而紧密的社会关系网络，都是企业在初创期取得成功的关键因素。在这一阶段，企业家需要展现出强烈的创新创业精神，以应对市场的不确定性和竞争压力。创业创新型企业家精神的核心在于发现市场机会、创造新产品或服务，并通过创新的商业模式实现企业的初步成长。这种精神不仅是企业初创期的核心动力，也是企业能否顺利跨越成长障碍、稳健度过危险期的关键。随着企业顺利度过初创期并进入成长阶段，管理创新型企业家精神的重要性逐渐凸显。在这一阶段，企业的边界不断拓展，规模持续扩大，内部管理体系和规章制度也日益健全。此时，企业家的角色需要从创业者转变为管理者，其核心任务是通过高效整合内外部资源，加速企业的发展步伐。管理创新型企业家精神的核心在于优化企业的组织结构、提升运营效率、完善管理制度，并通过创新管理手段激发员工的积极性和创造力。在这一阶段，企业家需要具备卓越的管理能力，能够协调各部门之间的合作，确保企业在快速扩张的过程中保持稳定性和竞争力。同时，企业家还需要关注市场变化，及时调整企业的战略方向，以应对日益激烈的市场竞争。管理创新型企业家精神不仅是企业成长阶段的重要支撑，也是企业能否顺利过渡到成熟期的关键因素。在这一阶段，企业的市场份额趋于稳定，内部管理体系相对完善，但同时也面临着增长放缓、竞争加剧以及市场饱和等挑战。此时，企业家的职能需要从日常管理者向战略决策者转变，其核心任务是通过前瞻性的战略规划为企业绘制清晰的未来蓝图。战略创新型企业家精神的核心在于洞察行业趋势、把握市场机会，并通过创新战略推动企业的转型升级。在这一阶段，企业家需要具备全局视野和战略思维，能够从长远的角度规划企业的发展方向，并通过创新战略延缓甚至避免企业步入衰退周期。例如，企业家可以通过开拓新市场、开发新产品或服务、推动技术创新等方式，为企业注入新的增长动力。战略创新型企业家精神不仅是企业成熟期的重要支撑，也是企业能否实现可持续发展的关键因素。当企业不幸步入衰退阶段时，配置创新型企业家精神成为扭转局势的关键。在这一阶段，企业的市场份额逐渐萎缩，盈利能力下降，内部管理问题逐渐暴露，企业面临着生存危机。此时，企业家需要化身为企业转型的领航者，通过创新性的资源配置和业务模式调整，带领企业突破困境。配置创新型企业家精神的核心在于优化内部资源配置、探索新的市场机会、推动技术与产品创新，并通过创新性的战略调整为企业注入新的活力。在这一阶段，企业家需要具备强大的危机应对能力和创新思维，能够迅速识别企业的核心问题，并通过创新手段重新配置资源，推动企业的转型升级。例如，企业家可以通过剥离非核心业务、聚焦高增长领域、推动数字化转型等方式，帮助企业实现由衰转盛的转变。配置创新型企业家精神不仅是企业衰退期的重要支撑，也是企业能否实现二次成长的关键因素。

这种分类方式不仅揭示了企业家精神在企业生命周期不同阶段的独特表现，也为深入理解企业家精神提供了有益的视角。从创业创新型企业家精神到管理创新型企业家精神，再到战略创新型企业家精神和配置创新型企业家精神，企业家精神的内涵随着企业的发展阶段不断演变和深化。每一类企业家精神都对应着企业在不同发展阶段的核心需求，并为企业家的角色和能力提出了不同的要求。通过这种分类方式，可以更全面地理解企业家精神的内涵，并为企业的可持续发展提供理论支持和实践指导。企业家精神的分类并不是绝对的，不同类型的企业家精神在企业发展的不同阶段可能会同时存在或相互交织。例如，在企业的成长阶段，企业家不仅需要具备管理创新能力，还需要保持一定的创业创新精神，以应对市场的变化和竞争的压力。同样，在企业的成熟阶段，企业家不仅需要具备战略创新能力，还需要关注企业的日常管理，以确保企业的稳定运营。因此，企业家精神的内涵和实践需要根据企业的具体情况灵活调整，以实现企业的长期发展目标。这样的分类方式不仅揭示了企业家精神在企业生命周期不同阶段的独特表现，也为深入理解企业家精神提供了有益的视角。图 2 - 1 为与企业生命周期相对应的企业家精神的转变。

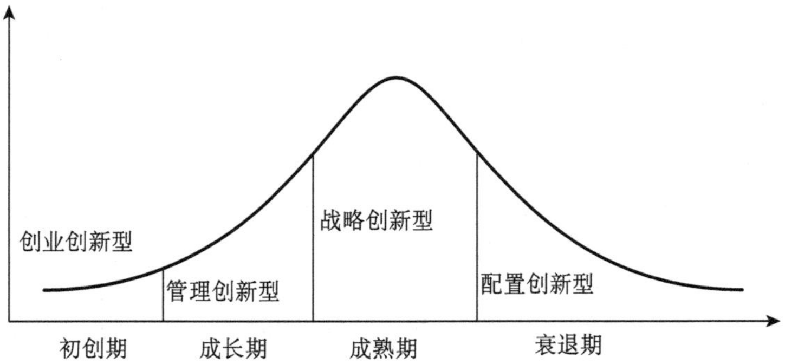

图 2 - 1　与企业生命周期相对应的企业家精神的转变图

基于中国改革开放 40 周年的历程对企业家精神的演变进行了宏观层面的划分是第二种分类法。具体而言，这一分类方式将企业家精神分为三个阶段：第一阶段，1978 年至 1992 年间的冒险型企业家精神。在这一阶段，中国改革开放刚刚起步，涌现了柳传志、张瑞敏、王石等具有冒险精神的企业家。他们充分展现了企业家的胆识和魄力，主要体现在对市场机会的高度敏感以及敢于尝试、勇于冒险的精神风貌上。第二阶段，在1992年至2012年的历史进程中，中国企业界涌现出了显著的探索型企业家精神风貌。随着中国改革进一步深化，市场环境日趋开放与多元，企业家们展现出了对新市场领域的无畏探索与深度挖掘。马云和马化腾等标志性人物，以他们独到的眼光和坚定的信念，成为这一时代精神的代言人。他们不仅塑造了个性鲜明的公众形象，更在更广阔的舞台上积极传达了对未知市场的渴望与追求，引领了企业界对新机遇的探索热潮。第三阶段，进入2012年以来的新时代，创新型企业家精神成为主流趋势。在国家“大众创新、万众创业”政策的强劲推动下，加之大数据、云计算、人工智能等前沿技术的迅猛崛起，为创新型企业的诞生与成长提供了肥沃的土壤。刘自鸿、程维、张一鸣等杰出代表，凭借对技术创新的深刻理解与卓越实践，成功打造了具有全球影响力的创新型企业。他们不仅推动了各自行业的深刻变革，更为中国经济的高质量发展注入了强大动力。在这一阶段，创新型企业家精神不仅强调技术创新与商业模式创新，更注重企业的可持续发展与社会责任，展现了新时代企业家的责任与担当。运用该种分类方式不仅揭示了中国企业家精神在不同历史阶段的独特表现，也为深入理解企业家精神的演变提供了有益的视角。图2-2为基于改革开放40周年的时间轴划分的企业家精神类型划分。

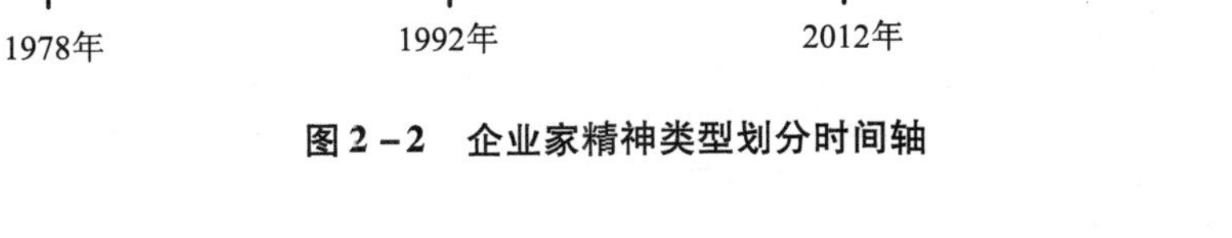

图2-2 企业家精神类型划分时间轴

（三）企业家精神的测度

关于企业家精神测度的研究存在许多不同的观点，目前学界尚未就此达成一致。国内外学者基于不同的视角和维度来阐释企业家精神，同时针对性开发测度量表。关于现有企业家精神测度的研究，可以将其评价指标划分为单维度指标和多维度指标。单维度指标的研究路径倾向于捕捉企业家精神的核心本质，学者往往将企业家精神提炼出一个或几个高度概括性的概念来反映其整体特征。其中，自我雇佣率（Audretsch等，2002）[①]、私营企业雇佣率（陈逢文等，2018）[②]、小型企业份额和创业人数等（Audretsch 等，2015）[③] 提及频率较高。虽侧重点各异，但均在一定程度上映射了企业家活动的活跃程度与经济贡献。这类指标虽简洁明了，但在全面性和深度解析上可能存在局限。相比之下，多维度指标的研究则更加细致入微，致力于全方位展现企业家精神的复杂性与时代性。不同学者根据各自的研究目的与理论框架，提出了多样化的维度划分，如创新性、竞争性、风险承担、合作精神、主动性等，这些维度相互交织，共同构成了企业家精神的多维面貌。例如，创新性、竞争性、风险性、合作性、主动性等六个维度（Covin 和 Slevin，1991）[④]，也有学者从创新性、开拓性、冒险性三个维度（Zahra，1996）[⑤] 展开测度。薛红志通过运用战略定位、创新、再造、市场竞争及风险承担 5 个变量来衡量公司企业家精神。宋玉禄和陈欣（2020）利用创新精神、战略决策精神和诚信经营精神三个维度来剖析企业家精神的内在逻辑[⑥]；高波和黄婷婷（2023）将企业家精神罗列为创新精神、契约精

① Audretsch, D. B., Thurik, A. R., Verheul, A. R. M., et al. Entrepreneurship: Determinants and Policy in a European U. S Comparison [M]. Boston/Dordrecht: Kluwer Academic Publishers, 2002.

② 陈逢文，郑圣楠，付龙望. 企业家精神、人力资本与中国经济发展——基于 2005 ~ 2014 年省级面板数据的实证研究 [J]. 福建论坛（人文社会科学版），2018 (11): 67 - 76.

③ Audretsch, D. B., Heger, D., Veith, T. Infrastructure and Entrepreneurship [J]. Small Business Economics, 2015, 44 (2): 219 - 230.

④ Covin, J. G., Slevin, D. P. A Conceptual Model of Entrepreneurship as Firm Behavior [J]. Entrepreneurship Theory and Practice, 1991, 16 (1): 7 - 26.

⑤ Zahra, S. A. Goverance, Ownership and Corporate Entrepreneurship: the Moderating Impact of Industry Technological Opportunities [J]. Academy of Management Journal, 1996, 39 (6): 1713 - 1735.

⑥ 宋玉禄，陈欣. 新时代企业家精神与企业价值——基于战略决策和创新效率提升视角 [J]. 华东经济管理，2020 (4): 108 - 119.

神、合作精神、敬业精神和开放精神五个维度等。随着研究的深入，部分学者还尝试对维度进行精简与重构，以更贴近现实需求或理论模型[①]。例如，李宏彬等（2009）将维度精简为创业精神和创新精神两个维度[②]。此外，王炳成等（2016）结合时代背景，将企业家精神归纳为合作、创新、求知和责任四个维度[③]；christian Lüthje 等将创业环境变量创造性结合在企业家精神中，进一步扩大了对企业家精神研究的解释力[④]。这些努力都极大地丰富了企业家精神的理论内涵。随着数字化环境的发展，企业家精神的内涵也随之发生变化。彭花等（2024）则基于数字化环境的视角，开发并验证包含创新引领精神、数字变革精神、动态应变精神和共生共赢精神在内的新型量表[⑤]。此外，心理学视角的引入也为企业家精神测度提供了新的思路。Robinson 等从心理学视角研究企业家精神，将其设计为包括创新、成就感、自我激励和个人控制等维度的量表[⑥]。Huefner 等在综合总结以往研究实践中采用的各种企业家精神量表的优缺点的基础上，最终选取创业商量表（EQ）、创业态度倾向量表（EAO）、Myers – Briggs 类型指示器量表（MBTI）和 Herrmann 脑力优势工具量表（HBDI）对创业者和非创业者进行比较研究[⑦]。通过设计包含创新、成就感、自我激励和个人控制等心理特质的

① 高波，黄婷婷．中国企业家精神的测度、空间差异与收敛趋势［J］．学习与探索，2023（2）：110 –121.

② 李宏彬，李杏，姚先国，等．企业家的创业与创新精神对中国经济增长的影响［J］．经济研究，2009（10）：99 –108.

③ 王炳成，张士强，王俐，等．商业模式创新、员工企业家精神和企业文化的跨层次研究［J］．研究与发展管理，2016（4）：39 –51.

④ Christian Luthje，Nikolaus Franke．The“Making” of an entre-preneur：testing a model of entrepreneurial intent among engi-neering students at MIT［J］．R&D Management，2003，33（2）：135 –146.

⑤ 彭花，贺正楚，潘为华．基于数字化环境的企业家精神的量表开发及检验［J］．科学决策，2024（6）：84 –104.

⑥ Robinson P B，Stimpson D V，Huefrier J C，et al．An Atti-tude Approach to the Prediction of Entrepreneurship［J］．Entre-preneurship Theory and Practice，1991，15（4）：13 –31.

⑦ Huefner J C，Hunt H K，Robinson P B．A Comparison of Four Scales Predicting Entrepreneurship［J］．Academy of Entrepre-neurship Journal，1996，1（2）：56 –80.

量表，研究者能够更深入地探索企业家精神的心理基础与激励机制。这种跨学科的融合不仅拓宽了研究视野，也为实践中的企业家精神培育与激发提供了科学依据。

综上所述，企业家精神测度的研究是一个动态发展的过程，随着时代变迁与理论深化而不断演进。未来研究应继续探索多维度、跨学科的测度方法，以更全面、更准确地把握企业家精神的本质与特征，为经济社会发展提供有力支撑。

（四）时代赋予的企业家精神新内涵

企业家作为现代经济活动的核心驱动力，不仅是企业创建与成长的领航者，也是推动产业升级与企业优化的核心力量。企业家精神，作为这一过程中的灵魂，是推动经济增长与社会发展的关键引擎。中国改革开放四十年的辉煌成就，深刻体现了制度变革对创新与创造活力的巨大释放作用，特别是对企业家精神的激发与培育。这一过程中，无数创业者与企业管理者凭借卓越的企业家精神，引领企业走向成功，共同铸就了中国经济的辉煌篇章。然而，尽管取得了显著成就，企业家精神在我国仍面临体制、文化等多重挑战，其潜力尚未被充分挖掘和有效保障。具体表现为，优秀企业家的数量相对有限，其影响力与贡献力尚待进一步提升。特别是在经济欠发达地区，企业家精神面临更为严峻的压制，创新创业环境有待优化，企业家的成长与发展空间受到限制。因此，为了持续推动中国经济的繁荣与发展，需要政府、社会与企业家个人共同努力，营造更加开放、包容、创新的环境，充分激发和保护企业家精神。这包括深化市场化改革、完善法律体系、加强知识产权保护、提升公共服务水平等措施，为企业家提供更加广阔的发展舞台和更加坚实的制度保障。同时，也需要加强企业家队伍建设，培养更多具有全球视野、创新精神和社会责任感的优秀企业家，为中国经济的持续健康发展注入新的活力与动力。

鉴于国内外经济格局的深刻变迁，特别是我国正处于经济结构由高速增长向高质量发展转型的十字路口，加之国际贸易环境复杂化，贸易保护主义抬头，如何在新时代背景下进一步激发与保护企业家精神，已成为亟待解决的重要课题与紧迫使命。针对此，2017 年成为关键的一年。先是 4 月，中央全面深化改革领导小组第三十四次会议审议通过了关于企业家精神的专项政策——《关于进一步激发和保护企业家精神的意见》，该意见为激发与保护企业家精神制定了具体策略与措施。随后，同年 9 月，中共中央、国务院联合发布了《关于营造企业家健康成长环境 弘扬优秀企业家精神 更好发挥企业家作用的意见》，这一历史性的文件不仅首次以官方形式确认了企业家精神的重要地位与价值，还对企业家成长所需的环境条件、企业家对社会的贡献、企业家精神的丰富内涵及其在经济社会发展中的关键作用进行了全面而深入的阐述，引发了社会各界的广泛共鸣与热烈讨论。这一系列举措标志着我国在激发与保护企业家精神方面迈出了坚实步伐，为推动我国经济高质量发展注入了强大动力。党的十九大报告进一步明确提出要“激发和保护企业家精神，鼓励更多社会主体投身创新创业”，这是中国特色社会主义市场经济建设多年探索的经验总结和进一步发展的内在要求，也是马克思主义中国化的重大理论创新成果。2024 年的政府工作报告更是着重强调要“弘扬优秀企业家精神，积极支持企业家专注创新发展，敢于担当、敢于闯荡、敢于投资，踏踏实实办好企业”。

为贯彻党中央的重大历史任务，应深刻剖析企业家精神的精髓，把握其在当代社会的新特性与新内涵，明确其对当前中国经济发展的独特价值。同时，探索有效策略以进一步激发并保护优秀企业家精神，旨在促进更多杰出企业家的涌现，充分释放其积极性、主动性与创新潜能，为中国经济的持续繁荣贡献力量。这一过程不仅是对企业家精神的深度挖掘，更是推动中国经济高质量发展的关键所在。

1. 企业家精神的历史沿革与中国特色社会主义企业家精神思想

“企业家”的概念最早是在 1755 年由坎狄龙提出的，该学者发现在经济体系中存在着企业家的功能。但是该研究并未在当时引起广泛关注，只有少数经济学家开始研究企业家及其精神。在早期的研究中开始探索企业家的职责，将其定义为利益既得者、资源协调者以及风险承担者，这些都是与企业经济背景密切相关的角色。早期学者开始意识到企业家的重要作用，但尚未将企业家作为独立个体探究其作用。

这一阶段持续了很长的时间，直到20世纪80年代，企业家精神再度出现在公众视野中。这一时期美国的创业型经济（又称“企业家经济”）茁壮成长，一时间企业家精神及其在企业创新创业活动中的重要作用开始显现。实践中的热点也同样被学者关注，自此经济学中兴起关于企业家精神的研究。随着时代的发展，企业家精神及理论不断完善，西方经济学家也通过表象看到了本质。过去漫长时间中被大众关注的要素更多是表象的构成成分，如资本、劳动、技术等，这些要素固然发挥着不同的作用，但都不是本质的决定作用。真正促进经济增长，融合各项要素的根本是企业家精神。倘若缺失企业家，不能正常发挥企业家精神的功能与作用，其他构成要素都是零散的。企业家精神才是实现企业发展，助力地区和国家经济增长和稳定的根本动力。

不仅新古典经济学对企业家和企业家精神缺乏足够的重视，传统马克思主义经济理论的相关研究也较少。尽管熊彼特的企业家创新理论深受马克思经济思想的启发，但归根结底传统马克思主义政治经济学体系内对企业家角色及其精神特质的直接探讨确实具有局限性。直至改革开放后，我国经济学的学术视野显著拓宽，特别是在企业家精神领域的研究上取得了长足进展。在这一背景下，我国学者不仅深入挖掘了企业家精神的丰富内涵，还紧密结合我国经济发展的实际情况，探索了企业家精神与区域经济增长之间的内在联系。他们关注到，企业家精神作为推动社会创新与经济转型的关键力量，如何促进产业升级、激发市场活力、加速知识传播与技术扩散，从而对区域乃至国家层面的经济增长产生深远影响。此外，围绕以企业家精神为核心的创新创业经济体系，我国经济学界展开了广泛而深入的讨论。这些研究不仅丰富了企业家精神的理论框架，还为中国特色社会主义市场经济的发展提供了宝贵的智力支持。通过借鉴国际经验并结合本土实践，我国逐渐构建起了一套具有鲜明时代特征和中国特色的企业家和企业家精神理论体系。

冒佩华和杨浩宇探讨了民营经济发展与企业家精神之间的内在联系。他们指出，民营经济作为中国经济的重要组成部分，其发展壮大离不开企业家精神的支撑。企业家精神的核心在于创新、冒险和资源整合能力，这些特质在民营企业的成长过程中起到了关键作用。研究进一步分析了企业家精神在推动民营经济高质量发展中的具体表现。例如，通过技术创新提升企业竞争力、通过市场开拓扩大企业规模、通过管理创新优化企业运营效率等。冒佩华和杨浩宇强调，企业家精神不仅是民营企业发展的内在动力，也是推动中国经济转型升级的重要力量。然而，他们也指出，当前民营企业在发展过程中仍面临诸多挑战，如融资难、市场竞争激烈等，这些问题的解决需要进一步弘扬企业家精神，并为其创造良好的外部环境①。近年来，党和政府对企业家精神愈发重视。特别是党的十八大以来，习近平同志多次在公开讲话中提及企业家和企业家精神，鼓励广大企业家积极进取、奋发有为。例如，2014 年在亚太经合组织工商领导人峰会上，他提出："市场的活力源自于人，尤其是企业家和他们所展现的企业家精神。" 2016 年，他在不同场合强调，广大非公有制经济人士应激发企业家精神，发挥企业家才能，并加快培养具有国际视野的企业家。他还提出"要保护企业家精神，支持企业家专心于创新创业。" 2020 年 7 月，在企业家座谈会上，他强调："企业家要带领企业克服当前困难，走向更加辉煌的未来，就必须弘扬企业家精神，在爱国、创新、诚信、社会责任和国际视野等方面不断提升自己，努力成为新时代构建新发展格局、建设现代化经济体系、推动高质量发展的生力军。" 2021 年 9 月，企业家精神成为第一批纳入中国共产党人精神谱系的伟大精神之一。以习近平同志为核心的党中央充分肯定

① 冒佩华，杨浩宇．发展壮大民营经济的理论逻辑［J］．中国社会科学文摘，2023（11）：84－85.

企业家精神的地位和价值，与时俱进赋予企业家精神新的时代内涵，为弘扬企业家精神提供了丰厚滋养。2023 年 3 月 6 日，习近平总书记在看望参加全国政协十四届一次会议的民建、工商联界委员时提到：“民营企业和民营企业家要筑牢依法合规经营底线，弘扬优秀企业家精神，做爱国敬业、守法经营、创业创新、回报社会的典范”。

2. 新时代企业家精神内涵及其对经济发展的重要意义

企业家精神，作为企业家群体的标志性特征，是界定企业家与大众之间核心差异的关键人格特质。值得注意的是，企业家称号的赋予并不自动等同于企业家精神的具备，反之，未获此称号者亦可能展现出此种精神风貌。企业家精神在不同个体间的体现具有差异性，它并非企业家专属，但在企业家群体中最为集中、鲜明且全面展现。追溯历史，企业家精神自古有之，其内涵随着时代变迁而不断丰富与深化，成为推动制度创新、文化繁荣、产品创新及科技进步的重要驱动力。在当代社会，企业家精神最直接且显著的作用体现在促进企业的创立与持续发展，激发创新创业活力，进而满足并引领人类物质文化需求的升级。值得注意的是，仅凭资源积累、教育背景或专业培训，若缺乏企业家精神的内核，个人难以真正成长为一名企业家。企业家精神，这一融合了创新、胆大、坚韧不拔等特质的综合体，是推动社会进步不可或缺的关键力量，它激励着人们不断突破自我，开拓未来。林圣乔从教育学的角度探讨了企业家精神的培育路径。他认为，企业家精神的培育应从教育入手，通过系统的课程设计和实践训练，培养学生的创新意识、冒险精神和领导能力。林圣乔指出，当前的教育体系在企业家精神培育方面存在不足，如课程设置过于理论化、实践环节薄弱等。为此，他提出了几点改进建议：首先，应在课程中增加创新创业教育的内容，帮助学生了解企业运营的基本原理和实践方法；其次，应加强校企合作，为学生提供更多的实践机会；最后，应注重培养学生的社会责任感和可持续发展理念，使其在未来的创业过程中能够兼顾经济效益和社会效益。林圣乔的研究为企业家精神的教育培育提供了重要的理论支持和实践指导①。

关于企业家精神的内涵与本质，国内外专家学者长期以来进行了广泛研究，但其观点并未达成一致，这也直接导致企业家精神的推广进程缓慢及相关政策的实施滞后。国外学者的观点可以划分为三类典型性观点：其一突出创新精神的重要性，认为创新才是企业家精神的灵魂。代表学者包括德国学派的熊彼特和鲍莫尔；其二强调的是企业家的综合能力，包含胆大、风险识别及承担、均衡调节市场的能力，认为同时具备以上能力的企业家才拥有企业家精神。这一观点的拥护学者包含芝加哥学派的奈特和舒尔茨；其三则从宏观视角看待企业家精神，认为企业家作为企业的领导者必须拥有敏锐的洞察力，能够识别和判断市场中的机会和风险，适时完成战略变革。赞同此观点的学者包括奥地利学派的米塞斯和科兹纳。

李海舰、杜爽、李凌霄在其研究中深入探讨了新时代企业家精神及其作用。他们指出，随着全球化和信息化的快速发展，企业家精神在新时代背景下显得尤为重要。企业家精神不仅体现在企业的创新能力和市场竞争力上，更关乎到企业的社会责任感和可持续发展。该研究通过实证分析，揭示了企业家精神在推动企业转型升级、促进经济高质量发展中的关键作用。同时，他们也强调了在新时代背景下，企业家应具备的战略思维、创新能力和社会责任感等核心素质，为培养新时代企业家提供了理论支持和实践指导②。黎赔肆、李欣洁则关注了新时代民营企业家精神与企业绩效的关系。他们通过构建理论模型并进行实证分析，发现民营企业家精神与企业绩效之间存在显著的正相关关系。具体而言，具有强烈创新精神、冒险精神和市场敏锐度的民营企业家能够带领企业抓住市场机遇，实现快速成长。此外，该研究还探讨了不同行业、不同规模民营企业间企业家精神对企业绩效影响的差异性，为民营企业制定

① 林圣乔．论企业家精裨的教育培育［J］．Interdisciplinary Science Letters，2024（8）．

② 李海舰，杜爽，李凌霄．新时代企业家精神及其作用研究［J］．陕西现代职业教育研究，2021（5）：46－55.

发展战略提供了有益的参考。他们的研究结果表明，培育和提升民营企业家精神是推动民营企业持续健康发展的重要途径[①]。肖雪、胡钰、付学博针对军工企业家精神的时代内涵与价值进行了深入研究。他们指出，军工企业家精神具有独特的时代特征和国防价值，是推动军工企业创新发展和提升国防实力的重要力量。该研究通过历史分析和案例研究，揭示了军工企业家精神在推动军工技术创新、产业升级和国防现代化建设中的重要作用。同时，他们也强调了在新时代背景下，军工企业家应具备的爱国情怀、创新精神和战略眼光等核心素质，为培养新时代军工企业家提供了有益的思路和启示[②]。

在国内，关于企业家精神的理解与阐述，不同学者和专家从不同角度提出了丰富的见解。这些见解共同构成了对企业家精神多元而深刻的认知。张维迎、盛斌（2004）在其著作中强调，企业家精神的核心包含冒险精神、创新精神、不满足精神和英雄主义精神[③]。这一定义突出了企业家在追求经济增长过程中所需的勇气、创造力和追求卓越的态度。冒险精神鼓励企业家勇于承担风险，探索未知领域；创新精神则促使他们不断突破传统，创造新的价值；不满足精神推动企业家持续挑战自我，追求更高目标；而英雄主义精神则体现了企业家在面对困难和挑战时的坚韧与担当。林左鸣则进一步细化了企业家精神的内涵，提出了包括进取精神、创新精神、契约精神、诚信精神、敬业精神、奉献精神和民族精神在内的七种特质。这一观点不仅涵盖了企业家在经营活动中所需的基本素质，还强调了企业家在社会责任、道德伦理以及国家情怀方面的担当。其中，进取精神鼓励企业家不断追求卓越，勇于创新；契约精神和诚信精神则体现了企业家在商业活动中的诚信与规范；敬业精

---

① 黎赔肆，李欣洁. 新时代民营企业家精神与企业绩效关系研究［J］. 经营与管理，2021（10）：37－42.

② 肖雪，胡钰，付学博. 军工企业家精神的时代内涵与价值［J］. 军工文化，2020（8）：3.

③ 张维迎，盛斌. 论企业家：经济增长的王国［M］. 北京：生活·读书·新知三联书店，2004.

神、奉献精神和民族精神则进一步升华了企业家的精神境界，使其不仅关注个人和企业的利益，更关注社会的整体福祉和国家的长远发展。叶勤和鲁兴启等学者则从创业和创新的角度阐述了企业家精神。叶勤认为，创业是企业家精神的基础，而创新则是其核心。这一观点强调了企业家在创业过程中所需的创新精神，以及这种精神对于推动企业持续成长的重要性。鲁兴启则进一步指出，企业家精神的实质是变革和创新精神，对个人利益的追求是其内在动力，市场竞争压力是外在压力。这一分析揭示了企业家精神产生的深层次原因，即企业家在追求个人利益的同时，也面临着来自市场的竞争压力，这种压力促使他们不断寻求变革和创新以应对挑战。关于企业家精神是否仅存于民营企业或国有企业的争论，钱颖一等学者给出了更为全面的回答。他们认为，企业家精神不仅存在于创业企业和民营企业中，也可见于已有企业甚至国有企业。

王桂林和孙佳探讨了企业家精神在打造世界一流企业中的作用。他们指出，世界一流企业的核心竞争力不仅体现在技术和规模上，更体现在企业家精神上。企业家精神的核心在于创新、冒险和国际化视野，这些特质能够帮助企业突破发展瓶颈，实现全球化布局。以多个世界一流企业为例，分析了企业家精神在企业发展中的具体表现，例如通过技术创新提升产品竞争力、通过国际化战略拓展市场份额、通过企业文化塑造品牌形象等。他们强调，弘扬企业家精神是打造世界一流企业的关键，为此需要从政策、文化和社会等多个层面入手，为企业家精神的培育和弘扬创造良好的外部环境①。尽管国有企业可能受到更多政府束缚，但通过适当的激励和改革措施，同样可以激发其企业家精神和活力。这一观点打破了对企业家精神来源的单一认知，强调了企业家精神在不同所有制企业中的普遍性和可培育性。综上所述，企业家精神是一个多维度、多层次的概念，涵盖了冒险、创新、不满足、英雄主义、进取、契约、诚信、敬业、奉献和民族等多个方面。它不仅是企业家个人

① 王桂林，孙佳．弘扬企业家精神打造世界一流企业［J］．科技中国，2023（11）：1－5.

素质的体现，也是企业持续成长和社会经济发展的重要推动力量。在国内，无论是民营企业还是国有企业，都需要积极培育和弘扬企业家精神，以应对日益复杂多变的市场环境和挑战。

虽然我国各界人士对于企业家精神内涵的理解存在差异，但普遍认同创新精神是其核心和本质。结合国内外文献及实际情况，认为创业精神同样是企业家精神的内核。创业精神和创新精神存在某种内部关联，一方面创业的源头便是创新，只有牢牢把握好创新能力才是实现创业；另一方面创新的最终目标是创业，以创业为导向的创新才能最大化发挥功效。企业家精神无处不在，不论是制造业、服务业还是民营或国有抑或是大、中、小型企业，上市及非上市企业等都存在企业家精神。由此可见，企业家精神的存在与否与企业的所有制等无关，不受企业盈利目的、规模等的影响，企业家精神存在于各个组织中，但其内涵可能会表现出局部差异。

值得注意的是，企业家精神确实是一个动态且具有鲜明时代性的概念，它随着社会经济环境、文化背景以及技术发展的变化而不断演变。社会主义与资本主义的企业家精神同样是有所区别的，中国的企业家精神与其他国家也应有所不同，新时代企业家精神与旧时代理应存在差异。其中，关于我国企业家的精神特征的研究中，有学者认为可以概括为：创新、工匠精神和执着。这也是我国政策一直倡导的企业家精神。此外，针对该观点，有学者为其补充了新时代特征，将时代精神、亲民精神、法治精神等加入其中。除此之外，作为社会构成要素的企业还需要承担相应的社会责任，实现其社会价值。因此，这也应成为新时代企业家精神的内涵的创新之处。综上所述，本书认为新时代中国优秀企业家精神应具备以下基本特征：

首先是使命与担当。在当今时代，优秀企业家的精神风貌中，最为显著的特质之一便是他们内心深处那股强烈的使命感和责任担当精神。这种精神不仅驱动着他们个人不断前行，更引领着企业向着更高远的目标迈进。优秀企业家们普遍坚信，自己所从事的事业超越了单纯的经济范畴，它关乎国家的前途、社会的进步，乃至全人类的福祉。这种宏大的视野赋予了他们非凡的动力，使他们能够持之以恒地致力于解决那些看似不可能的挑战。以华为和苹果为例，前者以“实现客户的梦想”和“持续为客户创造最大价值”为使命，后者则在创立之初便怀揣着让每个家庭都能拥有计算机的愿景。这些使命不仅是企业口号的堆砌，更是企业家们内心深处对于社会贡献的深切渴望。与此同时，优秀企业家还展现出了强烈的家国情怀和责任担当。他们深知，企业的发展离不开社会的支持，因此，在追求经济效益的同时，他们也积极承担起社会责任和国家责任。无论是致力于生态环境的保护，还是投身于贫困问题的解决，抑或是勇于攻克社会面临的痛点和难题，他们都在用实际行动诠释着企业家的社会担当。更为难能可贵的是，他们始终与国家战略保持高度一致，将企业的发展融入国家发展的大局，为国家的繁荣富强贡献着自己的力量。值得注意的是，并非所有企业和企业家都能达到这样的高度。然而，正是那些具备强烈使命感和责任担当精神的企业和企业家，才能够在激烈的市场竞争中脱颖而出，取得持续的成功，并最终成就一番伟大的事业。因此，可以说，在当今这个日新月异的时代里，使命感和责任担当精神已经越来越成为优秀企业家精神的重要组成部分和必备品质。它们不仅塑造了企业家的个人形象，更成为推动企业和社会共同进步的重要力量。

其次是利他和奉献。在探讨优秀企业家的精神特质时，不难发现，他们远远超越了单纯以利润为驱动的商业模式。这些杰出的领导者并非唯利是图，也非单纯追求个人财富的累积，而是将目光投向了更为广阔的社会价值创造领域。他们坚信，企业的成功应建立在为社会、员工、股东及顾客创造价值的基础之上，这种价值导向成为他们行动的出发点和归宿。宋志平、稻盛和夫等国内外知名企业家，均以其独特的领导风格和深邃的思想内涵为诠释了优秀企业家应具备的利他之心和奉献精神。他们强调，企业家在追求企业效益的同时，更应关注如何为员工谋福利、保障其合法权益、满足其合理诉求，而非进行任何形式的剥削和压榨。这种以人为本的管理理念，不仅促进了企业的和谐稳定，也为企业的长期发展奠定了坚实的基础。优秀企业家深知，创造价值是企业存在的根本意义。他们从事的是鲍莫尔所说的生产性创业活动，即通过创新、优化资源配置等手段，不断超越既有资源限制，追求新的市场机会和更高的价值创造。相反，那些不创造价值的企业，不仅无法实现可持续发展，更是一种对社会资源的极大浪费。在价值创造的过程中，优秀企业家还展现出了卓越的平衡能力。他们既关注企业自身的利益和发展，又兼顾各方利益诉求，努力实现企业与社会的和谐共生。

再次是工匠精神。与传统观念相反的是，企业家与工匠两种不同的人才类型密切相关，企业家精神以工匠精神为基础。全球范围内，优秀企业家都对自己的产品与服务有着极高的追求，致力于在品质、速度和服务上超越他人，以满足顾客需求，提升竞争力和吸引力。他们视产品为艺术品，绝不容忍粗制滥造、马虎应付。苹果公司的创始人乔布斯便是这一精神的典范，正是因为他精益求精的态度驱使苹果公司追求产品品质不断的自我超越，造就了苹果公司多年的辉煌。在过剩经济的新常态下，市场竞争越发激烈，消费者对产品质量和服务体验的要求也日益提升。在此背景下，工匠精神作为一种追求卓越、注重细节的精神理念，对企业成功创业和持续发展的重要性越发凸显。德国，作为工匠精神的典范国家，其企业家群体普遍重视并践行这一精神。在德国企业中，工匠精神不仅体现在产品制造的精湛技艺上，更贯穿于企业的文化、管理和服务等多个层面。这种对品质的极致追求和对创新的不断探索，使得德国企业在全球范围内赢得了极高的声誉和市场份额。在我国，随着消费升级和经济结构的转型升级，企业家们也逐渐意识到工匠精神的重要性。他们开始更加注重产品的品质、设计和用户体验，致力于通过工匠精神提升企业的核心竞争力和品牌形象。同时，政府和社会各界也在积极倡导和弘扬工匠精神，为企业的创新发展营造良好的社会氛围和制度环境。因此，可以说在过剩经济时代下，工匠精神已成为企业家精神中不可或缺的重要组成部分。它要求企业家们具备高度的责任心和使命感，以精益求精的态度对待每一个细节，不断追求卓越和创新。企业只有不断坚持精益求精的理念才能在激烈的市场竞争中脱颖而出，实现可持续发展。

最后是诚信。在市场经济的广阔舞台上，诚信不仅是维系市场秩序、促进健康发展的基石，更是优秀企业和企业家不可或缺的品格标识。这些行业的佼佼者，不仅是遵纪守法的典范，更是诚实守信、严格履行契约的楷模。诚信与契约精神，如同双轮驱动，共同构成了优秀企业家精神的核心要素。历史与现实反复证明，诚信缺失的企业或许能凭借某些手段获得短暂的繁荣，但这种繁荣如同建立在沙滩上的城堡，难以抵御时间的冲刷和市场的考验。三鹿集团、长春长生生物科技有限公司等因严重失信行为而遭受重创的案例，便是最生动的警示。这些事件不仅重创了企业自身，也对整个行业造成了不可估量的损失，更在社会上引发了广泛的信任危机，损害了消费者的权益与信心。放眼国际，诚信缺失同样是企业衰败的加速器。美国安然公司等因财务造假等诚信问题而崩塌的巨头，就是最好的例证。这些事件再次提醒，无论身处何地，诚信都是企业生存与发展的生命线。在我国当前的发展阶段，企业家诚信缺失问题不容忽视。据统计，每年因诚信缺失导致的经济损失高达数千亿元，这不仅是对经济资源的巨大浪费，更是对社会诚信体系的严重侵蚀。因此，加强企业家诚信建设，传承和发扬中华民族诚实守信的优良传统，对于构建健康的市场环境、推动经济社会持续健康发展具有重要意义。

在新时代的浪潮中，优秀企业家的核心价值观与创新创业行为紧密相连，其中使命感、责任担当、奉献精神、工匠精神以及诚信精神共同构成了推动企业前行的重要力量。这些精神不仅是企业家个人品质的体现，更是新时代经济社会发展的内在需求。使命感与责任担当精神，作为企业家精神的核心，为企业的发展提供了明确的方向和强大的动力。它们促使企业家不仅关注企业的经济效益，更积极承担社会责任，致力于解决社会问题，推动社会进步。这种超越个人利益、追求更高价值目标的情怀，是新时代企业家不可或缺的品质。奉献精神则进一步升华了企业家的追求，将个人价值融入社会福祉。它鼓励企业家在创新创业过程中，不仅追求商业成功，更关注如何为社会创造更多价值，实现个人与社会的和谐共生。工匠精神则是时代赋予的新要求，它强调对品质的极致追求和对创新的持续探索。在过剩经济时代，只有具备工匠精神的企业家，才能在激烈的市场竞争中脱颖而出，以卓越的产品和服务赢得消费者的青睐。诚信精神则是市场经济的基石，它要求企业家在经营活动中遵守法律法规，诚实守信，维护市场秩序和公平竞争。诚信不仅是企业生存和发展的基础，更是赢得社会信任和尊重的关键。此外，爱国敬业精神也是新时代企业家应具备的重要品质。它体现了企业家对国家、对民族的深厚情感和责任担当，激励着企业家为实现中华民族伟大复兴的中国梦贡献自己的力量。需要强调的是，这些精神并非对企业家的道德和责任绑架，也不是要求企业家成为完人。每个企业家都有自己独特的个性和特点，但要想在新时代成为优秀企业家，这些精神是不可或缺的。在公平竞争、法律制度完善、信用体系健全的市场环境中，具备这些精神的企业和企业家通常能够展现出更强的竞争力和更大的发展潜力。因此，倡导并弘扬这些企业家精神，旨在引导企业家树立正确的价值观和行为准则，推动经济社会持续健康发展。同时，也应尊重企业家的个性和差异，鼓励他们在遵循这些精神的基础上，发挥自身优势，实现个人价值和社会价值的双重提升。

当前，中国正加速培育形成新质生产力。为了更好地培育新质生产力，中国企业需要不断创新坚持高质量发展，而企业高质量发展的关键正是优秀的具备企业家精神的企业管理者。因此，要加速实现新质生产力的形成，关键在于进一步激发和保护优秀企业家精神，让更多具备上述品质和素质的优秀企业家能够脱颖而出。同时，激发和保护优秀企业家精神、激发企业家创新创业活力，也是满足人民对美好生活需要、提高国家自主创新水平和国际竞争力的必然选择。

（五）企业家精神与制度环境

历经改革开放四十余载春秋，中国在政治革新、经济飞跃、文化繁荣及社会进步等多个维度均实现了举世瞩目的成就。中国经济的这一轮蓬勃发展，深刻根植于政府深思熟虑、精准施策的制度创新之中。一方面，通过一系列旨在激活市场潜力、优化资源配置的政策安排，政府有效释放了计划经济时期长期被束缚的生产要素，为其注入了新的活力与创造力。这些制度性变革不仅促进了资源的合理配置与高效利用，更为经济的持续增长奠定了坚实的基础；另一方面，众多企业家的积极进取为中国经济持续增长提供了强大引擎。企业家精神能够实现社会利润创造与企业竞争力的提升。如果将企业家精神应用至政府治理便能在一定程度上削弱官僚作风，提升管理治理的效能。然而，当前企业家精神发展面临新挑战，影响我国自主创新进程。企业家精神的展现是一个复杂而多维的过程，它不仅根植于企业家个人的特质与追求，更深受外部环境特别是制度环境的深刻影响。企业的行为作为制度环境的直接产物，是在特定经济框架内作出的理性决策。制度条件作为这一过程中的关键变量能够显著影响企业家在不同行业中的预期收益，进而塑造其决策偏好与行为模式。然而，我国当前在促进企业家精神充分发挥的制度环境建设上仍面临诸多挑战。产权保护机制的不完善、法律体系的不健全以及金融市场的相对滞后均在不同程度上阻碍了企业家精神的释放与拓展。这些问题不仅增加了企业运营的不确定性与风险，也削弱了企业家进行创新与投资的动力，从而影响了整体经济的活力与竞争力。

1. 制度环境影响企业家精神的理论分析

关于制度环境对企业家精神影响的理论分析，学者一致认为对企业家精神易受到制度环境的影响。例如，Welterand Smallbone 研究转型期制度对企业家精神的影响，发现制度环境在转型的国家或地区的企业家精神中发挥作用[①]。此外学者进一步探讨了影响企业家精神的制度因素，如金融制度等。庄子银发现阻碍企业家精神产生和发挥的障碍包括政府管制的用度不恰当、市场化程度不足以及法律体系的不足。解维敏认为产权结构也会影响企业家精神，具体来说在研究中发现私有产权对于企业家创新精神的培育效果比政府控制更好。

聂长飞、杨颖婷在其研究中深入探讨了企业家精神与区域共同富裕的关系。他们通过理论分析与实证检验，揭示了企业家精神在推动区域共同富裕中的重要作用。聂长飞和杨颖婷指出，企业家精神不仅能够促进区域经济的创新发展，提高资源配置效率，还能够带动就业，增加居民收入，进而推动区域共同富裕的实现。他们的研究还进一步分析了不同区域企业家精神的差异及其对共同富裕的影响，为制定针对性的区域发展政策提供了理论支持。这一研究不仅丰富了企业家精神的理论内涵，也为实现区域均衡发展提供了新的思路[②]。贾旭东、解志文则基于扎根范式对企业家核心能力进行了深入研究。他们通过系统的质性分析方法，构建了企业家核心能力的理论框架，并详细阐述了企业家核心能力的构成要素和形成机制。企业家核心能力是企业持续竞争优势的重要来源，包括创新思维、市场洞察力、组织领导力等多个方面。他们的研究还探讨了不同行业、不同规模企业间企业家核心能力的差异性，为企业家培养和提升企业核心能力提供了实践指导。这一研究不仅深化了对企业家核心能力的认识，也为企业的可持续发展提供了有益的建议[③]。吴炯、肖姗姗关注了团队心智结构对家族企业跨代企业家精神的影响。他们通过实证研究，分析了团队心智结构在家族企业传承过程中的作用机制。吴炯和肖姗姗指出，团队心智结构不仅能够影响家族企业内部的

---

① Smallbone D, Welter F. The distinctiveness of entrepreneurship in transi - tion economies [J]. Small Business Economics, 2001, 16 (4): 249 - 262.

② 聂长飞，杨颖婷．企业家精神与区域共同富裕：理论分析与实证检验［J］．科技创新发展战略研究，2024（5）．

③ 贾旭东，解志文．基于扎根范式的企业家核心能力研究［J］．管理学报，2023，20（1）：1 - 13.

沟通与合作效率，还能够塑造跨代企业家的创新精神和冒险意识。他们的研究还发现，积极的团队心智结构有助于促进家族企业的顺利传承和持续发展。这一研究不仅为家族企业的传承和发展提供了新的视角，也为培养跨代企业家精神提供了有益的思路①。付彤杰、张衔则探讨了企业家精神、市场结构竞争演进与中国经济增长的关系。他们通过实证分析，揭示了企业家精神在市场结构竞争演进中的重要作用，以及这种作用对中国经济增长的影响。付彤杰和张衔认为，企业家精神是推动市场结构优化的关键力量，能够激发市场竞争活力，促进产业升级和技术创新。同时，他们也指出了当前中国市场中存在的制约企业家精神发挥的问题，并提出了相应的政策建议。这一研究不仅为中国经济增长的动力机制提供了新的解释，也为推动中国市场的健康发展提供了有益的建议②。

通过详尽的文献回顾，不难发现制度环境作为关键外部因素，对企业家精神的形成与展现具有深远的影响。学者们从多个维度深入剖析了制度环境的具体构成，包括产权结构、所有权配置、金融制度及其市场成熟度、法治环境的完善程度以及政府与企业之间的互动关系等，均被视为影响企业家精神的重要因素。其中主流观点认为，一个产权界定清晰、政府干预适度减少、法律体系健全且执行有力的制度环境，能够有效激励企业家精神的涌现与发扬。在这样的环境中，企业家能够更加自信地投入创新活动，无惧因产权不清而带来的不确定性风险，同时享受到更为自由的市场竞争与更高效的资源配置。此外，合理的公司治理结构也为企业家提供了稳定的内部环境，进一步促进了其精神的释放与价值的实现。然而，学术界对此亦存在不同声音。部分研究聚焦于创业制度环境、企业家精神与领导行为之间的微妙关系，提出了一个颇具洞察

---

① 吴炯，肖姗姗．团队心智结构对家族企业跨代企业家精神的影响［J］．外国经济与管理，2024（9）．

② 付彤杰，张衔．企业家精神、市场结构竞争演进与中国经济增长［J］．经济问题，2023（11）：65－72．

力的观点：当创业制度环境过于完善时，可能会在某种程度上阻碍企业家领导特质向实际行为的转化路径。这一现象可能源于过度规制导致的灵活性缺失，进而破坏了原本有利于创业、创新等企业家精神培育的土壤。这一发现提醒，在优化制度环境的过程中，需要寻求一个平衡点，既要确保制度的完善性以提供必要的保障，又要避免过度干预以维护市场的活力与企业的自主性。

2. 制度环境影响企业家精神发挥的机制

在探索制度环境如何影响企业家精神这一复杂议题时，不同学者基于各自独特的研究视角，提出了多样化的见解。官兵深入剖析了金融制度与企业家精神之间微妙的相互作用机制，并特别强调了交易费用在这一过程中的核心地位。

朱元根在其研究中深入探讨了企业家精神及企业家成长的社会制度与环境。他指出，企业家精神是推动社会经济发展的重要力量，而企业家精神的培育与成长则深受社会制度与环境的影响。朱元根详细分析了不同社会制度下企业家精神的特征与表现，强调了制度环境对于企业家精神形成与发展的关键作用。他认为，一个有利于企业家精神成长的社会制度应该具备公正、开放、包容等特点，能够为企业家提供充分的创新空间和创业机会。同时，朱元根还提出了优化社会制度环境、促进企业家精神成长的策略建议，为后来的研究提供了重要的理论参考①。

曹琳琳在其博士论文中，以法治环境为切入点，深入研究了其对企业家精神的影响。她通过构建理论模型与实证分析，发现法治环境的完善程度与企业家精神的活跃度呈现正相关关系。曹琳琳指出，良好的法治环境能够为企业家提供稳定的预期和保障，降低创业风险，从而激发企业家的创新精神和冒险意识。同时，她还分析了法治环境在不同地区、不同行业间的差异性，以及这种差异性对企业家精神的影响。曹琳琳的研究不仅丰富了法治环境与企业家精神关系的理论内涵，也为优化

① 朱元根．企业家精神及企业家成长的社会制度与环境［J］．前沿，2005（2）：3.

法治环境、促进企业家精神成长提供了实践指导[①]。

刘彦沣则关注了培育企业家健康成长的制度环境和土壤。他认为，企业家是市场经济的主体，是推动社会经济发展的关键力量。然而，企业家的健康成长离不开良好的制度环境和土壤。刘彦沣详细阐述了制度环境对企业家成长的影响机制，包括政策扶持、市场竞争、知识产权保护等方面。同时，他还提出了优化制度环境、培育企业家健康成长的策略建议，如加强政策引导、完善市场机制、强化知识产权保护等。刘彦沣的研究为政府制定相关政策、优化企业家成长环境提供了有益的参考[②]。

梁洪学在其研究报告中，系统探讨了企业家、企业家精神及完善激励企业家精神的制度环境。他指出，企业家精神是推动社会经济发展的重要动力，而激励企业家精神的制度环境则是其持续发挥作用的关键。梁洪学详细分析了当前制度环境中存在的问题和不足，如政策落实不到位、市场竞争不充分、创新激励机制不完善等。同时，他还提出了完善激励企业家精神的制度环境的策略建议，如加强政策执行力度、优化市场竞争机制、构建多元化的创新激励体系等。梁洪学的研究不仅为优化制度环境、激发企业家精神提供了理论支持，也为政府制定相关政策提供了有益的参考[③]。

苗藤藤在其博士论文中，以国际企业家精神的培育机制为研究对象，进行了深入的实证研究。她通过收集和分析上市公司的数据，揭示了国际企业家精神培育机制的关键因素和路径。苗藤藤指出，国际企业家精神的培育离不开良好的市场环境、政策支持和文化氛围。同时，她还强调了国际化战略、创新能力和团队协作在国际企业家精神培育中的重要性。苗藤藤的研究不仅丰富了国际企业家精神培育机制的理论内

① 曹琳琳．法治环境对企业家精神的影响研究［D］．吉林大学，2022.

② 刘彦沣．培育企业家健康成长的制度环境和土壤［J］．董事会，2017（11）：2.

③ 梁洪学．企业家、企业家精神及完善激励企业家精神的制度环境［C］//外国经济学说与中国研究报告（2019）．［2025－01－31］.

涵，也为企业在国际化进程中培养企业家精神提供了实践指导[①]。

企业家精神的展现与交易费用之间存在着紧密的联系。具体而言，市场交易费取决于制度环境的优劣，同时企业家的创新成本与风险承受能力又受限于市场交易费用。在制度环境健全的情况下，诸如产权保护明确、合同履行效率高、市场信息透明等积极因素将共同作用于降低企业的交易成本。这种成本的降低，不仅为企业家提供了更大的利润空间以承担创新活动所需的额外成本，还减少了创新过程中的不确定性风险，从而激发了企业家的创新动力与冒险精神。此外，良好的外部制度环境还能有效保护企业家的剩余索取权，即企业家通过创新活动所获得的超额收益。这种保护机制进一步增强了企业家对创新投资的信心与积极性。解维敏则从所有制结构、法治环境和地区金融发展水平三个维度来探究其与企业家精神间的关联。在探讨制度环境对企业家精神的影响时，私有产权保护、法治环境强化以及地区金融发展水平的提升被认为是激发企业家创新精神的关键因素。相反，国有产权的过度集中、法治环境的不完善以及金融资源的匮乏，则可能成为抑制企业家精神萌发的障碍。具体而言，政府主导下的企业结构往往伴随着内部治理机制的失衡，如内部人控制现象的加剧和所有者监督职能的弱化。这种失衡状态可能导致内部控制人出于个人私利的考量，倾向于规避高风险的创新项目，转而追求短期收益，从而削弱了企业的创新动力。相比之下，私有产权的清晰界定和有效保护，能够激励企业家追求长期价值创造，勇于承担创新带来的不确定性风险。同时，法治环境的完善对于企业家精神的培养同样至关重要。一个公正、透明的法律体系，能够有效降低企业遭受侵权的风险，为企业家提供稳定的经营预期和强有力的法律保障。这种保障不仅增强了企业家对创新投资的信心，也促进了市场竞争的公平性和效率。此外，金融发展水平的提升也是推动企业家精神发展的重

① 苗藤藤．国际企业家精神的培育机制探究——基于上市公司的实证研究［D］．上海财经大学，2011.

要力量。金融市场的成熟与开放，为企业提供了多样化的融资渠道和更低的融资成本，使得企业家能够更容易地获取创新所需的资金支持。这种资金支持的增加，不仅缓解了企业的融资约束，也为企业家探索新领域、开发新产品提供了更多的可能性。庞长伟和李垣的研究进一步挖掘了所有权结构对企业家精神的影响。他们发现，大型非国有企业在所有权结构上的独特优势，如丰富的资源储备和广泛的社会关系网络，为企业家提供了更加广阔的施展才华和创新的空间。这种优势使得大型非国有企业在推动企业家精神发展方面表现出色，成为激发社会创新活力的重要力量。综上所述，制度环境对企业家精神的影响机制是一个涉及多个方面和层次的复杂问题，需要从多个角度进行深入探讨和理解。

3. 制度环境影响企业家精神的实证分析

国内外学者实证探讨了制度环境与企业家精神的关联，进一步确认其发挥的影响作用。但现有研究仍存在部分局限：一是现有研究多聚焦单一制度方面，这使得所得出的结论较为片面；二是由于样本选择受限且所选的区域或时段是特定的，并不能完全地反映客观规律。考虑到企业和区域制度都会随时间而发生变化，未来的研究应更加关注制度环境对企业家精神影响的动态变化。最后，若是直接采用国外开发的量表并不能准确衡量中国的制度环境和企业家精神，研究结论可能会与实际情况有所出入。

米雪和刘志永通过实证研究探讨了山西省企业家精神对经济增长的作用。他们指出，企业家精神作为推动经济发展的重要动力，在山西省的经济增长中发挥了显著作用。通过对相关数据的分析，他们发现企业家精神的提升能够显著促进山西省的经济增长，这种影响不仅体现在数量的增长上，还体现在质量的提升上。米雪和刘志永的研究为理解企业家精神在地方经济增长中的作用提供了新的视角，也为政策制定者提供了有益的参考①。刘志迎和郑心雨则基于省级面板数据，实证研究了营

---

① 米雪，刘志永．山西省企业家精神对经济增长作用的实证研究［J］．晋中学院学报，2023，40（2）：56－62.

商环境与创新创业对区域经济增长的影响。他们发现，营商环境的优化和创新创业活动的增加对区域经济增长具有显著的正面效应。刘志迎和郑心雨的研究强调了政府在优化营商环境、激发创新创业活力方面的重要作用，为地方政府推动经济增长提供了新的思路。他们的研究结果表明，通过改善营商环境，可以吸引更多的创新创业资源，进而推动区域经济的持续增长。王亚柳在其学位论文中，从创新视角出发，研究了企业家精神对企业绩效的影响。她基于 A 股上市公司的实证分析，发现企业家精神与企业绩效之间存在显著的正相关关系。王亚柳的研究揭示了企业家精神在提升企业竞争力、推动企业创新方面的重要作用。她的研究不仅丰富了企业家精神与企业绩效关系的研究内容，也为企业管理者提供了有益的启示①。陈留强则探讨了营商环境优化对区域流通效率的影响，特别是从企业家精神视角进行了深入分析。他发现，营商环境的优化能够激发企业家精神，进而提升区域流通效率。陈留强的研究强调了企业家精神在优化资源配置、提高流通效率方面的关键作用。他的研究结果表明，通过改善营商环境，可以激发企业家的创新精神和创业活力，从而推动区域经济的健康发展②。

企业家作为经济活动的核心参与者，其行为模式深受所处制度环境的影响，是特定经济环境下理性决策的结果。制度条件作为调节市场运作的框架，直接关联到企业家在不同行业中的收益预期，从而深刻影响其战略选择与经营决策。因此，构建一个支持企业家精神蓬勃发展的制度环境，对于促进经济活力与创新至关重要。在中国情境下，金融制度与发展现状都会对企业家精神构成挑战。一方面，政府对金融组织的干预容易带来政策风险，这种不确定性使得企业家在资源配置时更倾向于寻求短期利益与关系资源，而非长期的技术创新与市场拓展，从而抑制

---

① 王亚柳．创新视角下企业家精神对企业绩效的影响研究——基于 A 股上市公司的实证分析［D］．河南财经政法大学，2023.

② 陈留强．营商环境优化对区域流通效率的影响——基于企业家精神视角［J］．商业经济研究，2024（15）：181－184.

了企业家精神的纯粹性与创新性。另一方面，金融组织自身创新能力的不足，加剧了市场风险的暴露，使得金融企业家在推动创新项目时面临更高的资金成本与失败风险，进一步削弱了其创新动力。针对上述问题，有专家指出建立一个功能健全、体系完善的金融体制是释放企业家创新精神的关键。这样的金融体制应能够减少政府对市场的直接干预，增强金融市场的自主性与灵活性，为企业家提供更加稳定、可预测的融资环境与风险管理工具。同时，金融体制的创新也应与实体经济的发展需求相匹配，推动金融产品与服务的多样化与个性化，以满足企业家在不同发展阶段的资金需求。此外，庞长伟和李垣等学者强调，减少政府对企业的直接干预、规范政府行为并加大政策支持力度，是培育与发挥企业家精神的重要途径。政府应致力于构建公平、透明的市场环境，减少行政干预带来的扭曲效应，同时通过税收优惠、创新补贴等政策措施，激励企业家投身于高风险、高收益的创新活动中。这些措施将有助于增强企业家的信心与动力，促进企业家精神在更广泛的领域内得到展现与传承。针对企业家精神的培育，李维安与王辉综合考虑宏观与微观两个维度提出针对性的政策建议。在宏观层面的政策建议中提出需持续优化市场经济环境，强化法律法规体系的建设，确保市场竞争的公平性与透明度。同时推动现代公司治理制度的建立健全，为企业内部治理结构的优化提供制度保障。微观层面则聚焦于企业个体的实际需求，鼓励企业创新管理机制，提升企业家的决策效率与创新能力。庄子银则从制度创新的角度出发，主张政府应通过减少非必要的管制、构建公正法律体系等措施，为企业家精神提供坚实的制度基础。此外，他还建议采用激励性的税收与补贴政策，直接降低企业家的创新成本，提升其创新积极性。刘志铭与李晓迎对当前阻碍企业家精神发挥的制度性因素进行了深入剖析，指出政府过度管制、高税率及法制不健全等问题亟待解决。他们建议政府应简政放权，减轻企业税负，同时加快法律制度的完善步伐，为企业家营造更加宽松、有利的发展环境。解维敏针对转型期中国市场的特殊情况，进一步阐述了制度环境对企业家创新精神的影响。在当前阶段，加强产权保护的法律力度、提升法律执行效率等举措能有效降低企业创新风险。同时，推进银行业市场化改革与地区金融发展，有助于拓宽企业融资渠道，降低资金成本，为企业家提供更多元化的金融支持。徐荣（2023）强调，突出典型代表能够营造有利于企业家的社会氛围，同时还需要建立健全激励机制和法治环境，以保护企业家的合法权益，为企业家的成长创设良好的政策体系[①]。薛君和韦囡囡（2023）则认为企业家精神具有地域性特征，不同经济发展水平的地域呈现出差异化的表现。因此，他们建议应根据不同地域的建设条件来促进企业家精神的培育与发展[②]。

（六）企业家精神文献评述

从现有文献的分析中，可以清晰地看到学者们对企业家精神这一领域进行了深入且多维度的研究，并取得了丰硕的成果。然而，关于企业家精神的确切含义，学者们并未达成一致意见。在众多定义中，企业家精神主要包含四种不同的核心构成要素：创新、创业、机会识别以及承担未知风险（即风险承担精神或冒险精神）。

由于企业家精神的复杂性，很难全面捕捉其所有内容。因此，本书在梳理其他学者对企业精神研究的多方面内容的基础上，继承了熊彼特（Schumpeter，1934）[③]、柯维纳（Krizner，1973）和莎拉·劳（Sarah A. Low，2009）的思想，给出了企业家精神的建议性定义：企业家精神是企业家所具备的能力与精神的高度概括，它体现在企业家根据所处的发展环境，在对企业内外部信息进行甄别的过程中，及时发现商业机会的能力；同时，企业家精神也表现为充分利用所拥有的资源，实施创

---

① 徐荣．论新时代弘扬企业家精神［J］．江苏行政学院学报，2023（6）：12－17.

② 薛君，韦囡囡．营商环境视阈的企业家精神地域差异研究［J］．运筹与管理，2023，32（9）：234－239.

③ Schumpeter J，Backhaus U．The theory of economic development［M］．Holland：Springer，1934.

新，并在企业内部展现创业精神、冒险精神、坚守精神和责任担当精神。在这个定义中，特别强调了企业家在所处环境中对信息甄别的重要性，以及通过辨别信息来找出市场机会的能力。除了包含企业家的创业精神、创新精神和冒险精神外，还增加了企业家的坚守精神和责任担当精神，这体现了企业家对企业、对社会、对国家的担当。

在企业家精神的测量方面，不同的学者有不同的量表，虽然各量表的测量指标侧重点各有不同，但国内学者的量表是在国外研究的基础上进行拓展的，且部分研究者的量表之间存在相似之处。在实证研究中，鉴于本书篇幅与深度的限制，难以全面而精确地量化企业家精神所蕴含的丰富理论内涵。企业家精神，作为一个多维度、动态发展的概念，其边界模糊且不断演进，涵盖了创新、冒险、市场敏锐度、资源配置能力等多个方面。因此，本书虽致力于深入探讨这一主题，但受限于篇幅与研究的局限性，无法对每一个理论维度都进行详尽无遗的测度与分析，也没有采用衡量企业家精神的微观指标。而是根据研究问题的需要选取合适的量表，并基于企业年度数据进行实证分析。已有诸多成果表明，尽管企业家精神这一复杂概念在微观层面上展现出多样化的特征与表现，但宏观层面上的企业家精神指标仍能在一定程度上代表微观行为的加总效应（李宏彬等，2009）①。

本书提出了一个概念上的企业家精神定义及其相应的指标，旨在用于我国企业发展的研究和决策。这些指标的一个关键优势在于，它们能比现有测量更好地捕捉到企业家精神的内涵。为此，本书构建了新的识别企业家精神的创新精神及冒险精神的指标方法，该方法既有广度又有深度，对企业家精神研究和企业发展具有积极意义。尽管新的指标并不完美，但这项研究代表了对文献的贡献，并有望激发研究者之间关于如何衡量和评估企业家精神的概念化讨论。

---

① 李宏彬，李杏，姚先国，张海峰，张俊森. 企业家的创业与创新精神对中国经济增长的影响［J］. 经济研究，2009，44（10）：99－108.

二、新质生产力的相关研究

近年来，全球化发展格局的调整、世界经济复苏乏力的态势、国内人口发展趋势等难题为我国经济发展带来新的冲击与挑战。在此背景下，我国需要探索驱动经济社会高质量发展的新动能。“新质生产力”理论正是习近平总书记综合考量当下环境与形势后提出的全新概念，为梳理和把握新时代背景下生产力与生产关系的内涵提供指引，为全面推进经济社会高质量发展奠定基础。2023 年 9 月，习近平总书记在黑龙江考察期间首次提出“新质生产力”，强调积极培育发展战略性新兴产业和未来产业，加速形成新质生产力①。2024 年 2 月 2 日，习近平总书记在天津考察工作时指出，要发挥科教资源等优势，坚持科技创新与产业创新一起抓，在发展新质生产力上争勇先、善作为②。3 月 5 日，习近平总书记在参加十四届全国人大二次会议江苏代表团审议时强调要牢牢把握高质量发展的首要任务，因地制宜地发展新质生产力③。2024 年政府工作报告再次强调发展新质生产力的要求，因此，新质生产力的研究具有重要的理论意义和实践意义，这一领域的研究已经逐渐成为学术界的研究焦点。

（一）新质生产力的理论内涵

“新质生产力”作为全新的科学理论，具有丰富的理论内涵。现有

---

① 习近平主持召开新时代推动东北全面振兴座谈会强调：牢牢把握东北的重要使命奋力谱写东北全面振兴新篇章，https：//www. gov. cn/yaowen/liebiao/202309/content_ 6903072. htm.

② 奋力谱写中国式现代化天津篇章——习近平总书记天津考察重要讲话鼓舞人心、凝聚力量，http：//www. qstheory. cn/qshyjx/2024 -02/04/c_ 1130072813. htm.

③ 习近平总书记参加江苏代表团审议时的重要讲话指引方向、指导实践：以新质生产力为高质量发展注入强大动力，https：//www. gov. cn/yaowen/liebiao/202403/content_ 6936958. htm.

学者对其理论内涵的研究主要从政治经济学视角、唯物史观视角、创新驱动视角、生产要素配置视角、绿色生产力视角、产业结构视角展开。

1. 政治经济学视角

新质生产力理论不仅是对传统生产力理论的继承与发展，更是对当代社会经济发展新趋势的深刻洞察。随着全球科技革命的加速推进，特别是人工智能、大数据、云计算、区块链等前沿技术的广泛应用，生产力的构成要素、运行机制和效率边界正经历着前所未有的变革。在这一背景下，新质生产力理论强调的不仅是技术层面的革新，更包括生产关系、组织模式乃至思维方式的全面重塑。因此，它要求在分析生产力发展时，不仅要关注技术进步的量化指标，更要深刻理解其对社会结构、经济体系乃至文化价值观的深远影响。作为马克思主义政治经济学重要构成部分的生产力理论常被运用于社会发展分析中，而由科技创新推动产生的新质生产力理论更是进一步丰富了马克思主义生产力理论。生产力被认为是社会发展的原始动力，当社会发展进步到新的高度后又会反向催化新的生产力形态（简新华和聂长飞，2023）①。生产力的历史意义体现在社会发展常伴随着先进生产力持续替代原有生产力，新时代的新质生产力更符合高质量发展要求，标志着低质生产力向新质生产力的历史性跨越（张林和蒲清平，2023）②。部分学者从哲学高度来阐析“新质”的内涵，厘清质变与量变的核心规律。重点解析“新质”和“生产力”两个关键词，依托量变质变规律阐述生产要素和科学技术都应不断产生新的量变，进而在新质的基础上会创造新的量变（张峰，2024）③。韩文龙（2024）运用辩证唯物法阐释新质生产力的内涵，剖析新质生产力发展过程中量变与质变的辩证关系，只有在资本积累、科

---

① 简新华，聂长飞．论新质生产力的形成发展及其作用发挥——新质生产力的政治经济学解读［J］．南昌大学学报（人文社会科学版），2023，54（6）：29－36．

② 张林，蒲清平．新质生产力的内涵特征、理论创新与价值意蕴［J］．重庆大学学报（社会科学版），2023，29（6）：137－148．

③ 张峰．发展新质生产力的政治经济学分析［J］．湖南社会科学，2024（3）：41－46．

技创新、劳动分工等多方面实现量变积累才有可能形成质变，进而在更高的发展水平上完成新的量变，最终使之转变为促进高质量发展的新动能①。

方敏和杨虎涛（2024）从政治经济学的视域出发，深入探讨了新质生产力的内涵、形成与发展。他们指出，新质生产力是生产力发展到一定阶段的必然产物，具有创新性、高效性和可持续性等特点。方敏和杨虎涛强调了新质生产力在推动社会经济发展中的重要作用，认为它是实现经济高质量发展的关键。他们还分析了新质生产力的形成机制，包括技术创新、制度创新、管理创新等多个方面。该研究为新质生产力的理论构建提供了坚实的理论基础，也为后续研究指明了方向②。

简新华和聂长飞（2023）进一步对新质生产力的形成发展及其作用发挥进行了政治经济学解读。他们指出，新质生产力的形成是多种因素共同作用的结果，包括科技进步、市场需求、政策支持等。简新华和聂长飞强调了新质生产力在推动产业结构升级、提高生产效率、促进经济增长等方面的重要作用。他们还分析了当前新质生产力发展中存在的问题和挑战，并提出了相应的政策建议。该研究为新质生产力的实践应用提供了有益的参考③。

侯为民和司培颖（2024）从政治经济学角度阐释了新质生产力的生成路径。他们指出，新质生产力的生成是一个复杂的过程，需要技术创新、制度创新、文化创新等多方面的协同作用。侯为民和司培颖还分析了新质生产力生成过程中的关键因素，包括创新主体的培育、创新环境的营造、创新机制的完善等。该研究为新质生产力的生成提供了全面

---

① 韩文龙．新质生产力的政治经济学阐释［J/OL］．马克思主义研究，2024（3）：100－115［2024－05－18］．http：//kns. cnki. net/kcms/detail/11. 3591. A. 20240611. 1317. 018. html.

② 方敏，杨虎涛．政治经济学视域下的新质生产力及其形成发展［J］．经济研究，2024，59（3）：20－28.

③ 简新华，聂长飞．论新质生产力的形成发展及其作用发挥——新质生产力的政治经济学解读［J］．南昌大学学报（人文社会科学版），2023，54（6）：29－36.

的分析框架，也为政策制定者提供了有益的启示①。

潘洁（2024）关注了新质生产力在跨境产业高质量发展中的应用。她指出，新质生产力是推动跨境产业高质量发展的关键因素之一。潘洁分析了新质生产力如何赋能跨境产业，包括提高生产效率、优化产业结构、增强国际竞争力等方面。她还探讨了新质生产力在跨境产业中的具体应用案例，为新质生产力的实践应用提供了生动的例证。该研究不仅丰富了新质生产力的研究领域，也为跨境产业的持续发展提供了有益的指导②。

2. 唯物史观视角

在马克思主义唯物史观的框架下，新质生产力作为当代社会发展的重要驱动力，其理论内涵与实践价值得到了进一步的丰富与拓展。马克思主义唯物史观主要围绕三方面内容，分别是界定生产力的决定作用、评估作用效果和探究生产力与生产关系等的矛盾。新质生产力的“质”的飞跃，根植于信息革命这一历史性变革之中。与传统生产力相比，新质生产力更加凸显了科学技术的颠覆性作用，表现为数字化、智能化的全面渗透与深度融合。这种质的变化不仅改变了生产工具和生产方式，更深刻影响了生产力各要素之间的关系与配置。“新”包含质变与质态两种，通过科技创新实现向数字化、智能化的过渡（徐志向，2024）③。在评估新质生产力的作用效果时，一个显著的变化是开始更加重视个体的需要与发展。传统生产力评估往往侧重于宏观的经济增长和物质财富积累，而新质生产力则更加注重生产力发展对个体多方面的积极影响。新质生产力不仅包含传统意义上的劳动者、劳动对象和劳动资料三要素，还广泛涉及教育、组织等与劳动者息息相关的要素，这体现了对个

① 侯为民，司培颖．新质生产力生成路径的政治经济学阐释［J］．内蒙古社会科学，2024，45（4）：153-161.

② 潘洁．新发展阶段新质生产力赋能跨境产业高质量发展［J］．电子商务评论，2024，13（4）：5.

③ 徐志向．唯物史观视阈下发展“新质生产力”研究［J］．财经科学，2024（5）：51-61.

体全面发展的深切关怀。通过提升劳动者的素质、优化工作环境、促进教育公平等措施，新质生产力为实现人的自由全面发展创造了更加有利的条件（胡莹和方太坤，2024）[①]。张林（2024）通过研究中国式现代化与新质生产力之间的关联，明晰在科技驱动下创造的先进生产力即新质生产力，而社会发展的本质是旧质生产力向新质生产力的跃迁过程[②]。

3. 创新驱动视角

从新质生产力的驱动视角来看，创新驱动发展是其关键所在。新质生产力的形成和发展，离不开创新活动的助力。这种创新不仅体现在技术的突破上，更体现在思维方式、生产模式、产业形态等方面的全方位变革。在创新驱动下，传统生产方式和产业结构被不断颠覆和重塑，新产业、新业态、新模式不断涌现，从而推动生产力的整体跃升。得益于科技创新的推动和生产关系的持续优化，新质生产力呈现出质优的特征。具有前瞻性的技术创新研发与应用助推未来产业的发展，例如大数据技术、生物技术、清洁能源技术等，进而为新质生产力的形成奠定扎实基础（余东华和马路萌，2023）[③]。蒲清平和向往（2024）指出科技创新及应用是新质生产力的核心要素和主要路径，强调科技创新的重要性，其具体表现为利用科技成果来实现传统产业的智能数字化改造以及孕育对新兴产业的培养[④]。此外，科技创新能同时对传统生产力三要素产生影响，通过科技创新引领生产力发展、助力劳动者掌握先进的劳动技术与工具、加速释放劳动资料空间（张新宁，2024）[⑤]。科技创新极大地丰富和完善了劳动者从事知识学习、信息摄取、思维发展和技能训

---

① 胡莹，方太坤．再论新质生产力的内涵特征与形成路径——以马克思生产力理论为视角［J］．浙江工商大学学报，2024（2）：39－51.

② 张林．新质生产力与中国式现代化的动力［J］．经济学家，2024（3）：15－24.

③ 余东华，马路萌．新质生产力与新型工业化：理论阐释和互动路径［J］．天津社会科学，2023（6）：90－102.

④ 蒲清平，向往．新质生产力的内涵特征、内在逻辑和实现途径——推进中国式现代化的新动能［J］．新疆师范大学学报（哲学社会科学版），2024，45（1）：77－85.

⑤ 张新宁．科技创新是发展新质生产力的核心要素论析［J］．思想理论教育，2024（4）：20－26.

练等活动的渠道与模式。这极大便利了劳动者学习先进的劳动技术和工具，能够提升其专业素质和创新能力，从而成为新质生产力的“第一资源”。同时，科技创新为劳动资料的改良与升级创造了有利条件。通过科技创新，劳动资料得到优化与重塑，提高了劳动资料的使用效率，也拓展了其应用领域和范围。再者，科技创新使得劳动对象的范围得到扩展和深化。一方面，科技创新增强了人类对自然规律的认知能力、对自然条件的适应能力以及对自然环境的改造能力，从而推动更多物质向劳动对象转化；另一方面，科技创新开辟了数字化场域，使得海量数据成为非物质性的“新”劳动对象，进一步丰富了劳动对象的种类和形态。

4. 生产要素配置视角

生产要素配置视角下的新质生产力包含劳动者、劳动对象和劳动资料三部分。集中于新兴产业和未来产业的更高水平的科学技术是新质生产力的根本动力，它与高素质的劳动者、成熟的制度环境以及精准的要素配置共同构成了新质生产力（英明，2024）[①]。科技创新成果催生出的新产业、新模式、新动能，创造出对具备深厚专业知识的创新创造者的需求。新型劳动者的技能将会持续提升，特别是在数据分析、人机协作、远程办公等方面。未来将依赖于新型劳动者疏通技术更新和实践应用面临的难点与堵点。此外，具备跨学科知识背景，能够整合并创新资源配置的综合创新创造者也是必需的。简而言之，新质劳动者的本质在于创新新的技术而非运用现有技术（薛钦源等，2024）[②]。新质生产力背景下，新型劳动对象内容更加丰富，呈现出信息化、虚拟化的特征，最鲜明的特点在于转向为非物质形态的资源（乔倩和白暴力，2024）[③]。

---

① 英明．新质生产力的基本意蕴、内在要求和实践路径［J］．学术交流，2024（4）：21－32.

② 薛钦源，史丹，史可寒．新质生产力的形成逻辑、新质特征和理论要素［J/OL］．当代财经：1－14［2024－06－16］．https：//doi. org/10. 13676/j. cnki. cn36－1030/f. 20240613. 003.

③ 乔倩，白暴力．新质生产力的生成背景、构成要素与实践理路［J］．世界社会主义研究，2024，9（5）：17－27＋12.

与传统生产力的生产要素不同的是，新质劳动对象的最大特色在于包含数据要素（翟绪权，2024）①，数据具有循环利用无损耗的特点，因而由数据生产形成的产品能够直观区别于传统产品，对市场经济起着非同小可的影响（赵峰和季雷，2024）②。生产要素中的劳动资料被认为是区别新质生产力与生产力的根本标准，随着智能化时代的发展，劳动资料已经从原始的手工工具转换为智能工具（曾晨和李跃华，2024）③。高度智能化的元素优化诸多传统环境，以"算力""算法"为代表的新型劳动资料广泛应用于工业、制造业等产业，人工智能、算力技术革命重塑生产逻辑。新质劳动资料的智能不仅体现在便捷高效，同时强化了人工智能的自主决策和自主学习的功能，呈现出智能化、网络化的新特点。

5. 绿色生产力视角

当前人与自然的和谐共生成为社会发展必不可缺的目标之一，基于该视角来看，新质生产力就是绿色的生产力。不仅追求生产力水平的提升和经济增长，更将生态环境保护与绿色发展置于同等重要的位置。新质生产力与"双碳"目标相契合，不但追求生产力水平提升和经济增长，也重视生态环境保护和绿色发展，追求生产过程的绿色化、低碳化。绿色的生产力蕴含"天人合一"的理念，不再采用环境牺牲以换取发展的传统发展方式，转而突出发展的绿色与可持续，将科技创新作为解决绿色发展难题的关键密钥（陈龙，2024）④。新质生产力的核心概念中蕴含绿色发展理念，与"双碳"目标相契合，突出科技创新的

---

① 翟绪权．新质生产力的理论意涵、时代特点与发展路径［J］．思想理论教育导刊，2024（4）：39－46.

② 赵峰，季雷．新质生产力的科学内涵、构成要素和制度保障机制［J］．学习与探索，2024（1）：92－101＋175.

③ 曾晨，李跃华．系统哲学视域下新质生产力的构成要素与生成进路［J/OL］．党政研究：1－15［2024－06－12］．https：//doi. org/10. 13903/j. cnki. cn51－1575/d. 20240530. 001.

④ 陈龙．新质生产力的出场逻辑、核心内涵与实现路径［J］．人文杂志，2024（5）：11－20.

重要作用。它是解决绿色发展难题的关键密钥，通过不断的技术创新，推动了低碳技术、清洁能源等领域的发展，为绿色生产提供了强有力的技术支撑。同时，科技创新还促进了绿色消费模式的形成，引导人们树立绿色、低碳的生活理念，进一步推动了社会的绿色转型（徐政等，2023）①。新质生产力的核心要素赋予其生态属性，而其生态属性能够有效转化为生态效益。具体来说，新质生产力中以生态文明为核心的成果能够有效唤醒生态动能，加速社会发展的绿色转型。同时，当下面临的生态发展难题仍需先进的科研理论和技术成果来支撑（罗铭杰，2024）②。

（二）新质生产力的测度方法

关于新质生产力的测度研究较为分散，本书将其归纳为五类。

1. 以劳动者、劳动对象、劳动资料三维要素划分

王珏和王荣基（2024）首次发表关于新质生产力指标构建与测度的研究③。具体测度方法基于劳动者、劳动对象和生产资料三个方面建构包含27个三级指标的评价体系，并提出熵值法、Dagum基尼系数及分解法、探索性空间数据分析法、时空收敛模型、核密度估计法等五种具体测度模型。张哲等（2024）则基于劳动者、劳动对象、劳动资料三个维度选取27个指标构建新质生产力发展水平评价指标体系，研究方法采用熵值法、Dagum基尼系数及分解法、核密度估计法④。王珂和郭晓曦（2024）基于劳动者、劳动对象和劳动资料构建26个三级指标的评价体系，研究方法选择熵值法、Dagum基尼系数及分解法、空间相

---

① 徐政，张姣玉，李宗尧．新质生产力赋能碳达峰碳中和：内在逻辑与实践方略［J］．青海社会科学，2023（6）：30－39.

② 罗铭杰．新质生产力的生态内涵论析［J］．河北经贸大学学报，2024，45（2）：11－19.

③ 王珏，王荣基．新质生产力：指标构建与时空演进［J］．西安财经大学学报，2024，37（1）：31－47.

④ 张哲，李季刚，汤努尔·哈力克．中国新质生产力发展水平测度与时空演进［J］．统计与决策，2024，40（9）：18－23.

关性检验①。徐波等（2024）依据生产要素维度构建出含有9个一级指标、23个二级指标的评价体系，采用客观赋权法——CRITIC赋权法和TOPSIS熵权法相结合的测度方法②。蔡湘杰和贺正楚（2024）基于三维维度中的“量的积累”“质的提升”“新的拓展”三个目标构建综合评价指标体系③。

表2-1　　生产要素划分的测度研究文献一览

作者和年份	劳动者	劳动资料	劳动对象
王珏和王荣基（2024）	劳动者技能；劳动生产率；劳动者意识	物质生产资料；无形生产资料	新质产业；生态环境
张哲等（2024）	受教育程度；人力资本总量；人均人力资本；创新创业活跃度；就业理念；劳动生产率	传统基础设施；数字化发展；科技创新	战略性新兴产业与未来产业；绿色环保和污染减排
王珂和郭晓曦（2024）	劳动者技能；劳动生产率；劳动者意识	物质劳动资料；无形劳动资料	新质产业发展；生态环境保护
徐波等（2024）	劳动者素质；劳动者就业结构；劳动者创业理念	有形劳动资料；无形劳动资料	新质产业；生态治理；环保力度；污染物排放
蔡湘杰和贺正楚（2024）	量的累积：劳动者就业；劳动者产出；劳动者收入 质的提升：劳动者素质；劳动者技能 新的拓展：劳动者精神；劳动者潜能	量的累积、质的提升、新的拓展：基础设施；生产能源	量的累积、质的提升：产业发展；绿色生态 新的拓展：科技创新；绿色创新

① 王珂，郭晓曦．中国新质生产力水平、区域差异与时空演进特征［J］．统计与决策，2024，40（9）：30－36.

② 徐波，王兆萍，余乐山，等．新质生产力对资源配置效率的影响效应研究［J/OL］．产业经济评论：1－15［2024－06－15］．https：//doi.org/10.19313/j.cnki.cn10－1223/f.20240417.001.

③ 蔡湘杰，贺正楚．新质生产力何以影响全要素生产率：科技创新效应的机理与检验［J/OL］．当代经济管理：1－15［2024－05－15］．http：//kns.cnki.net/kcms/detail/13.1356.f.20240509.1637.009.html.

2. 以新质生产力的类别划分

卢江等（2024）依托多属性综合评价方法为新质生产力构建三级指标，涵盖科技生产力、绿色生产力和数字生产力三个一级指标，利用优化后的熵权—TOPSIS方法赋权指标，进而实现对省际数据的测算①。曹东勃和蔡煜（2024）将信息生产力、绿色生产力和创新生产力作为准则层，初步构建出新质生产力的指标体系②。

3. 以全要素生产率衡量

史丹和孙光林（2024）将全要素生产率作为测度新质生产力的变量，采用半参数OP法和LP法来衡量③。但在实证研究过程中，部分学者对全要素生产率的测度方式提出质疑，认为其结果与现实情况有所不同。为了更全面地测量新质生产力，降低测量指标与实际情况的误差，乔晓楠和马飞越（2024）将全劳动生产率作为评估变量，即单位劳动时间产出的货币数量，以此降低评估误差④。

4. 以微观、中观、宏观三维视角划分

祝志勇等（2024）从宏观、中观、微观三维视角分别估计构建评价指标体系，测度方法主要包含主观赋权法和客观赋权等。其中，微观层面主要涵盖人才、企业及其他组织；中观层面聚焦于部门、产业链、创新网络等方面；宏观层面概括为国家科创政策体系⑤。

5. 其他划分维度

梁炜和朱承亮（2024）构建包含系统指标、方面指标、变量指标

---

① 卢江，郭子昂，王煜萍．新质生产力发展水平、区域差异与提升路径［J/OL］．重庆大学学报（社会科学版）：1－16［2024－06－12］．http：//kns. cnki. net/kcms/detail/50. 1023. c. 20240306. 1451. 002. html.

② 曹东勃，蔡煜．新质生产力指标体系构建研究［J］．教学与研究，2024（4）：50－62.

③ 史丹，孙光林．数据要素与新质生产力：基于企业全要素生产率视角［J］．经济理论与经济管理，2024，44（4）：12－30.

④ 乔晓楠，马飞越．新质生产力发展的分析框架：理论机理、测度方法与经验证据［J］．经济纵横，2024（4）：12－28.

⑤ 祝志勇，杨凤梅，李维莉．新质生产力三维创新生态系统及水平测度分析［J］．云南财经大学学报，2024，40（6）：1－14.

和基础指标四个等级在内的新质生产力发展水平监测的一般框架，借助专家咨询法、层次分析法、主成分法等指标体系处理合成①。罗爽和肖韵（2024）认为新质生产力属于较为复杂的集成变量，以要素结构、价值跃迁为一级指标，构建含有 41 项四级指标的评价体系，利用熵值法进行测算②。李阳（2024）从技术创新、产业创新、要素创新构建涵盖 26 个二级指标的评价体系，研究方法选择熵权法、Dagum 基尼系数及分解法、核密度估计法、莫兰指数法、空间 Markov 链③。孙丽伟和郭俊华（2024）以科技创新、产业升级、发展条件为划分标准构建含有正负指标的评价体系（其中产业结构合理化为负向指标），研究方法采用熵权—TOPSIS 方法④。韩文龙等（2024）采用熵值法依据实体性要素和渗透性要素的维度构建新质生产力的测算指标体系⑤。戴翔等（2024）从创新驱动、人力积累、产业升级、绿色发展四个维度构建含有 22 个三级指标的评价体系⑥。蒋永穆和乔张媛（2024）从总体、创新、协调、绿色、开放、共享六个维度构建涵盖 103 个指标的评价体系⑦。

（三）新质生产力的实现路径

1. 加强科技创新引领，培育经济社会发展新动能

科技创新通过不断突破传统生产要素（如劳动力、资本、土地）

---

① 梁炜，朱承亮．颠覆性创新生态系统视角下新质生产力的逻辑内涵及监测框架［J］．西北大学学报（哲学社会科学版），2024，54（3）：38－47.

② 罗爽，肖韵．数字经济核心产业集聚赋能新质生产力发展：理论机制与实证检验［J］．新疆社会科学，2024（2）：29－40＋148.

③ 李阳，陈海龙，田茂再．新质生产力水平的统计测度与时空演变特征研究［J］．统计与决策，2024，40（9）：11－17.

④ 孙丽伟，郭俊华．新质生产力评价指标体系构建与实证测度［J］．统计与决策，2024，40（9）：5－11.

⑤ 韩文龙，张瑞生，赵峰．新质生产力水平测算与中国经济增长新动能［J］．数量经济技术经济研究，2024，41（6）：5－25.

⑥ 戴翔，刘长鹏，成鹏东．制度型开放赋能新质生产力发展：理论与实证［J］．财贸研究，2024，35（5）：1－15＋76.

⑦ 蒋永穆，乔张媛．新质生产力发展评价指标体系构建［J］．经济体制改革，2024（3）：5－15.

的局限，通过引入新知识、新技术、新工艺作为新的生产要素，实现了生产力的质的飞跃。这要求企业、高校及科研机构等创新主体加大研发投入，聚焦前沿科技领域，实施关键核心技术攻关，形成具有自主知识产权的核心技术体系。同时，通过数字化、网络化、智能化等手段，优化生产要素配置，提高资源利用效率，催生新产业、新业态、新模式。构建协同创新联合体，是加速科研成果向现实生产力转化的有效途径。这包括建立产学研深度融合的创新网络，促进高校、科研机构与企业之间的紧密合作，形成优势互补、利益共享的创新格局。通过实施“揭榜挂帅”等制度，激发创新主体的积极性和创造性，吸引更多优秀人才和优质资源参与科研攻关和成果转化，疏通新质生产力形成路径中的堵点。此外，设立专项基金，为攻克关键难点提供资金支持，降低创新风险，加速科技成果从实验室走向市场（张文武和张为付，2024）①。构建科研成果转化的生态系统才能形成新质生产力。这要求政府出台相关政策措施，简化审批流程，降低转化门槛，为科研成果转化创造良好环境。搭建高校和科研机构的合作，借助科研项目合作、人才联合培养、资源共享等方式来强化合作关系。通过优化科研成果转化渠道与流程，制定相关政策来缓解当前科研成果转化不畅的痛点（李政和廖晓东，2023）②。依靠政策手段扶持和助力各类科研成果转化平台的建设，将评定成果价值的权力下放至市场中，确保成果转化的畅通。通过打造产学研用一体化平台，形成群策群力、公开“赛马”机制，提升科技成果转化效率（赵振华，2024）③。充分释放科学技术的“乘数效应”，促进“产业链”和“创新链”的深度融合，坚持高质量发展导向，力

---

① 张文武，张为付．加快形成新质生产力：理论逻辑、主体架构与实现路径［J］．南京社会科学，2024（1）：56－64.

② 李政，廖晓东．新质生产力理论的生成逻辑、原创价值与实践路径［J］．江海学刊，2023（6）：91－98.

③ 赵振华．论新质生产力的生成体系［J］．毛泽东邓小平理论研究，2024（3）：1－13＋108.

求攻克领域内关键核心技术难题，抢占产业制高点（常璇，2024）[①]。知识产权保护是激发创新活力、保障创新成果的重要基石。建立健全知识产权保护机制，加大对侵权行为的打击力度，提高侵权成本，降低维权成本，为创新者提供有力保障。同时，加强知识产权宣传普及工作，提高全社会的知识产权意识，营造良好的创新氛围（王雅洁，2024）[②]。

2. 推进产业创新升级，布局新兴产业和未来产业

在当今时代，全球经济格局正经历着深刻变革，科技也以日新月异的速度飞速发展。从经济格局来看，新兴经济体在全球经济中的占比逐步提升，国际贸易规则和市场竞争态势不断重塑；在科技领域，人工智能、大数据、新能源等前沿技术的突破与应用，正深刻改变着生产生活的方方面面。在这样的大背景下，新质生产力的培育成为推动经济社会发展的关键动力。产业创新升级作为新质生产力形成的核心路径之一，其重要性不言而喻。我国产业体系虽规模庞大，但存在“大而不优”的问题。部分产业处于全球产业链的中低端，产品附加值较低，在国际市场竞争中缺乏核心竞争力。因此，扶持实体经济成为首要任务。实体经济是国家经济的命脉，是创造财富的根本源泉。巩固并提升现有产业优势，一方面要加大对传统优势产业的技术改造和创新投入。例如，在制造业领域，鼓励企业引入先进的自动化生产设备和数字化管理系统，提高生产效率和产品质量。另一方面要加强品牌建设，提升我国产品和服务在国际市场的知名度和美誉度。在扶持实体经济的过程中，协调好虚拟经济与实体经济的关系至关重要。虚拟经济包括金融、互联网等领域，其发展不能脱离实体经济。虚拟经济应切实为实体经济提供必要的金融支持，金融机构要优化信贷结构，加大对实体经济重点领域和薄弱环节的资金投放，降低实体经济融资成本。同时，虚拟经济要为实体经

① 常璇．加快形成农业新质生产力：理论框架、现实困境与实践进路［J］．经济问题，2024（7）：20－28.

② 王雅洁．加快形成新质生产力：关键环节、风险挑战与实现路径［J］．内蒙古社会科学，2024，45（2）：141－148.

济提供信息服务，利用大数据、云计算等技术，帮助实体经济企业精准把握市场需求和行业动态。此外，还应借助互联网平台等虚拟经济载体，为实体经济拓展市场渠道，助力企业打破地域限制，将产品推向更广阔的市场。通过优化资源配置，促进产业间的协同发展，让不同产业之间形成相互支撑、相互促进的良好局面，构建更加稳健和可持续的产业生态。为解决产业中的短板问题，充分发挥产业链及链主企业的带动作用是关键。产业链是一个有机整体，各环节紧密相连。链主企业通常在产业链中占据主导地位，拥有较强的技术实力、市场影响力和资源整合能力。链主企业应积极履行引领职责，加大技术创新投入，研发具有自主知识产权的核心技术，推动整个产业链的技术升级。在管理创新方面，链主企业应引入先进的管理理念和模式，优化产业链上下游企业之间的协作流程，提高产业链整体运营效率。在市场创新上，链主企业要敏锐捕捉市场新需求，引领产业链企业开发新产品、开拓新市场，带动产业链上下游企业协同发展，实现产业的整体提升。同时，应维护协同互补的产业链生态，促进产业链上中下游间的生产合作和资源共享，提高整个产业链的竞争力和抗风险能力（周文和许凌云，2024）①。传统产业是我国经济的重要组成部分，其智能化转型对于提升产业体系智能化水平具有重要意义。通过技术创新赋能、优秀人才引进和数字化组织管理等手段，可以推动传统产业向智能化、绿色化、服务化方向转型升级，实现产业链的延伸发展和横向整合（秦佳良等，2018）②。提升产业体系的智能化水平这不仅有助于提升传统产业的生产效率和产品质量，还能够拓展新的市场空间和增长点。因此，产业创新升级可以从两方面着手：其一，通过科技创新和高素质人才赋能传统产业的升级优化，帮助传统企业实现新质生产力的创造。其二，针对新兴产业和未来

---

① 周文，许凌云．再论新质生产力：认识误区、形成条件与实现路径［J］．改革，2024（3）：26－37.

② 秦佳良，张玉臣，贺明华．促进产业价值链迈向中高端：演化路径和政策思考［J］．企业经济，2018，37（8）：46－53.

产业的发展布局，可以借助先进的数字技术、算力算法等不断创新模式。着重发展新能源、新材料、生物医疗等前景较好的战略性新兴产业，适当加大对航空航天、6G 等关键技术的投入和关注，通过开辟元宇宙、未来显示等新赛道弥补高端产业的空缺（王飞等，2024）①，为经济社会的长远发展注入新的动力。

3. 培养综合型人才，为新质生产力提供人才支撑

新质生产力是高质量的生产力，其实现路径离不开高素质综合人才的强力支撑。综合型人才是突破技术瓶颈的关键，也是企业创新发展、产业转型升级的推动者。因此，构建一套培养综合型人才的成熟机制对于新质生产力的形成具有不可或缺的意义。面对快速变化的国内外科技环境，人才培养必须保持高度的敏锐性和前瞻性。组织应密切关注各专业领域及产业的最新科研成果和技术进展，及时安排相关培训，定期更新培训内容，确保人才能够紧跟时代步伐，掌握最前沿的数字知识和技能。通过持续的学习与提升，人才能够更好地适应新质生产力的需求，推动创新活动的深入开展。此外，在法律道德允许的背景下实行创新容错机制，洞悉创新错误的原因和类别，针对探索性失误持宽容态度，激发高层次人才的创新动力，提高成果产出积极性（蒲清平和向往，2024）②。为了实现教育与科技、人才的深度融合，应建立形成企业—高校—研究所联合培养的人才池。通过联合培养的方式，将前沿产业纳入教学大纲，依托互联网实现前沿知识的学习与传播。同时，针对市场前沿需求为高素质人才定制职业发展规划，利用虚拟模型等现代技术手段开展智能化知识和技能的传授与学习（曹裕等，2024）③。构建与新质生产力相适应的人才培养机制应包含教育、科技、人才的一体化，通

① 王飞，韩晓媛，陈瑞华．新质生产力赋能现代化产业体系：内在逻辑与实现路径［J］．当代经济管理，2024，46（6）：12－19.

② 蒲清平，向往．新质生产力的内涵特征、内在逻辑和实现途径——推进中国式现代化的新动能［J］．新疆师范大学学报（哲学社会科学版），2024，45（1）：77－85.

③ 曹裕，寇芙柔，张文静．以科技与产业融合创新推动湖南特色新质生产力发展的路径研究［J］．湖南社会科学，2024（3）：23－30.

过构建产学研深度创新融合体系培养多元化人才，着重培育适应未来产业和新兴产业的智能化人才（刘立云和孔祥利，2024）①。学科与专业设置应当紧密依据产业发展形势和未来需求进行动态调整。通过优化学科布局和专业设置，可以更好地满足新质生产力对人才的需求。此外，还应优化人才的评价与考核制度，鼓励顶尖人才发挥引领作用，加强对基础科研人员的基础保障，为他们创设一个良好稳定的人才培养氛围（王宇，2024）②。这种制度性的保障能够激发人才的创新潜能和工作热情，推动新质生产力的持续发展。

4. 绿色发展方式转型，赋能绿色经济发展

绿色发展是高质量发展的底色，其重要性不言而喻。加快形成新质生产力赋能高质量发展的本质是推动实现绿色转型。在这一过程中，加速绿色低碳技术创新发展、优化总体发展布局、扶持绿色产业、培养绿色生活观念以及加强国际合作等措施显得尤为重要。为了实现绿色转型，必须加速绿色低碳技术的创新发展。这要求在技术研发上增加投入，降低新技术的推广成本，使其更快地从实验室走向市场。同时，应重点提高风能、水能等可再生能源的利用率，减少对化石能源的依赖，降低碳排放强度（石建勋和徐玲，2024）③。为保障绿色发展转型的高效实施，应做好低碳至负碳的总体发展布局规划，这包括明确绿色发展的目标和路径，制定科学合理的政策措施，扶持环境保护、绿色服务、资源循环利用等七类绿色产业的发展。通过打造绿色低碳的生产系统和消费系统，可以实现经济社会的全面绿色转型，为新质生产力发展奠定坚实基础（陈龙，2024）④。绿色生活观念的培养是实现绿色发展的重

---

① 刘立云，孔祥利．新质生产力与新型生产关系的双向度变革研究［J/OL］．西安财经大学学报：1－11［2024－05－22］．https：//doi. org/10. 19331/j. cnki. jxufe. 20240517. 001.

② 王宇．以新促质：战略性新兴产业与未来产业的有效培育［J］．人民论坛，2024（2）：32－35.

③ 石建勋，徐玲．加快形成新质生产力的重大战略意义及实现路径研究［J］．财经问题研究，2024（1）：3－12.

④ 陈龙．新质生产力的出场逻辑、核心内涵与实现路径［J］．人文杂志，2024（5）：11－20.

要环节。具体可以通过宣传教育、政策引导等方式，提高公众对绿色发展的认识和参与度。让绿色消费、绿色出行、绿色居住等理念深入人心，成为人们日常生活的自觉选择。同时，政府和企业也应积极践行绿色理念，为公众树立良好榜样。针对现实情况中遇到的复杂问题可以鼓励专家学者积极开展学术研究，为绿色新质生产力的政策制定和技术推广提供理论参考。通过深入研究绿色发展的内在规律和机制，提供更加科学有效的解决方案。同时，还应将眼光聚焦于全球，重视国际间的交流合作。通过跨国际项目实现知识交流和技术共享，汲取优秀的案例经验转化为符合我国特色的绿色实践（王箫轲和陈杰，2024）①。这种国际合作不仅有助于提升我国的绿色发展水平，也有助于推动全球绿色发展的进程。

5. 深化体制机制改革，扩大高水平对外开放

深化经济体制和科技体制改革，在当下对于新质生产力的培育与发展而言，具有举足轻重的地位，是破除旧有障碍、释放创新活力的关键，更是推动新质生产力蓬勃发展的必由之路。在当前经济体系中，存在着诸多不合理制度和政策壁垒，这些因素如同顽固的堵点与卡点，阻碍着新兴产业的茁壮成长、科技成果的顺畅转化以及市场主体的公平竞争。要想改变这一局面，就需要对经济体系进行全面深入的梳理与评估。从法律法规层面审视相关制度，对那些不利于新质生产力发展的条款进行修订或废止；在政策方面，及时调整过时、不合理的政策，制定一系列鼓励新兴产业发展的优惠政策。例如，对于处于起步阶段的战略性新兴产业，给予税收减免、财政补贴等支持，为其创造更加宽松和有利的发展环境，保障科技成果能够顺利转化为实际生产力，实现从理论到实践的跨越。科研资源配置的优化是重中之重，以往科研资源分配不

---

① 王箫轲，陈杰．新质生产力赋能国家粮食安全：理论逻辑、现实挑战与践行路径［J/OL］．当代经济管理：1－11［2024－06－11］．http：//kns. cnki. net/kcms/detail/13. 1356. f. 20240508. 1908. 002. html.

均、利用率不高的问题亟待解决。要根据新质生产力发展的需求，科学合理地分配科研资金、设备等资源，确保其能够精准投入关键领域和核心技术研发。评价机制的科学化也至关重要，摒弃单纯以论文数量、项目经费为导向的评价方式，建立以创新成果质量、实际应用价值为核心的评价体系，激励科研人员潜心研究、勇于创新。同时，强化科研诚信体系，对学术不端行为进行严厉打击，营造风清气正的科研环境。此外，还应通过灵活配置生产要素，如资本、技术和人才，让它们能够高效流向新质生产力领域，实现资源的集约利用与高效配置。鼓励企业加大科研投入，建立企业与高校、科研机构的深度合作机制，深化产学研用融合，加速科技成果从实验室到市场的转化步伐，为新质生产力的持续壮大提供不竭动力。应聚焦于制度型开放，致力于构建国际化的营商环境。在政策制定上，与国际通行规则接轨，简化行政审批流程，提高政务服务效率，降低企业运营成本，吸引外资与先进技术的流入。同时，鼓励国内企业积极“走出去”，参与国际市场竞争，与国际企业开展合作与交流，促进国内企业与国际市场的深度融合。通过加强国际科技合作，与世界各国的科研机构、高校建立联合研发项目，引进海外优质科技资源与管理经验，不仅能够提升我国的科技创新能力，还能在全球创新网络中占据更有利的位置，提升我国科技创新能力与国际竞争力，在国际舞台上展现中国创新力量。

（四）新质生产力文献评述

第一节，新质生产力的理论内涵。在社会环境和国家政策的指引下，学术界对于新质生产力的研究呈现出日趋繁荣的态势。现有研究从多个视角阐释新质生产力的理论内涵，为更好地认识和领悟新质生产力的内涵提供了参考。学界对于新质生产力的内涵定义可以提炼出三点共有信息：其一，新质生产力产生并适应新时代的发展，其核心是科技创新，通过科技创新实现传统产业的改造、战略性新兴产业的发展、未来产业的布局，最终能够助力实现我国的高质量发展。其二，新质生产力的“新质”体现在对生产要素的更新。科技创新的驱动作用改善传统的生产方式、模式、流程，通过实现生产要素的量变积累来实现旧质生产力向新质生产力的质变演变。其三，新质生产力表现出绿色低碳的特征。新质生产力在追求社会经济高质量发展的同时也兼顾“绿水青山就是金山银山”的发展理念。新质生产力更加关注资源的重复利用、无污染、低能耗，着重发展以新能源、新材料为主的新兴产业，不仅在发展的过程中考虑生态效益更是借助科技创新成果攻关环境难题，助力我国发展方式的绿色转型。

第二节，新质生产力的测度方法。目前最常见的衡量方式是依据新质生产力的构成要素来构建指标，常用的研究方法包括熵权法、Dagum基尼系数及分解法、熵权—TOPSIS、主观赋权法等。此外，将现有实证研究视角按照微观、中观、宏观层面进行归类后，发现目前更多的评价指标落脚于宏观层面，针对微观、中观层面评价体系的研究还比较少。尽管学者们不断深化丰富新质生产力指标构建与测度的相关研究，但不可否认的是当前研究仍处于起步阶段，尚未形成统一化的衡量标准。

第三节，新质生产力的实现路径。学者们大都认为推动新质生产力的实现途径应该加强科技创新引领、推动产业创新升级、培养综合型人才、促进绿色发展方式转型等方面。新质生产力就是要不断推进技术革命性突破、创新生产要素配置、加速产业创新升级，加速培育布局新兴产业和未来产业，加速推动经济社会发展，不断推动实现绿色转型，进而赋能高质量发展目标。然而，这些文献综述中定性分析占主体，鲜有学者对新质生产力这一主题进行全面深入的计量分析。

三、研究述评

在全球化竞争加剧、资源环境约束趋紧的当下，传统的发展模式已难以支撑中国经济的长远发展。而新质生产力则能够通过提升全要素生产率、优化产业结构、促进绿色发展等方式，为中国经济注入新的活力与动力。在中国经济从高速增长向高质量发展转型的关键时期，新质生产力作为这一转型的核心驱动力，正逐步成为推动经济社会全面进步的新引擎。新质生产力，是对传统生产力概念的超越与重塑，它不仅关注量的扩张，更强调质的提升和结构的优化。

新质生产力的核心在于创新驱动。在高质量发展阶段，单纯依靠资本和劳动力的投入已难以满足经济增长的需求，知识、技术、信息等新兴生产要素的重要性日益凸显。新质生产力通过强化科技创新、管理创新、制度创新等多方面的综合创新，不断提升全要素生产率（FTP），实现经济发展从依赖要素投入向依赖创新驱动的根本性转变。

在这一过程中，企业家精神成为新质生产力不可或缺的重要组成部分。企业家作为创新活动的主体，其敏锐的市场洞察力、勇于冒险的开拓精神以及不懈追求卓越的敬业态度，是推动新质生产力形成和发展的重要力量。他们能够在复杂多变的市场环境中捕捉机遇、应对挑战，通过创新性的市场策略和经营模式，不断开拓新的市场领域，为经济增长注入源源不断的活力。

同时，新质生产力还注重绿色发展和可持续发展。在追求经济增长的同时，新质生产力强调对资源环境的保护和合理利用，通过推广绿色生产方式、发展循环经济等措施，实现经济发展与环境保护的和谐统一。这种发展模式不仅有助于缓解当前面临的资源环境压力，也为经济社会的长期健康发展奠定了坚实基础。

企业家精神作为社会发展的关键驱动力，在促进政府职能转型与市场自由化方面中其协调干预能力发挥着独一无二的作用，更是驱动经济迈向更高质量发展阶段的核心力量。党的十九大报告明确指出，深化供给侧结构性改革的关键在于“激发与保护企业家精神，激励社会各界积极参与创新创业”。企业创新能提升全要素生产率，通过创新活动带动企业产出效率的提升，进而推动经济的高质量发展。在此背景下，企业家行动被视为引领未来整体发展的重要战略工具（Dean 和 McMullen，2007；Patzelt 和 Shepherd，2011）。Schumpeter 早在《经济发展理论》中就强调了企业家的核心功能是创新，即引领企业通过产品革新、技术迭代、规模扩充、组织形式个性来加速企业变革。因此，弘扬企业家精神，把握新生产力带来的机遇与挑战，对于推动中国经济高质量发展、加速中国式现代化进程具有深远意义。企业家精神的研究不仅对中国经济增长具有举足轻重的价值，也是学术界关注的重点议题，其研究成果对于指导实践、促进全球经济发展具有广泛而深刻的影响。

综上所述，新质生产力是推动中国经济实现高质量发展的重要支撑。在未来的发展中，需要继续深化对新质生产力的认识和研究，加强政策引导和支持力度，鼓励企业家发挥创新精神，推动科技创新和制度创新等各项工作取得新的更大成效。通过不断提升新质生产力的水平和质量，为实现经济社会的持续健康发展贡献新的更大力量。

因此，本书将以新质生产力为出发，探讨企业家精神对其深刻而又长远的影响，即研究企业家精神在中国是否可以促进经济增长，推进目标实现和改善社会条件，这将是十分具有现实意义和时代特色的一个话题。

四、本章小结

本章首先对“企业家精神”的概念内涵进行了梳理和总结；其次总结了前人关于“新质生产力”的内涵、测度和实现途径的研究；最后就这两个变量之间的关系进行了文献综述研究，了解现有研究的不足。基于此，为本书的案例研究、机理分析和模型构建奠定理论基础。

第三章

国内外企业家精神赋能新质生产力发展的经验介绍

一、国外企业家精神教育的兴起和背景

纵观历史发展，1947 年，哈佛商学院率先开创企业家精神教育管理的课程，然而，企业家及企业家精神这一研究领域最初并没有引起学者们的注意。随着 20 世纪“Schumpeterian entrepreneur”说法的提出，逐渐吸引学者们的研究兴趣。从 20 世纪 70 年代开始，企业家精神教育在学术界和业界得到广泛关注，这一主题成为研究者们研究的焦点。在美国，1975 年大约有 104 所大学开设了企业家创业课程，在这之后，企业家创业课程迅速蓬勃发展，到 1979 年已经增长到有 263 所高等教育学校开设课程（Vesper，1993）①。到 21 世纪初，美国的企业家精神

① Vesper, K. H. Entrepreneurship Education [M]. Entrepreneurial Studies Center, UCLA, Los Angeles, CA., 1993.

教育基础设施已经形成，在 1600 多所学校共开设 2200 多门课程（Katz，2003）[①]。之后，美国的创业教育课程逐步发展更加多元化，课程设计更加多样化。

许多学者认为企业家创业教育的兴起和重视与工业革命发展的浪潮息息相关。尤其在英国最初工业革命时期，正是由于英国的教育背景、文化思想，使得大量科技创新涌现。也有学者认为英国创业课程的建设是受到美国创业课程设立的影响。到 20 世纪末为止，至少有 45% 的英国高等教育机构开设了一门或多门关于企业家精神教育相关的课程（Watkins，1999）[②]。在经过长期探索后，英国创新创业课程体系更加深入，无论是创新创业的文化氛围，还是实践探索，都得到民众极大的支持和参与。

企业家精神教育的繁荣发展是多种因素共同作用的结果，也是顺应经济社会发展趋势的结果。企业家精神教育的推进与经济、科技的发展息息相关。在技术变革的推动下，大量中小企业、初创企业通过掌握技术不断发展扩大规模，以科技创新为核心竞争优势，造就如今卓越企业。面对新经济时代的到来，为应对知识经济、网络经济、信息经济等新经济形态所带来的变化，各国逐步尝试企业家精神教育，鼓励企业家发挥创业中的创新精神、冒险精神，把握复杂环境中的机遇，使得大量创新型企业在激烈的竞争环境中脱颖而出。例如乔布斯、马斯克，他们都是世界上最具影响力的企业家之一，其企业苹果、特斯拉、Space X 都是在他们的带领下，对技术研发追求卓越并不断创新，成为创业成功的典范。

企业家精神是企业在市场变革和激烈的市场竞争中保持活力和不断突破的重要驱动力。在熊彼特看来，资本主义之所以会有跨越式的发

---

① Katz, J. A. The chronology and intellectual trajectory of American entrepreneurship education: 1876 – 1999 [J]. Journal of Business Venturing, 2003 (2), 283 – 300.

② Watkins, D., Stone, G. Entrepreneurship Education in UK HEIs: Origins, Development and Trends [J]. Industry and Higher Education, 1999 (6): 382 – 389.

展，就是因为出现了这样一批企业家——他们通过整合资源，创造新的技术、新的生产方式、新的组织模式，通过创新打破原来的经济均衡，在满足客户需求的同时获得利润。这些企业家不仅满足于个人利益，同时也树立了成功的道德角色，营造了良好的信用环境，带领企业共同履行社会责任，为社会进步贡献自己的力量。

日本在最初发展之际经历许多波折，然而，在经历“二战”之后，短短数十年间，日本的经济展现惊人的增长，一跃成为经济发达国家。虽然早期日本缺乏技术，但有着丰富的人力资源。日本充分利用这一优势，引进思想，建立现代教育体系，造就了他们勤奋和创新精神，许多日本企业也走向世界的前列。例如，日本的本田公司就是始终追求卓越，不断挑战和超越更高的标准，坚持突破，开拓创新，敢于坚持走自己的道路，不陷入惯性思考的束缚中。正是这种拼搏、奋争、超越、以创新求生存的精神，成为日本经济迅速发展的重要支撑。

美国是进入世界500强企业最多的国家，更是许多企业家精神成功的典范。正是依靠企业家精神，美国企业才得以在激烈的竞争和多变的市场环境中脱颖而出，树立了领先地位。其中，美国新经济兴起时最具典型的企业家人选可以从福特说起。

福特创造了汽车生产标准化、流水线和科学管理融为一体的现代大规模生产模式，大大提高了生产效率，这种企业家的创新无畏精神让汽车真正进入了美国家庭。而比这个贡献更伟大的是他设计的流水线所带来的工业生产方式和管理方式的真正革命。然而，在流水线上也有弊端，每个工人被固定在一个工位上，由于长期进行动作单一的操作，很容易丧失工作的动力和意义。此时，福特赋予了“福特主义”新的内容——让工人成为企业利润的分红者。福特这一举动彻底颠覆了传统经济学企业的定义，因为高工资结合福利更有助于实现低成本，工人对工厂有深厚的感情，使得提高效率、增产节约的创造性办法也会层出不穷。这种企业家的思维和精神让福特工厂里的技术创新和管理创新总是走到其他企业前面。福特不局限于企业利益的获取，他还一直热衷于投入社会公益事业，在教育、科学研究和社会改良等方面作出一份贡献。这巨大的成功，正是出于一个企业家时刻思考着如何将一家公司员工凝聚起来，并如何提高其生产效率、为社会带来长足发展和进步的考虑。

由此可见，一个企业的真正竞争力不能仅仅来自政府的扶持和救助，也不能仅仅来自对市场的一味迎合。真正的竞争力来自企业的技术创新、管理水平和每个员工的努力工作，来自真正的企业家精神。

二、国外企业家精神驱动新质生产力的经验介绍

（一）美国硅谷企业家精神

1. 美国企业家精神的特征

张登（2018）依据《美国企业家杂志》刊登的企业家宣言，将美国企业家精神概括为以下三个方面：一是为事业艰苦奋斗、开拓进取精神；二是与时俱进和开放心态的创新精神；三是诚信精神[①]。段秀芳（2018）提出，美国硅谷企业家精神的特质为创新精神、冒险精神和开放合作精神。依据美国社会、文化背景，结合学者的研究，本书将美国精神分为以下三种[②]。

第一，美国企业家以创新精神为内核。美国经济实力雄厚，众多国际领先企业都起源于美国，这与其持续追求创新密不可分。美国的教育背景重视发展人们的创新力和创造性思维，不仅通过培养学生们的学习兴趣和自主学习能力，还通过锻炼学生们批判性思维的方式，激发学生

---

① 张登．论美国进步主义时代企业家精神的形成与发展［D］．云南大学，2018.

② 段秀芳．加强企业家精神的培育传承——美国硅谷的几点启示［J］．探求，2018（2）：29－36.

发现问题、解决问题的能力。这也造就美国企业家非常注重发展技术的创新和商业模式的创新，创新精神也一直是美国企业家精神的核心。企业家们不仅仅是发现市场机遇，更重要的是通过技术、服务或产品的革命性创新，彻底改变现有市场，优化产业结构。此外，美国人重视个人能力和自我价值的实现，这使得他们敢于探索、追求卓越。因此，美国的教育背景和文化价值观造就人们有较高的创新精神，这使得企业家在激烈的市场竞争中，凭借优秀的创新能力脱颖而出。

第二，美国企业家以冒险精神为动力。机遇往往也会伴随着风险，一般来说，风险越大，相应的回报也越大。而敢于冒险的企业家往往愿意大胆尝试新鲜事物，进入新的领域，勇于挑战，然后全力以赴。他们通常在决断时会以发展的长远眼光看待问题，寻找和抓住机遇。同时，美国的企业家非常注重风险管理和承担适度的商业风险。美国拥有成熟的风险投资体系，企业家们愿意接受高风险、高回报的商业挑战。此外，美国企业家对失败有着较高的宽容度，即使最后失败，也不会气馁，而是在失败中学习，积累经验。因此，美国企业家的冒险精神推动企业不断探索，抓住机遇，勇往直前。

第三，美国企业家以社会责任感为支柱。美国高度重视企业社会责任，企业家不会局限于利润的获取，还强调个人道德和社会价值创造。美国人注重生态环境保护和可持续发展，这促使企业家在管理企业时强调绿色发展。此外，美国的教育和文化观念使得人们积极参与志愿活动，关注公益事业。美国企业家的高度社会责任感会树立良好的企业形象，打造品牌影响力，推动企业的发展。

2. 美国企业家精神对美国的作用

美国最初并不是科技强国，然而其大量的创新实践使得美国科技取得突破性进展，逐渐占据领先地位。一方面，人才的培养是发展新质生产力的一部分，美国的教育体系是值得学习的。例如，美国注重鼓励人们通过头脑风暴、批判性思维方式思考问题。并且在美国，人才是处在包容的企业文化中，人们可以追求自由和实现自我价值，这种良好的企业文化氛围可以吸引更多的人才，保留人才。美国企业家通过引入全球顶尖的技术人才和投入资本，推动了许多新兴行业的形成，并促进了跨国企业的扩展。

另一方面，美国有良好的创业环境，企业家可以充分利用资源和机会推动企业发展。在美国，小型企业和初创公司在经济中占据重要地位，特别是与技术相关的企业，往往很容易在发展壮大后成为全球领先的企业。美国的企业家精神也推动了各领域的技术革命。这也使得美国作为全球创新和创业的中心，吸引了大量的国际资本和优秀人才。同时，美国的市场环境较为成熟，为初创公司提供了充足的资金支持，大量的创业机会和资源。美国还有灵活和健全的制度，保证了市场的公平竞争，维护市场秩序。

此外，美国企业家精神促进了美国的经济增长和可持续发展。美国企业家精神是美国经济增长的内动力。许多创新型公司通过不断推出新产品和服务，激发市场活力，推动了各个行业的发展，同时也为市场创造了大量就业机会。此外，美国企业家不仅注重经济的增长，还积极推动市场的可持续发展。企业家精神使其拥有强烈的社会责任感和使命感，人们更注重绿色、环保发展，在减少碳排放、使用可再生能源、减少贫困、应对气候变化等方面作出许多努力。

（二）日本企业家精神

1. 日本企业家精神的特征

汤涛（2005）提出日本企业家精神的内涵是抱团精神、精诚效忠精神、工蜂精神、和魂洋艺、为顾客工作、论语 + 算盘[①]。根据日本的企业文化背景，可以将日本企业家精神分为以下四种。

第一种是团队精神。日本企业文化强调团队合作而非个人英雄主义。日本重视团队精神，这源于其企业文化中的集体主义价值观，强调

① 汤涛．日本企业文化研究初探［D］．华东师范大学，2005.

团队合作以追求整体利益与共同目标。这种集体主义的思维方式促使企业家在决策时往往更注重集体利益、长期发展和社会责任。同时，员工之间的协作能力与团队凝聚力也是不可或缺的，员工之间需要相互信任，对团队和集体要具有强烈的归属感。正是因为员工组合成一个整体，互相配合，取长补短，优势互补，大大提高了企业效率和团队创造力。

第二种是创新精神。创新是企业持续发展的核心动力，因此企业高度重视培养和激发人们的创新精神，以此构建独特的竞争优势。日本企业家往往会提出创新性的想法和建议，以积极探索的开拓精神，在汽车制造、电子信息技术等领域占据了领先地位，引领了全球市场的潮流。

第三种是工匠精神。日本的传统“Kaizen”改善理念是实现精益生产目标的重要手段之一。这一理念提倡细节和小步骤的不断改进和持续创新，使得企业能够长期保持高效运行。此外，日本企业家注重精益生产，他们习惯追求对细节的精准把控和对企业生产的精确管理。这使得他们在细节上力求完美，精益求精，严格把控每一个环节，致力于把每一个环节都达到最佳状态。这种严谨细致的工作态度可以大大降低企业的成本和风险，并提高企业的生产效率。日本丰田的生产方式便是精益生产的典型代表，强调通过减少不必要的资源消耗和流程中的浪费来提高生产效率，成为全球制造业的标杆。

第四种是诚信精神。日本是一个讲究诚信的国家，强调诚实、守信、公平公正的价值观，注重个人素质发展，建立彼此之间的信任。这也使得日本企业家在企业发展过程中注重产品高质量发展，无论是产品的包装还是宣传推广，都符合产品的实际情况，为消费者提供满足需求的产品，营造诚信经营的友好商业环境。这也体现了日本独特的“社会和谐”文化，强调企业为社会、国家和文化贡献力量。日本企业家的诚信精神使得企业树立了良好的企业形象，构建了竞争优势。

2. 日本企业家精神对日本的作用

日本企业家精神提高了日本企业的生产效率。以往日本的物质资源要素匮乏，使得日本的生产力较低，经济并不发达。日本企业家的创新和探索精神，推动日本不断引进先进的技术和设备，采取一系列的措施和改革刺激经济增长，改变了日本的生产方式。尤其是在战后经济复兴时期，日本的企业家精神为日本的快速经济增长提供了强大的推动力。从资源优先配置于钢铁、煤炭行业，到生产力注重数量的增加和种类的多样，再到向节能型、技术密集型产业转变，推崇自主研发，大大提高了企业的生产质量（张乃丽等，2022）。[①] 例如，丰田、日立、松下、索尼等公司通过创新驱动和全球市场拓展，成为世界知名品牌，进一步推动了日本从传统农业经济到现代工业经济的转型。

日本企业家精神营造了良好的商业环境。日本企业家的团队合作精神、诚信精神为日本企业提供了良好的创业环境和发展空间。日本拥有良好的政治环境和完善的法律制度，鼓励人们积极创业，大胆创新。正因为日本对诚实守信的传统美德高度重视，使得其知识产权得到很好的保护，人们可以充分发挥想象的空间，研发新产品。此外，日本企业家非常注重与员工的长期关系。许多企业家为员工提供稳定的工作和福利待遇，其终身雇佣制度和年功序列制度在一定程度上保障了社会的稳定，帮助日本企业保持高效的劳动生产率。

（三）英国企业家精神

1. 英国企业家精神的特征

18 世纪下半叶，英国以棉纺织业技术革新为开端，开启工业革命，成为世界上第一个工业化国家。关于工业革命首先发生在英国的原因众说纷纭，其中政治制度变革、圈地运动开展、海外殖民扩张、科学技术发展等因素皆为工业革命的成因。自 20 世纪 50 年代以来，在探讨工业革命时期经济快速、持续增长的内部机制中，西方经济史家们开始更多

① 张乃丽，李明洋，封璐瑶．日本双循环发展格局的经验及对中国的启示［J］．日本问题研究，2022，36（3）：27－38.

地倾向于接受英国学者阿什顿的观点，即突出强调企业家的作用，经济理论家也逐渐推崇“企业家精神”和“管理者能力”。

德国学者桑巴特是较早从企业家精神来探讨资本主义经济增长动力问题的经济学家。他在《现代资本主义》一书中指出，企业家精神是“一种勇武的精神”“一种不安静和不疲倦的精神”，与市民精神一道组成了资本主义精神，资本主义精神创造出了近代资本主义。

对于资本主义企业家精神的起源，德国学者马克斯·韦伯在《新教伦理与资本主义精神》一书中给出了回答：新教教义促进了“合理谋利”的资本主义精神。韦伯论证了经济、宗教与企业家之间的关系，“没有企业家阶层就没有资本主义的发展，没有道德宪章就没有企业家阶层，没有宗教信念就没有道德宪章”①。

一些学者对韦伯的观点持反对意见，但美国哈佛大学历史学和经济学教授戴维·兰德斯等学者却为之辩护。兰德斯辩护道，从历史经验看，新教商人在贸易、银行业和工业中扮演着领先者的角色②。据统计，在18世纪，英国清教徒（新教徒）发明家、企业家占到近乎50%的比例，而清教徒在总人口中才占5%。蒸汽机的发明者瓦特，焦炭炼铁法的发明者达比等都是清教徒，而英国各行业最大的企业也多由清教徒创办。新教的教义孕育了一种独特的商人形象，他们的生活哲学和工作方式以勤奋、诚实、严肃、节约时间以及对金钱的渴望为特征。由此，他进一步指出，英国最早发生工业革命是一种成就，不是偶发事件，而是艰苦努力、敢于创新、发挥想象力和企业家精神的结果。

2. 英国企业家精神对英国的作用

关于企业家精神在英国工业革命和国家崛起中发挥的作用，西方学术界通常认为有以下几点：

---

① 马克斯·韦伯. 新教伦理与资本主义精神［M］. 黄晓京，等译. 西安：陕西师范大学出版社，2002.

② 戴维·S. 兰德斯. 国富国穷［M］. 北京：新华出版社，2001.

创新生产组织方式。工业革命时期的企业家创立了近代工厂制度，“工厂制度”独立于家庭生产之外，建立在使用机器和精细的劳动分工基础上，是大规模集中生产的经济组织形式。1771 年阿克莱特与合资人在克朗福德建立了以水力作动力的工厂，标志着英国工厂制度的诞生。随着工业革命的开展，工厂制度扩展到各行各业，极大地提高了生产效率。

掀起技术革命浪潮。工业革命是一场空前规模的技术革命，发明创造能够应用于实践，要归功于那些能经营企业、熟悉市场、获取资金、懂得招募并管理员工的企业家，如蒸汽机发明者瓦特的合作伙伴博尔顿、惠斯通电桥发明者惠斯通的合作伙伴库克。博尔顿和库克等企业家把最新的发明和最先进的技术应用于生产，并采用先进的经营管理理念，实现效益最大化。

推动自由贸易政策。工业革命时期的英国企业家反对贸易保护，积极推动贸易自由。最具代表性的是科伯特和布赖特等工商业人士领导的“反谷物法同盟”，他们宣扬自由贸易能够促进经济良性发展。在他们的努力下，1846 年英国废除了《谷物法》，终结了实行数百年的重商主义，宣告了自由贸易时代的来临。英国企业家领导和参与的这场工业革命，带来了生产力的极大解放，实现了社会财富的飞跃增长，推动了英国从农业社会向工业社会转型。到 19 世纪中期，英国工业产量占全世界的一半，商业贸易占 1/3 以上。英国的工业品源源不断地输送到世界各地，成为名副其实的“世界工厂”。

三、国内企业家精神驱动新质生产力的探索与实践

（一）国内企业家精神驱动新质生产力的历史演变

随着改革开放的发展进程不断深入，为我国经济发展注入生机和活

力，我国的财政实力不断增强，经济规模不断扩大，从不发达的低收入国家逐渐成为全球第二大经济体、第一大贸易国，为中国经济实力的日益增强提供源源不断的动力。

在改革开放以前，中国的经济体系制度并不完善，处于封闭半封闭状态，总体上是通过自给自足的生产方式，以大力发展工业为主。这在一定程度上限制了潜在生产力的发展，生产要素活力不高，使得经济总量、人民生活水平并不高，处于较贫困水平。

到 1978 年，中国开始实施改革开放政策。邓小平同志曾提出，“革命是解放生产力，改革也是解放生产力”。在这一时期，中国把解放和发展生产力作为发展的根本任务，调动生产者的积极性，这也是中国的企业家精神萌芽的开始。习近平总书记在企业家座谈会上曾说，“改革开放以来，一大批有胆识、勇创新的企业家茁壮成长，形成了具有鲜明时代特征、民族特色、世界水准的中国企业家队伍”。许多敢闯敢干的本土企业家、开拓市场的先行者，凭借对市场变化的敏感性，借着满腔的爱国情怀和敬业精神，抓住了改革所带来的市场机遇，积极创业，艰苦奋斗，大力推动了中国的经济发展。这一时期的企业家精神主要表现在敢于冒险，善抓机遇，敬业奉献，节俭朴素的精神。如华西村的吴仁宝在 1978 年村内燃起的办企业浪潮中，提出重要产业结构调整方案，带领全村投入 40 多个工业企业，使得华西村成为江苏省首个“亿元村”。并在之后将村办集体企业改组为华西集团，通过劳动分红和期权奖励鼓励民众，成为将“集体主义纳入资本主义经济”的成功案例，逐渐发展为中国顶尖企业。鲁冠球在改革开放初期，凭借敏锐的判断力预见交通业发展将成为大趋势，将宁围公社农机厂改名为万向节厂，专攻汽车配件万向节，也为之后的万向集团发展奠定了重要基础。这些企业家敢为人先、勇于冒险的精神成为中国企业突破发展的关键，也使得企业的活力不断增强。但此时，我国总体上技术水平较低，生产要素投入大但利用效率低，经济发展方式主要为增量粗放型。

到 20 世纪 90 年代，随着经济体制改革的深化，不断涌现出新一批企业家积极探索，勇于开拓，企业家精神得到进一步发展，成为推动我国经济迅猛发展的关键驱动因素。在这一时期，我国开始从战略上调整国有经济布局，通过国有企业改革和民营企业的迅速发展，培育出了一批优秀的大中型骨干企业。企业家们以积极进取的探索精神和开放精神逐渐重视学习先进技术，学习现代化企业管理制度，开拓新市场，推动传统产业升级。

到了21世纪初期，互联网时代的到来使得中国的现代信息技术飞速发展，企业家精神在这一阶段更加注重创新，开拓新市场，研发新技术，打造新产品，以互联网技术为代表的企业不断涌现，成为经济发展的主动力。与此同时，中国加入世界贸易组织，许多企业家抓住机会，学习国外先进的技术和制度，引领企业走向国际化舞台。以马云、马化腾、李彦宏等为代表的杰出企业家开展创业，创建了阿里巴巴集团、腾讯公司、百度，抓住市场机遇，将企业不断做大做强。这一时期，企业家精神主要体现于创新探索、勇于开拓、敢于冒险、抓住机遇。科技进步推动了我国的生产要素有效配置，优化我国的经济结构，但经济增长仍主要依赖于要素投入的高消耗和高投资。

从2013年至今，我国更加注重高质量发展和创新驱动，社会经济体制更加完善，创新创业环境下企业数量日益增多，更加多元化发展。在大数据、人工智能、物联网、5G通信时代，新兴技术和市场经济的深度融合使得企业竞争日益激烈，新兴产业开始崛起。经济增长的飞速变化引领着产业结构的变化，我国从注重经济增长速度转向注重经济发展的质量。随着科技的又一轮进步，全球数字化时代到来，新的经济发展格局逐步形成，企业逐渐向数字化、智能化转型。在这一发展阶段，我国的企业家精神以创新精神为主，以精益求精的工匠精神、诚信经营的社会责任感为顾客提供优质产品，积极响应国家的发展战略目标，不断进行企业改革和升级，将数字化、智能化技术赋予产业链，提高企业的生产效率和资源配置优化，节约成本，减少消耗。由此也产生了新型生产要素，即数据资源和信息技术，这也意味着我国的生产力和生产方式将进一步变化。

随着中国经济的快速增长，并且伴随着经济升级、企业转型，传统的生产力方式已逐渐不适用于现代社会发展。在习近平总书记提出新质生产力的重要论述下，逐渐向发展新质生产力探索。以物质资源要素大量投入、高度消耗资源驱动发展的传统生产力难以持续为高质量发展提供新动能，以创新为驱动，技术水平更高、质量更好、效率更高、更可持续的新的高水平现代化生产力将更符合社会和经济高质量发展的要求。企业家精神推动新质生产力的战略意义不仅在于对生产要素的创新配置，可以为现有资源注入新活力，更在于企业家精神能够激发企业家的创新动力，推动技术革新，为高质量发展提供持久驱动力。因此，企业家精神的培育对推动新质生产力至关重要。改革开放以来，中国涌现一批敢为人先、敢于创新的企业家，这些企业家紧随经济发展的浪潮，发展成为中国市场上的领先企业。然而，中国企业家精神的培育仍须借鉴发达国家的经验。中国企业家们对创新的追求，对市场挑战的迎难而上，促使技术、产业、知识管理、商业模式不断升级。在中国正处于新旧生产力转换的探索阶段，企业家精神的驱动力是不可或缺的，这是引领中国走向高质量发展，建设现代化产业体系的重要一步。

（二）浙江省企业家精神驱动新质生产力的探索与实践

浙江不仅是我国科技创新的领先省份，更是我国实现共同富裕的领先省份。浙江紧紧围绕“八八战略”，不断改革，实现了经济的高质量发展。而浙商作为浙江企业家的代名词，是中国经济市场上较为活跃的群体，也是具有较大影响力的群体，在发展新质生产力中起到不可忽视的作用。习近平总书记在浙江考察时曾说“浙江是中国式现代化的先行者”。浙江一直以习近平总书记关于发展新质生产力的重要论述作为指导，紧跟国家战略目标的脚步，大力培育和弘扬浙商的企业家精神，发展新质生产力，力争做发展新质生产力的领先省份。

1. 浙江省企业家精神的内涵

浙商是中国经济发展的重要推动力，也是市场活力的主体。浙商精神历经一代又一代的传承，伴随经济社会变化不断发展。浙商精神的独特性和优秀的商业文化为全国众多企业提供了引领和示范作用，也为创业实践提供了重要借鉴。改革开放以来，浙商企业家在艰苦条件下创业，其宝贵的创业经验被总结为“四千精神”（走遍千山万水、说尽千言万语、想尽千方百计、吃尽千辛万苦）得以传承。

千山万水代表浙商的勇于冒险、敢为人先的精神。面对艰苦环境条件，浙商敢于迎难而上，敢闯敢试，开拓进取，积极创业，以前瞻性的发展眼光把握机遇，抓住机会，勇往直前。

千言万语代表浙商的合作精神。正是因为浙商拥有较强的沟通能力和表达能力，促使他们寻找一切可以合作共享的机会，使得他们在合作共赢中不断壮大。

千方百计代表浙商的随机应变、敢于创新精神。市场经济千变万化，无论是政策、技术还是市场需求、竞争都处于动态变化。浙商有独立的思考、自主能力，能够迅速适应环境变化，灵活调整政策并不断寻找新的方法以应对。

千辛万苦代表浙商的坚忍不拔、吃苦耐劳精神。在创业和竞争的过程中，浙商会面临各种问题和挫折，但凭着坚定的毅力，顽强的信念，不轻言放弃，促使浙商寻找解决问题的办法，克服困难。

习近平总书记曾在《与时俱进的浙江精神》中提出，要与时俱进地培育和弘扬“求真务实、诚信和谐、开放图强”的浙江精神。这是习近平总书记对源远流长、有着强大的生命力和凝聚力的浙江精神的高度总结，也是推动浙江人民发奋图强、艰苦奋斗的宝贵财富。

随后，在“八八战略”引导下，浙商精神也从“四千精神”升华到以“千方百计提升品牌，千方百计拓展市场，千方百计自主创新，千方百计改善管理”为内涵的“新四千精神”，并提出了“共享、共赢、共创、共融”的“四共理念”，将“八八战略”引领下的新时代浙商企业家精神概括为诚信精神、坚韧精神、冒险精神、创新精神、担当精神和共享精神（吴磊等，2023）[①]。

浙商精神历经几代传承和发展，新时代的浙商精神是在传统的浙商精神基础上，融入了新一代青年的价值观、品质和创新创业的精神，结合现代发展潮流和企业文化，教育引领人们走向新发展道路。无论是“四千精神”，还是新时代浙商精神，都是浙商企业家精神的重要体现，是对传统浙商精神的拓展，也更加符合新时代的发展潮流。

2. 浙江省企业家精神的培育与弘扬

浙江省一直以来以民营经济为主体，企业家精神的培育不仅是推动经济增长的核心驱动力，也为社会创新、产业升级和区域竞争力提升提供了强有力的支持。浙江省的企业家精神的培育和弘扬大致可以从以下几个方面进行总结：

第一，浙江省大力倡导企业家精神，通过多方位的举措增强企业家群体的凝聚力和创新动力。一方面，政府通过各种文化活动、论坛、讲座等活动，传播和强化浙商精神，使其转化为企业家成功的重要核心。另一方面，浙江省鼓励企业家之间的相互交流与合作，通过建立各种企业家协会、商会、行业联盟等，促进企业家之间的资源共享与合作共赢。这些平台不仅扩大了企业家的社交网络，还激发了他们的创新潜力和合作精神。

第二，浙江省注重企业家的教育与培训。浙江省通过与高校、研究机构等进行合作，开展多层次、多领域的培训课程，全面提升企业家的综合素质。例如，浙江大学等高校专门开设了企业家培训课程，邀请业界精英和成功企业家进行经验分享。这不仅帮助企业家在激烈的市场竞争中保持敏锐的洞察力和前瞻性的商业眼光，还强化了他们的社会责任感和创新意识。

---

① 吴磊，刘燕，刘畅，等．“八八战略”引领新时代浙商精神对民企健康成长的影响研究[J]．绍兴文理学院学报，2023，43（11）：41－56.

第三，浙江省全力打造更优的创业环境，为企业家提供更多的机会。一方面，政府通过简化行政审批流程、优化企业注册流程、减少市场准入障碍等措施，营造了一个充满活力的市场环境。另一方面，浙江省还大力发展“双创”氛围（即大众创业、万众创新），为广大创业者提供了宽松的政策支持，为其提供低成本、高效能的资金支持保障，解决了部分中小企业的融资难题，减少了创业的风险和成本。

3. 浙江省新质生产力的发展实践

浙江坚决贯彻“八八战略”，充分发挥浙商的核心推动力，以科技创新引领发展新质生产力。

第一，推动产业升级。浙江省深入挖掘产业价值，探索特色资源禀赋，推动新兴产业发展，不断探索未来产业建设，研究发展新路径。浙江省以产业链为布局，放大数字经济、营商环境、科技创新、制度改革等优势，推动经济高质量发展。此外，浙江省通过加快智能制造的推进，推动重点产业集群的智能化升级，提升了生产效率和产品附加值。

第二，全面推进数字化建设。浙江省是实施数字化建设的领先省份，特别是杭州，已经成为全国数字经济的核心区域之一。浙江省早在2015年便提出了“互联网+”战略，进一步促进了互联网与传统行业的深度融合。通过大力发展电子商务、数字支付、云计算、大数据、人工智能等领域，浙江省推动了传统产业的数字化转型，培育了全新的生产力形式。以数字技术赋能产业结构持续优化，推进产业数字化、智能化发展，不断加快城乡结构融合，缩小城乡差距，构建现代化产业体系。

阿里巴巴作为全球领先的电子商务平台，不仅为全国消费方式的转变作出巨大贡献，还通过支付宝等数字支付工具，推动了整个支付生态的数字化，进而对中国经济的数字化转型产生了深远影响。阿里巴巴与浙江省政府达成协同合作，共同打造具有创新力、竞争力和带动力的数字科技、数字商业、数字生活、数字外贸、数字物流、数字文旅产业。

第三，打造绿色经济和生态文明建设。浙江省执行“绿水青山就是金山银山”的“两山”发展理念，以绿色环保为目标，全面推行绿色生产、应用绿色技术、打造绿色产业，加强环境治理，推进生态文明建设，以绿色发展推进新质生产力建设。浙江省不断推动能源结构调整和产业的绿色转型，强调节能降耗、低碳环保及可持续发展，在绿色制造和低碳技术方面取得了显著进展。

第四，区域经济协同发展。浙江省作为长三角地带，积极参与长三角区域的经济协同发展，推动区域内各个城市之间在产业、科技、文化等领域的深度融合。浙江通过与上海、江苏等周边省份的协同合作，共同建设创新型经济带，打造全球竞争力更强的产业集群。通过“跨区域合作”，浙江省不仅提升了本省的经济竞争力，还促进了整个长三角地区的新质生产力发展。

第五，产学研模式的结合。浙江省注重产业、学术界和研究机构的合作，推动科技成果的转化应用，提升企业的创新能力和竞争力。例如浙江大学、宁波大学等浙江省内的高等院校和科研院所，积极与企业合作，推动技术创新和产业发展。同时，浙江建立了多个创新平台，如国家级高新技术产业园区、创新型产业基地等，促进科技创新与产业发展的深度融合。

4. 浙江省企业家精神推进新质生产力的发展研究

以勇于探索的创新精神打造特色产业体系。创新精神是研发科技创新的重要驱动力。以创新为核心，以科技为动能，打造特色产业和新兴产业是实现浙江发展新质生产力的重要举措之一。浙江紧紧围绕“产业链”布局规划，以点带面，逐步形成“小规模、大群体、共致富”的产业发展格局。此外，浙江为高质量发展打造“415X”先进制造业集群，建设特色制造产业。浙江还打造“315”科技创新体系，加快高新技术产业建设。在发展农业新质生产力中，浙江以文化、农业、旅游等产业融合，因地制宜打造特色景点，运用特色运作模式，激发土地、文化等生产要素活力。对于大力培育新兴产业，浙江紧紧围绕生物医药、人工智能、新材料等产业领域，推动新质生产力。

以以身作则的担当精神践行绿色发展理念。保护环境需要企业以身作则，以自身强烈的社会道德感进行绿色生产，减少污染。习近平总书记指出新质生产力本身就是绿色生产力，也是环境友好的可持续生产力。浙江多次实施“811”环境污染整治行动，对环境保护重点监管区的重污染行业进行整治，大大改善了浙江的产业环境。浙江还发布全国首部省级 GEP 核算技术规范，建成全国首个生态省①。并且，浙江以高度的社会责任感和保护生态环境的理念，推进“千万工程”，从美丽生态建设到美好生活建设，全力打造生态产业。浙江积极发展绿色产业，建设生态园，深入治理农畜牧业的化肥、农药对土壤的污染，结合科技运用先进的种植技术、施肥技术、清洁能源打造绿色农业产业链。

以奋斗不息的工匠精神持续深化改革。浙江始终坚持以“八八战略”为核心，发挥本省优势，因地制宜，着力推进新质生产力的发展。浙江是吃“改革饭”、走“开放路”，形成体制机制先发优势逐渐崛起（郭占恒，2024）。浙江实施三个“一号改革工程”，其中，对营商环境优化提升的“一号改革工程”为发展新质生产力提供良好的环境，加速市场要素的自由流动。并且，浙江通过改革创新，将数字化智能赋予产业融合，释放科技生产力。

以尽心尽责的实干精神培育领军人才。人才培养对推进新质生产力的发展至关重要，既要有创新型人才，又要有技术型人才，打造一支强大的人才队伍。在人才培养的过程中，需要不断投入精力和时间，应以尽心尽责的实干精神落实人才培养。浙江通过教育培育制度改革、政策鼓励引导、搭建创业平台等多种手段，不断吸引“新农人”与“农创客”进行创新，浙江将打造“1111”乡村人才矩阵（即 1000 名“浙农人才”，1 万名产业振兴“头雁”，10 万名“农创客”，100 万名现代“新农人”），加快智慧农业、多产业融合建设，为发展农业新质生产力提供人才。同时，浙江将围绕战略性新兴产业、高新技术产业、先进制

① 郭占恒．新时代浙江全面深化改革开放的实践探索［J］．政策瞭望，2024（5）：33－38.

造业、未来产业进行高校课程设置，培育复合型人才。

（三）广东省企业家精神驱动新质生产力的探索与实践

1. 广东省企业家精神的内涵

“粤商”是广东企业家的代名词，也是我国经济市场上的重要组成群体，对我国企业有着巨大的影响力。粤商有着悠久的历史文化底蕴，主要由广府商帮、潮汕商帮、客家商帮组成，凭借着优越的地理优势，使得其经济迅猛发展，领先全国。粤商精神既是对广东企业家在长期创业经营实践中所展现精神的概括和弘扬，也是粤商文明和文化的体现。从 2008 年首届新粤商大会上提出的要弘扬敢为人先、务实创新、开放兼容、利通五洲、达济天下的新粤商精神，到 2023 年世界粤商大会上号召全球粤商当大力弘扬新时代粤商精神，敢为人先、务实开放、崇信守法、爱国奉献，共同建设充满活力和世界竞争力的一流湾区，粤商精神在一届又一届大会上随着时代发展不断升华。

敢为人先精神是新粤商精神的基石。粤商的敢为人先精神早在很久以前就有体现，海上丝绸之路、广州十三行都使得他们积极寻找新贸易路线，勇于向外开拓市场。从改革开放以来，粤商群体紧抓国家重大战略目标和经济布局的重大机遇，积极投身于企业建设中，敢闯敢拼，成功走出国门，成为海内外经济贸易往来的中坚力量，也使得中国企业在国际市场中占有一席之地。

务实开放精神是粤商精神的主要内容之一。粤商在企业发展之初就重视脚踏实地，艰苦奋斗，在面对复杂的市场和竞争环境时，不断探索寻求新的发展道路。粤商精神历经多年，企业家们依旧不忘初心，埋头苦干。从 20 世纪 80 年代的家电产业到汽车产业、房地产产业，再到如今的智能 IT 产业，粤商以实际行动艰苦创业，紧跟时代步伐，以包容开放的胸怀和独特长远的眼光成为我国经济发展的重要支柱。

崇信守法精神是粤商精神的核心价值。粤商在经营过程中坚守诚实守信、遵纪守法的发展理念，自觉履行道德规范，树立了良好的企业形象和品牌优势，使得许多企业在市场中长久生存，这也为粤商构建了良好的市场商业环境。广东许多老牌企业都是以品牌、品质保障得以闻名。粤商不仅始终把顾客放在首位，提供品质保障的产品，还积极承担社会责任，参与社会公益活动。

爱国奉献精神是粤商精神的根基。粤商的爱国精神体现在其勇于担当，为国分忧的爱国主义情怀，他们积极创业，扩大企业规模，为民众提供更多的就业机会。此外，粤商不断提高企业的综合实力，大力推动产业结构升级，引领行业发展，为国家的经济发展作出巨大的贡献。同时，粤商积极参与国家建设，如“一带一路”建设、大湾区建设等，为国家的发展提供有力的支持。

2. 广东省企业家精神的培育与弘扬

依据广东省印发的《关于促进民营经济高质量发展的若干政策措施》和《广东省深化营商环境综合改革行动方案》中关于弘扬企业家精神条例，可以总结归纳为以下两点。

第一点是广东省大力宣传推广企业家精神。一是通过新闻媒体渠道对优秀民营企业家进行宣传报道，传播企业家的优秀事迹。例如，打造《风云粤商》等节目活动，邀请优秀企业家分享经验感悟，带动广大企业家弘扬粤商精神。二是重视对优秀企业家的评选表彰活动，印发关于评选要求、表彰人数等相关信息文件，激励企业家们营造艰苦奋斗、诚信经营的商业环境。三是增强企业家的社会责任感，出台了《广东省推动慈善事业高质量发展若干措施政策》和《广东省人民政府关于促进慈善事业健康发展的实施意见》，并且每年发布《广东民营企业社会责任报告》，完善社会公益事业发展环境，拓宽慈善活动平台，推进企业积极参与公益活动，弘扬优秀的企业精神。

第二点是广东省加强企业制度建设。一是广东省完善对企业的知识产权保护制度。通过实施专利转化运用、建立知识产权保护直通车制度、设置知识产权保护中心，满足企业对知识产权公共服务的需求，使企业家可以更加放心大胆地发挥创新精神，投入到研发活动中。二是广东省对诚信经营建设高度重视。广东省印发《关于推进社会信用体系建设高质量发展服务和融入新发展格局的实施方案》，健全信用管理机制，打造“双随机、一公开”监管、“互联网+监管”、跨部门一体协同监管体系。对于严重违法失信的企业，将实施联合惩戒、列入重点监管对象，予以行政性约束。

3. 广东省新质生产力的发展实践

作为中国经济的领先省份，广东省紧跟培育新质生产力的政策方针，进一步深化改革，推动高质量发展。在广东省两会期间，政府明确提出，要坚持实体经济为本、制造业当家，建设更具国际竞争力的现代化产业体系，加快形成新质生产力。各地也陆续深入部署未来经济社会发展的重点任务，明确下一阶段的工作目标，为加快实现广东省经济高质量发展绘制了清晰的发展路线。

第一，制度的创新和政府的大力支持。广东省在发展新质生产力的过程中，制定并实施与之相关的政策体系，以支持创新型企业的发展。政府通过科技奖励、创新基金、税收优惠等措施，为企业提供了丰富的资金和资源，激发了市场活力。同时，广东省政府持续优化体制机制，不断深化改革，有效推动了各类要素的聚集，为新质生产力的发展提供了强有力的保障。

第二，区域协同与产业集群发展。广东省不仅注重传统产业的转型，还推动了制造业与现代服务业、文化创意产业等领域的跨界融合，形成了多元化、协同化的产业发展模式。广东省的珠三角区域，包括深圳、广州、东莞、佛山等城市，形成了电子信息、先进制造、汽车、新材料等多个产业集群，通过资源共享和协同创新，提升了全省产业的综合竞争力。

第三，产业转型升级。广东省企业的数字化转型是培育新质生产力的一个重要方向，以不断改进升级传统优势产业。许多企业通过数字化平台和大数据分析，提升了企业管理效率、生产效率和市场响应能力，推动了企业的发展。同时，广东省为了加快战略性新兴产业的布局，加大了对高新技术产业、数字经济、绿色低碳产业的支持力度。此外，广东省在前瞻性布局未来产业的过程中，逐步形成了以技术创新、产业融合和可持续发展为核心的布局。为了抢占未来产业的制高点，广东省发布了包括6G、量子科技、生命科学、人形机器人等未来产业的五大行动计划，致力于打造国家未来产业先导区。

第四，发展绿色生产力。绿色发展是广东省培育新质生产力的重要组成部分。广东省大力推动绿色制造，并支持新能源、环保产业的发展。通过政策支持和技术创新，广东省发展新能源、绿色建筑、节能减排等产业，促进了传统制造业的绿色转型。广东省不断提升经济的综合竞争力，打造了具有核心竞争力的新型生产力体系，推动了区域经济的高质量发展。

4. 广东省企业家精神推进新质生产力的发展研究

创新精神促进广东企业发展新质生产力。《2024 广东企业新质生产力发展调研报告》显示，广东省企业创新能力强，呈现“4 个 90%”（约 90% 的科研机构、90% 的科研人员、90% 的研发投入、90% 的企业发明专利申请），战略性新兴企业数目高于江苏省和浙江省，战略性新兴产业、未来产业将快速推动广东新质生产力。广东省的中小企业竞争激烈，企业充分发挥自身优势，挖掘自身潜力，对于研发投入大量的资源，在创新环境和企业的创新能力推动下实现高新技术发展，获得一系列技术产出，为企业竞争提供核心竞争力。

探索精神促进广东企业发展新质生产力。广东企业家敢为人先、务实创新，抓住国家重大战略和机遇，引领时代潮流，造就众多卓越的领先企业。报告指出广东省企业家具有前瞻性眼光，使其把握未来的竞争赛道，率先尝试探索，成为全国首个出台未来产业具体行动计划政策的省份，并且在人工智能等领域不断探索。

蒙牛企业就是推动广东省新质生产力的领先企业之一。作为中国的知名企业，蒙牛并没有局限于发展现状，而是持续探索，寻求突破，不断积累融合先进技术，成功打造全球乳业首座全数智化超级工厂。不仅大大提高了乳业生产效率，还保证了产品的质量标准，为企业发展新质生产力提供一定的借鉴意义。

比亚迪是目前全球率先同时拥有电池、电机、电控三大新能源汽车核心技术的车企，其双向逆变充放电技术，不仅颠覆了以往电动汽车作为独立个体的存在，更是新时代电能高效利用的开创者。正是因为比亚迪的不断探索，研发新技术，才能使其销量在全国占据领先地位。

担当精神促进广东企业发展新质生产力。我国重视绿色低碳发展、绿色创新，改善生态环境质量。绿色低碳发展不仅是企业的核心竞争力，更是实现可持续发展的重要保障。广东省企业勇于担当社会责任，在低碳环保中作出巨大的贡献，对其他省企业具有引领示范作用。《2024广东企业新质生产力发展调研报告》研究表明，广东已累计创建国家级绿色工厂304家，绿色工业园区11家，绿色供应链管理企业59家，绿色制造名单总数居全国首位①。

广州水投净水公司是企业追求“双碳”目标的典型案例之一。广州水投净水公司是一家污水处理企业，它通过数字化智能化技术，打造低碳智慧化净水厂样板。广州水投净水公司全力追求实现“碳达峰碳中和”目标，不断向绿色低碳发展，以紧跟国家战略政策，勇担社会责任。

（四）江苏省企业家精神驱动新质生产力的探索与实践

1. 江苏省企业家精神的内涵

企业家精神在企业的高质量发展中占据重要地位。在众多企业家精神中，“张謇精神”作为江苏企业家精神的独特组成部分，占据重要地位。“张謇精神”的传播和弘扬对于江苏新时代企业家精神具有重要领导和借鉴意义。习近平总书记曾多次赞扬张謇企业家是民营企业家的先

① 广东省省情调查研究中心.2024广东企业新质生产力发展调研报告［EB/OL］（2024－07－03）［2024－07－17］.

贤和楷模。徐以标（2023）对“张謇精神”的时代意义阐述是围绕爱国情怀、社会责任感、诚信、追求卓越四个方面①。除了这四种精神外，江苏民营企业还应该学习张謇的探险精神、艰苦奋斗精神、包容共享精神。

“张謇精神”的爱国情怀是其精神内涵的重要体现，他认为实业救国，振兴实业富国强国，因此，他以天下为己任，追求推动国家的繁荣富强。爱国精神是中华民族精神的核心，是中华民族最重要的精神财富，也是企业家精神的重要内涵。一个优秀的企业家应对国家、民族有着崇高的使命和责任感，为民造福，为国增光。

“张謇精神”的开拓创新精神也是江苏企业家精神的重要内容之一。张謇重视科技发展在工农业中的作用，他积极学习和引进国外的先进技术，勇于创新，突破传统的生产方式，为江苏省企业家开拓创新精神起到示范作用。如今，江苏省企业家在“张謇精神”的引领下，敢闯敢干，不断创新，奋勇拼搏。

“张謇精神”的诚信精神是江苏企业家精神的重要内容之一。诚信是中华民族的传统美德，更是企业在激烈的市场竞争中持续发展的重要保障。企业家有强烈的商业道德标准和社会责任感，为顾客提供高质量产品，为社会贡献力量。

为了传承和弘扬优秀的企业家精神，江苏省政府发布了《关于营造企业家健康成长环境弘扬优秀企业家精神更好发挥企业家作用的实施意见》文件，从营造保护权益的法制环境、诚信经营的市场环境、激励创业的社会氛围、弘扬优秀的企业家精神、加强高效务实服务、加强优秀企业家培训、加强党的领导七个部分来规划和培育企业家精神。

我国众多江苏企业传承和弘扬“张謇精神”，紧紧围绕“张謇精神”不断深化，将其与企业的发展理念和企业文化相融合。为进一步

---

① 徐以标．弘扬张謇企业家精神铸就江苏民营经济新辉煌［J］．中国集体经济，2023(15)：82－85.

培养优秀的企业家精神，江苏省各地区经常举办有关“张謇精神”的主题讲座、在张謇纪念馆开展研学活动、开展民营企业家先进事迹宣讲活动、评选江苏省优秀企业家等相关活动，并实施相关法律政策营造良好的创业氛围、诚信经营的市场环境。这也使得江苏企业在生产经营实践过程中充分发挥江苏的企业家精神和“张謇精神”。

2. 江苏省企业家精神的培育与弘扬

弘扬优秀企业家精神，充分发挥企业家在经济发展中的关键作用，对于激发市场活力、推动社会创新、促进经济结构优化具有深远的意义。江苏省企业家精神的培育和弘扬可以总结为以下几个方面。

第一，加强企业家的思想政治引领。江苏省通过引导企业家深入学习和理解党中央的方针政策，帮助他们在思想上树立正确的价值观和社会责任感，规范言行举止，尊重法律法规，坚守诚信底线，增强家国情怀，从而凝聚起全体民营企业家的奋斗力量。同时，江苏省不断完善教育培训体系，树立正确的经营理念，鼓励企业家积极参与社会慈善事业、精准扶贫行动等，塑造良好的企业形象。

第二，完善企业家的队伍建设。江苏省政府通过组织各类论坛、文化活动和企业家座谈会等形式，推动江苏企业家精神的传承和发展。江苏省不断加强对企业家队伍建设的统筹规划，设立了“江苏企业家日”等活动，全面总结和宣传优秀企业家的成功经验与案例，为其他企业家树立榜样作用，激励更多企业家追求卓越、勇于创新。此外，江苏省深入实施“科技企业家培育工程”“新生代企业家培养‘新动力’计划”等，全力培养具有全球视野、战略思维和创新能力的企业家队伍。

第三，提供政策支持与制度保障。江苏省探索建立企业家社会责任评价体系和激励机制，进一步完善政策支持和引导措施。江苏省不仅深入落实与企业相关的多元化保护政策，保障企业家的合法权益，为企业的创新和发展创造更加稳定和有利的环境，还建立了健全的容错纠错机制，为企业家提供更多的容错空间，鼓励他们敢于冒险、勇于突破，为经济社会发展注入源源不断的创新动力。

3. 江苏省新质生产力的发展实践

传统产业转型升级。信长星提出企业家敢闯敢干、勇于创新的精神是江苏发展新质生产力的良好条件和能力，也增强了江苏发展新质生产力的信心。习近平总书记强调发展新质生产力不是忽视、放弃传统产业。为进一步推进江苏省企业转型，江苏省实施《制造业智能化改造和数字化转型三年行动计划》，使企业走向网络化、数字化、智能化。江苏省将数字技术与传统产业相融合，打造智能产业链一体化发展，大大提高了企业的生产效率，节约生产资源，为传统企业高质量发展注入新活力。

积极壮大新兴产业。新兴产业是江苏省社会经济体系的重要组成部分，新兴产业得到了广泛的关注与重视。目前新兴产业的发展还不成熟，新兴产业比较薄弱，仍需着重培育。一是江苏省通过政策支持和引导，为新兴产业提供优惠和便利，推动企业研发。二是江苏省通过鼓励技术创新，加速科技转化，建设特色产业基地和高新技术产业开发区，形成产业集群，为新兴产业提供驱动力。例如，扬州市对新材料产业集群高度重视，政府印发了相关的发展方案文件，并通过对产业布局的优化，加强对企业创新技术的聚集，增强资金扶持，使扬州高性能新材料得到快速发展。

全面培育未来产业。目前，江苏未来产业仍处于发展的萌芽阶段，它是顺应新一轮技术变革和产业变革的结果，江苏省对培育未来产业发展实施了多种措施。一是江苏省出台了《关于加快培育发展未来产业的指导意见》文件，为未来产业的发展和重点制定规划方向。二是加强对未来产业的场景应用。将未来产业与不同产业、不同场景相融合，以进一步细化未来产业提升的方向和可行性。三是加强人才培养引进。一方面，未来产业的发展需要大量的创新技术人才支撑。另一方面，企业需要培训人才技能以适应未来产业的需求。

江苏省优先发展十种未来产业，其中，南京市的未来网络产业具有重要的借鉴意义。南京市是未来网络产业最早布局和核心布局的城市，其发展依赖于大量的先进技术，投入大量的人才资源、研究成本，并与相关企业、研究院交流和分享经验。其中，确定性网络可应用于多种不同领域和场景，为企业提供一个高效、畅通的信息网络。

4. 江苏省企业家精神推进新质生产力的发展研究

以敢闯敢干的创新精神推动产业升级。习近平总书记赋予江苏成为发展新质生产力的重要阵地，以科技创新为主要动力，推动江苏新质生产力的发展。江苏省通过“1＋N”的模式组建实验室联盟，搭建纽带开展资源共享，促进联盟成员跨领域跨学科交叉研究，以实现科技创新。江苏的创新精神推动企业研发出大量重要科技成果，不断激发企业新动能，推动产业新发展。《江苏推动产业链现代化调查》显示，江苏目前有15个创新型产业集群，将进一步聚焦16个先进制造业集群、50条产业链和“10＋X”未来产业体系，接续实施27项产业强链补链延链行动，加速推动产业高质量发展[①]。

以义不容辞的社会责任感打造绿色生态环境。江苏省以绿色低碳为指导，谱写“强富美高”（即经济强、百姓富、环境美、社会文明程度高）的蓝图。企业在发展过程中保护生态环境是义不容辞的责任。江苏企业积极开发绿色科技，践行国家的双碳政策的实施，推动新质生产力的发展。江苏省生态环境厅提供的报告显示，江苏在发展绿色低碳产业时，大力培育电动汽车、光伏、锂电池、海上风电、节能环保等战略性新兴产业集群，推动绿色低碳转型升级，推进可再生能源、清洁能源的发展。同时，大力构建绿色制造体系，开展“淘汰落后、老旧更新、绿色转型、产品提档、布局优化”传统产业焕新五大行动。江苏重点打造绿色产业链，连云港的石化产业集团实现将二氧化碳通过化学反应形成绿色甲醇，打造了全球首条绿色负碳产业链。连云港的国际汽车绿

---

① 中华人民共和国政府．江苏推动产业链现代化调查：科技创新怎样成为主动力［EB/OL］（2024－04－04）［2024－07－24］．https：//www.gov.cn/lianbo/difang/202404/content_6943914.htm.

色智能物流中心通过利用 AI、AGV 机器人等先进技术，建设成为零碳汽车物流中心。

以大公无私的奉献精神培育高层次人才队伍建设。人才是发展新质生产力的重要生产要素之一，也是社会经济发展的关键资源。随着数字经济时代的到来，企业变革和产业升级使得对人才的培育方向和需求类型发生改变，因此，需要投入大量的人力、物力、资源、精力培养人才，以大公无私的精神为社会培养更多的高质量人才。江苏《关于加快培育发展未来产业的指导意见》提出，到 2025 年引育 50 个未来产业领军人物，到 2030 年系统培育具有交叉复合背景的未来产业创新人才 100 个以上①。江苏还通过对高校学科建设培养更多创新型人才。此外，江苏省实施“333 高层次人才培养工程”，培养更多的科技领军人物。

四、本章小结

在第三章国内外企业家精神促进新质生产力的经验介绍中，首先介绍国外企业家精神教育的兴起和背景，其次以美国硅谷企业家精神、日本企业家精神和英国企业家精神为例了解国外企业家精神促进新质生产力的经验介绍，最后是对国内企业家精神促进新质生产力发展的经验介绍，这一部分先是介绍国内发展过程，然后基于三个省份研究企业家精神的促进作用。这一章为第四、第五、第六章的分析问题做好基础准备。

① 江苏省人民政府．省政府关于加快培育发展未来产业的指导意见［EB/OL］．（2023－11－06）［2024－07－25］．http：//www. jiangsu. gov. cn/art/2023/11/9/art_ 46143_ 11066954. html.

第四章

企业家精神赋能新质生产力的案例研究

党的十九大报告明确指出，要激发和保护企业家精神，认为这是推动经济持续增长的重要因素。习近平总书记在讲话中强调，全面深化改革的关键在于充分激发市场潜力，而市场活力的主要来源则是企业家精神。随着新时代的到来，企业家精神被赋予了更加丰富的内涵与鲜明的特征，它不仅成为推动经济高质量发展的核心驱动力，更是赋能新质生产力发展的关键所在。

党的二十大精神进一步深化了这一认识。党的二十大报告明确指出，企业家精神不仅是推动经济发展的重要引擎，更是实现经济高质量发展的坚实保障。报告着重强调，为充分发挥企业家精神的作用，必须不断优化营商环境，鼓励企业家勇于创新，勇于担当，积极引领经济结构调整与产业升级。这一论述充分表明，在新时代背景下，企业家精神具有更加重要的战略地位，需要通过一系列的政策与措施加以保护和激励，以进一步赋能新质生产力的发展，推动我国经济实现更高质量、更可持续的增长。

为了深入研究企业家精神如何赋能新质生产力，我们选择了比亚迪股份有限公司作为大企业的研究案例。通过对比亚迪在其生命周期各个阶段与双元创新的作用模式进行详细探讨，我们旨在分析企业家精神对企业成长的不同影响。这种研究将帮助我们了解企业家精神如何促进企业在创新和发展过程中取得成功。此外，为丰富研究内容，我们还将引入华为作为对比案例。华为与比亚迪虽处于不同行业，但两者都是各自领域内的创新领导者，且在企业家精神的展现上各具特色。通过对比比亚迪与华为在不同生命周期阶段中企业家精神的实践方式、双元创新策略的应用及其对企业成长的推动作用，我们可以更全面地理解企业家精神在不同背景下的共性与差异。

对于中小企业而言，从创立、成长到跨越式发展，企业家及其精神始终是推动企业前行的关键驱动力。在这个过程中，企业家们不再仅仅追求利润最大化，而是综合考虑员工利益和社会效益，以推动企业的可持续发展。这种综合考量不仅能促进企业自身的发展，还能为社会带来更大的经济和社会价值。

一、理论基础

（一）在企业不同发展阶段，企业家精神对企业成长的影响

“Entrepreneurship”一词由法国经济学家 Richard 在 1800 年首次提出，他认为企业家能够提高经济资源的效率，而“Entrepreneurship”则是企业家独特技能的集合。这意味着企业家精神是企业家通过组织建立和经营管理企业所展现的综合才能，是一种重要且特殊的无形生产要素①。

① 王天翔，王娟，朱卫未．王传福的企业家精神与比亚迪双元创新［J］．企业管理，2020（7）：54－56.

经过近百年的讨论和研究，企业家精神的内涵不断扩展，其本质从单纯的创新精神（熊彼得，1947）① 转变为对未被认识到的机会的敏感性，强调机会发现的过程（Kirzner，1992）②；研究重点包括处理市场失衡的能力（Schultz，1975）③、个体发现或创造新事物的机会并加以利用、开发进而创造价值的过程（Shane，2000）④。

国内对企业家精神的研究起步较晚，学者们主要是在国外研究的基础上，尝试增加自己的观点或对原有理论进行修正和评述。汪丁丁（1999）⑤ 提出了企业家精神的三个核心要素：创新、合作和敬业。这一观点为企业家精神的研究提供了初步的框架。李维安（2003）⑥ 则强调，追求利益最大化的企业家通常表现出创新、诚信敬业、渴望成功等特质。这种特质的表现，不仅体现了企业家精神的多样性，还揭示了其在企业运营中的重要作用。陈昊雯（2011）⑦ 进一步提出，通过整合才能、机会和资源来保持竞争优势和创造价值，反映了企业运作的战略导向或精神文化，这为企业家精神的研究提供了新的视角。

企业家精神涉及的领域广泛，涵盖了多学科的知识，目前仍处于"混乱前范式发展状态"。现有的研究主要从两个角度对企业家精神进行归纳：内涵和外延。这两个角度分别以不同的框架系统化地研究企业家精神。企业家精神的内涵通常从个体、行为和动态环境三个层面进行

---

① Schumpeter J A. The creative response in economic history [J]. The Journal of Economic History, 1947, 7 (2): 149 - 159.

② Kirzner I M. The meaning of market process: Essays in the development of modern Austrian economics [M]. New York: Routledge, 1992.

③ The Value of the Ability to Deal with Disequilibria [J]. Theodore W. Schultz. Journal of Economic Literature, 1975 (3).

④ The Promise of Entrepreneurship as a Field of Research [J]. Scott Shane; S. Venkataraman. The Academy of Management Review, 2000.

⑤ 汪丁丁. 企业家关心的热点问题之二企业家的精神 [J]. 领导决策信息, 2001 (2): 24.

⑥ 李维安，王辉. 企业家创新精神培育：一个公司治理视角 [J]. 南开经济研究，2003 (2): 56 - 59.

⑦ 陈昊雯，李垣，刘衡. 联盟还是并购：基于环境动态性和企业家精神调节作用的研究 [J]. 管理学报，2011，8 (11): 1589 - 1595 + 1603.

刻画，这包括个人的精神品质、行为的目标导向，以及宏观和微观阶段的变化。在外延部分，研究则从个人、组织和社会三个层次展开，以期全面理解企业家精神的多维表现。

本案例研究主要从微观层面分析企业家精神及其外延表现，探讨其在企业生命周期中的不同阶段如何影响企业的发展。随着企业的发展，企业家精神会随着生命周期的不同阶段而协同变化和延展。在企业初创期，创业型企业家精神的作用尤为重要，它决定了企业家是否选择创业，这是企业成长的先决条件，确保企业家精神能够有效发挥作用。企业家精神的原意为“创业”，两者关系密切。我国学者王敏通过研究验证了企业家精神对创业的巨大推动作用，特别是在企业创新活动中，企业家精神是最为基础和根深蒂固的因素①。

当企业进入成长期时，抓住市场机会、保持高发展速度和维持竞争优势成为企业经营的主要目标。Casson（1995）在《*Entrepreneurship and Business Culture*》中则将企业家精神阐释为市场协调能力②。Kirzner在1997年发表的《*Competition and Entrepreneurship*》中，将其描述为在竞争环境中对机会的把握能力③。因此，在这一阶段，企业必须及时且合理地应对市场中的不稳定因素，抓住市场机会，并提高市场协调能力，以保持企业的竞争力。

随着企业的发展逐渐放缓，企业家面临保持市场占有率的挑战。在这一阶段，敬业精神和资源配置能力成为衡量企业家精神的重要指标，因为此时企业家的工作通常更加枯燥且重复。这两个指标能有效体现企业家是否具备维持企业市场地位的能力，从而确保企业在市场中的稳定性和持续性。

---

① 王敏．基于企业家精神视角的中小企业创业创新研究［J］．理论学刊，2012（7）：48－52.

② Mark C Casson. Entrepreneurship and Business Culture［M］. Aldershot, Hants, England, 1995.

③ Kirzner I M. Entrepreneurial discovery and the competitive market process：An Austrian approach［J］. Journal of Economics Literature, 1997（1）：60－85.

（二）在企业不同发展阶段，双元创新对企业成长的影响

当企业的现有模式不能再满足其发展需求时，企业家需要带领企业进军新兴产业。选择哪个产业以及投入的深度，完全取决于企业家对问题的认知、创新精神和风险承受能力，这种能力被视为企业变革期的企业家精神。目前，创新领域的研究主要集中在政府、产业和企业三个层面。双元创新作为企业层面的代表，描述了企业在开拓新市场时如何平衡探索性创新和利用性创新，即两类对立创新行为的结合和共生。March 首先提出探索性创新和利用性创新并行的概念，后又进一步将两者置于对立的立场中，这一观点迅速被广泛接受①。然而，随着研究的深入，双元创新中的两类活动被证明并非简单的对立或排斥。随着分析层次和情境的变化，对立的探索性和利用性创新活动能够共存。

双元性的研究可以分为结构双元、情景双元和领导双元三个层次，每个层次都具有独特的理论背景和应用场景。

结构双元是双元性研究的起点，源自 1996 年塔什曼提出的双元结构模型。这一模型的核心思想是在组织结构内部创建两种相对独立且不一致的机制，以应对不同类型的创新活动。塔什曼的模型强调了空间分离的重要性，即通过将不同的创新活动分配到不同的部门或团队中来应对双重创新的压力②。基于这一理论，Cao 进一步提出，结构双元性包括两种互逆共生的层面，这两种层面分别确保了创新活动的平衡和交互。Cao 的研究综合了双元性活动既互斥又互补的关系，进一步阐明了结构双元性的概念。

情景双元是在对结构双元性进行分析的基础上，由吉普森与伯金肖

---

① Exploration and Exploitation in Organizational Learning [J]. James G. March. Organization Science, 1991 (1).

② Ambidextrous Organizations: Managing Evolutionary and Revolutionary Change [J]. Michael L. Tushman; Charles A. O'Reilly. California Management Review, 1996 (4).

提出的。这标志着双元性研究进入了第二个层次。情景双元与结构双元的主要区别在于，它不依赖于空间或物理维度来划分工作活动，而是在同一业务部门内部通过情境设置来实现双元性。情景双元被视为一种“元能力”，它能够通过多种渠道将组织内部的不同职能和结构紧密结合。具体来说，结构双元认为组织应根据任务的不同采取不同的创新施策，通过规模和集中化等指标对组织单位进行划分，并在同类组织单位内实行单一任务制，以增强组织应对外部风险的能力；而情景双元则主张组织应采取一体化模式，通过预先设计的统一行动机制来管理两类创新活动，以确保创新活动的并行进行。

领导双元性则是从个体层面进行分析的，进一步衍生出了高层管理团队和经理双元性的特点。领导双元性要求个体具备协调探索性创新和利用性创新活动的能力，这与企业家精神中对企业家的要求相一致。具备领导双元性的企业家通常需要满足以下三点要求：一是能够及时而准确地处理矛盾问题，并具备独特的视角和长远眼光，以发现新的市场和商机；二是具备同时处理多项事务的能力，以应对复杂的业务环境；三是能够不断学习和自我提升，通过持续学习增强自身的工作能力和知识技能。

现有的双元创新研究主要集中在概念分析、与组织绩效的关系、影响因素及实现机制等方面，部分研究也开始探讨双元创新作为中介的作用、动态特征和演化，这些领域将成为未来研究的重要方向。尽管如此，大多数研究视角仍然集中在组织架构、组织情景和领导风格等方面，与企业家精神、企业生命周期、新质生产力的结合研究相对较少。由于国内对双元创新研究的起步较晚，结合中国情境下的研究将是一个有意义且具有挑战性的补充。

（三）总结

企业家精神最早由彼得·德鲁克提出，他认为企业家精神本质上就是创新。Davidson 对"Entrepreneurship"一词进行了辨析和分类①，靳卫东等提出了企业家精神的多种性质。作为影响企业发展的关键因素之一，企业家的重要性显而易见。企业家是企业的主要产出，而利润只是生产过程中的附属产品。企业的各项活动实际上是培养企业家及其精神的过程，利润只是这种过程的手段和结果。

现有理论研究大多集中于企业家精神对经济增长的影响（鲍莫尔，2016；Youssef 等，2018；李宏彬等，2009②）、创新与企业家精神的关系（德鲁克，2018；Elert 等，2017）、如何培育和激发企业家精神（Lazear，2004；曾铖等，2017③），以及企业家精神与产业集聚之间的内在关系（Feldman 等，2011④；Milagrosa 等，2015）。然而，很少有研究关注企业家精神在企业成长中实际发挥作用的机制⑤。

March（1991）将创新划分为探索性创新和开发性创新两个类型⑥。探索性创新是企业在未知领域进行的突破性活动，其特点是高风险，但对企业的长期发展至关重要。探索性创新通常涉及开创性技术、全新的市场需求或全新的业务模式，其成功与否对企业未来的发展方向和竞争优势有着深远的影响。相对于探索性创新，开发性创新则是低风险的渐进式创新，主要旨在对现有市场和领域进行更深入的挖掘和优化，通常包括对现有产品的改进、工艺流程的优化或服务的提升。这类创新旨在提高效率和客户满意度，支持企业实现短期的生产目标和

① Davidsson P. The domain of entrepreneurship research：Some suggestions [J]. Advances in Entrepreneurship，Firm Emergence and Growth ，2003，6（3）：315－372.

② 李宏彬. 企业家的创业与创新精神对中国经济增长的影响 [J]. 经济研究，2009（10）：99－108.

③ 曾铖，郭兵，罗守贵. 企业家精神与经济增长方式转变关系的文献述评 [J]. 上海经济研究，2015（2）：120－129.

④ Bercovitz J，Feldman M. The mechanisms of collaboration in inventiveteams：Composition，social networks，and geography [J]. Research Policy，2011，40（1）：81－93.

⑤ 冯伟，李嘉佳. 企业家精神与产业升级：基于经济增长原动力的视角 [J]. 外国经济与管理，2019，41（6）：29－42.

⑥ Exploration and Exploitation in Organizational Learning [J]. James G. March. Organization Science，1991（1）.

市场需求。

在现代组织科学中，企业必须在动态变化的外部环境中进行创新，同时也需要稳定深化现有产业，以实现短期生产目标并为长期发展奠定基础。这就要求企业在探索性创新和开发性创新之间找到平衡，以维持业务的持续发展和竞争优势。这两种创新活动代表了企业的两种发展方向，它们遵循完全不同的逻辑模式，并走向截然不同的路径。探索性创新侧重于开拓未知领域和获取新知识，而开发性创新则侧重于在已有领域内的持续改进和优化。双元性创新的概念正是为了协调这两者之间的关系，提出了一种合理的解决方案，旨在实现创新活动的有效管理和资源配置。

然而，国内对双元性创新的研究目前主要集中在结构双元、情景双元和领导双元这三个方面。这些研究虽然为理解双元性创新提供了重要视角，但在实际应用和案例分析中仍存在不足，尤其是在企业不同成长阶段和企业家精神结合的分析上较为欠缺。因此，深入探讨双元性创新在实际企业中的应用，特别是如何结合企业家精神和企业生命周期的不同阶段，将有助于弥补现有研究的不足。

为了填补这一研究空白，本书选择了比亚迪股份有限公司作为研究案例，识别了企业家精神在不同阶段的具体体现及其演化过程。研究问题的选择和研究方法的确定需考虑以下三个原则：首先，研究的问题属于什么范畴——即理论层面的探讨还是实际操作的分析；其次，实际操作者对问题的控制程度——包括企业内部的实际操作情况和外部环境的影响；最后，当前对该问题的关注程度——了解现有文献和研究的关注点，以确保研究能够针对实际问题提供有价值的见解。通过这些原则的指导，研究旨在揭示企业家精神如何在企业的不同阶段和创新活动中发挥作用，从而赋能新质生产力发展，影响企业成长。本书的问题属于难以控制的“如何”类问题，重视实际影响，因此案例研究在解决此类问题上具有明显优势，特别是探索性案例研究能够深入挖掘现象背后的逻辑和规律①。

二、研究设计

虽然国外的企业家精神研究已经相对系统且完善，但其对中国本土企业的适用性仍有待探讨。国内现有的相关研究主要集中在企业家精神的培育及其在经济增长、创新和产业集聚中的作用，因此这些研究尚处于探索初期。因此本书采用了探索性单案例研究方法，这种方法相比多案例研究更能深入反映企业家精神作用过程中的复杂动态变化机制。但是为丰富研究内容，我们还将引入华为作为对比案例以便更全面地理解企业家精神在不同背景下的共性与差异。

此外，符合此研究分析的企业较少，对一个企业进行长期多阶段分析更能得出完整、有说服力的结论，因此本书采用单案例纵向研究的方法，旨在发现和实时监控出现的最新问题和现象，在一定时间段内对案例进行深入分析研究，促进对案例在不同时期的动态变化的理解，更有利于该理论的实际应用。

采用单案例研究方法能够提供对关键性案例、极端或特殊案例、揭露式案例或先导案例的分析。本书旨在研究企业家精神在企业生命周期的各个阶段如何通过影响创新活动赋能新质生产力，从而助力企业的成长与发展。具体而言，本书探讨在当前市场环境下，企业如何塑造中国企业家的创新精神，以及如何将企业家精神和新质生产力用于企业的实际管理中。

比亚迪的成长路径与本次研究主题高度契合。自 2007 年在最具全

① 郝晨，张卫国，李梦雅．国际社会创业的价值共创机制——基于社会网络视角的案例研究［J］．管理评论，2021，33（8）：326.

球竞争力的中国公司评选中名列第二以来，比亚迪的企业竞争力和创新能力不断提升，逐渐为公众所熟知，并分别在 2017 年和 2018 年凭借创新能力和品牌价值进入全球百强。因此，比亚迪在全球化时代表现出的生存能力和跨文化管理能力非常出色，标志着中国企业向“跨国公司”迈进的光辉历程。

（一）研究方法

本书采用扎根理论对案例公司进行分析。扎根理论是一种系统化的质性研究方法，由社会学家 Barney Glaser 和 Anselm Strauss 于 1967 年提出①。其核心目标是通过对数据的深入分析，从经验数据中生成理论，而不是从现有理论出发进行验证。扎根理论强调理论应“扎根”于数据，通过对数据的反复分析，逐步形成概念和理论框架。研究过程是动态的，数据收集与分析交替进行，研究者通过不断比较数据、概念和类别，发现模式并提炼理论。当新数据不再提供新的见解时，理论达到饱和状态，研究可以结束。

扎根理论的研究步骤主要包括数据收集、开放性编码、主轴编码、选择性编码和理论构建。首先，研究者通过访谈、观察或文献等方式收集数据；其次，在开放性编码阶段，将数据分解为基本概念并初步分类；再次，在主轴编码阶段，进一步整合概念，形成更抽象的类别和子类别；又次，在选择性编码阶段，确定核心类别并围绕其整合其他类别，形成理论框架；最后，通过不断比较和修正，生成能够解释现象的理论。

（二）数据收集

本书的数据主要来自“二手”资料，我们采用了多种方法进行收

① The Discovery of Grounded Theory：Strategies for Qualitative Research | Barney G. Glaser and Anselm L. Strauss. Chicago［J］. Psychosomatics，1968（3）：271.

集，包括案例企业的内部资料、媒体报道、调查机构报告和大量文献研究，涵盖企业和产业两个层面。这不仅为我们提供了丰富的有效信息，也使我们能够对案例企业进行多角度、多层面的分析，既把握其组织发展和阶段性创新，又提高了研究的外部效度。

资料编码主要分为以下几个步骤：首先，从已收集的资料中提取相关信息，并按其相关性排序，形成有价值的质性资料。其次，对收集到的这些资料进行分类、概念编码、再分类和构念编码，从而获得量性资料。最后，为确保研究模型的信度与效度，我们结合研究框架对信息进行比对，并搜集遗漏资料。此外，为确保编码准确性，我们设置了两个编码小组同时进行编码，直到两组编码一致率达到95%时才形成最终编码结果。

三、扎根分析

（一）开放性编码

本书聚焦于企业家精神如何赋能新质生产力的发展并以比亚迪为案例进行深入分析。通过广泛搜集与企业家精神、新质生产力以及比亚迪发展相关的信息与数据，筛选并整理了收集的文献资料样本，最终提炼出87条具有代表性的基本概念（a1—a87）。随后，我们对这87条基本概念进行深入的概括与总结，通过合并同类项和提炼核心观点，形成了32个对应范畴（A1—A32），见表4－1。这些范畴不仅涵盖了企业家精神的核心要素，还深入分析了其在比亚迪等新质生产力发展过程中的具体作用机制和影响路径，为构建企业家精神赋能新质生产力发展的扎根理论模型奠定了坚实基础。

表 4-1 开放性编码形成的概念及范畴

编码	对应范畴	概念
A1	思维创新	a1 跨领域结合；a36 系统思维，布局新能源汽车全产业链；a67 逆向策略避开传统燃油汽车竞争红海
A2	制度创新	a10 垂直整合模式；a46 建立激励机制，鼓励员工提出创新想法；a64 管理流程优化
A3	产品创新	a12 刀片电池技术突破；a33 自动驾驶技术研发；a73 智能网联系统应用
A4	战略创新	a2 提前布局新能源汽车市场，抢占市场份额；a37 车电分离模式探索；a75 全球化战略拓展
A5	积极乐观	a9 对市场保持乐观；a47 面对挑战的乐观态度；a63 长期主义的坚持
A6	求真实干	a11 以质量为本，注重产品质量和可靠性；a45 坚持诚信经营；a68 追求卓越，不断优化产品和服务
A7	质朴无华	a13 工程师文化强调务实和专注；a55 保持低调务实的作风；a74 专注于技术创新
A8	踏实进取	a8 持续创新提升产品竞争力；a34 注重技术传承与创新
A9	敢为人先	a7 早期率先布局新能源汽车；a56 敢于突破传统，实现技术领先；a81 积极开拓国际市场
A10	善于投资	a24 投资锂矿资源和半导体企业；a35 布局产业链上下游
A11	把握机遇	a4 抓住新能源汽车市场的发展机遇；a48 政府对新能源汽车的补贴和政策支持；a84 顺应消费趋势，满足市场需求
A12	竞争精神	a3 市场竞争中的进取；a38 内部竞争机制；a85 敢于与特斯拉等国际品牌竞争
A13	全新产品	a25 全新电机技术；a49 海洋网新车型
A14	灵活变化	a28 产品线的全面升级；a44 技术的快速迭代；a65 市场策略的灵活调整
A15	承担高风险	a29 高负债率下的持续投入；a51 技术突破的高风险尝试
A16	突破性实验	a14 璇玑架构的创新；a57 双循环多模态 AI 的应用；a76 易四方泊车技术

续表

编码	对应范畴	概念
A17	改进产品	a32 第二代刀片电池；a50 车型全面升级
A18	优化服务	a26 售后服务优化；a59 技术直问服务；a86 全生命周期服务
A19	升级技术	a15 璇玑架构技术；a60 动力域“三脑合一”；a87 全温域热管理架构
A20	提升效率	a27 高集成一体化；a39 智能可变润滑系统；a66 优化生产流程
A21	自主研发新技术	a16 自主研发的刀片电池技术；a43 自主研发自动驾驶技术；a77 自主研发的智能网联系统
A22	研发投入	a23 每年投入大量资金用于研发；a52 组建庞大的研发团队；a69 研发设施升级
A23	试错改进	a30 敏捷开发与迭代；a58 持续集成与自动化测试；a70 用户反馈驱动改进
A24	技术应用	a17 刀片电池技术广泛应用于新能源汽车；a42 自动驾驶技术部分应用于高端车型；a82 智能网联系统为用户提供智能互联服务
A25	垂直整合	a6 整合产业链上下游；a53 提升供应链掌控力；a79 生产环节实现高效协同
A26	布局新市场	a5 积极拓展新能源汽车市场；a61 开拓储能智能网联新兴业务领域
A27	供应链合作	a20 与供应商建立长期稳定合作关系；a41 构建互利共赢的供应链生态系统；a83 提高供应链透明度
A28	绿色转型	a18 采用环保材料和节能技术，减少碳排放；a62 推出更节能环保产品
A29	智能化生产	a19 自动化生产线；a40 智能监控系统；a72 机器人技术应用
A30	精益生产	a21 价值流优化；a78 自动识别并停止错误
A31	数字化管理	a31 供应链数字化；a80 智能决策支持
A32	优化资源配置	a22 资源高效利用；a54 能源管理优化；a71 人力资源优化

（二）主轴编码

本书将开放式编码中得出的 32 个对应范畴再合并，寻找其共性与差异，分析归纳出 8 个次要范畴（B1—B8），分别为创新精神、敬业精神、承担风险、探索性创新、利用性创新、技术创新、产业升级、全要素生产率提升。同时对这 8 个次要范畴再次进行提炼，分析得出三个主要范畴，分别是企业家精神、双元创新机制、新质生产力发展，如表 4－2 所示。

表 4－2　主轴编码分析表

主要范畴	次要范畴	对应范畴
C1 企业家精神	B1 创新精神	A1 思维创新
		A2 制度创新
		A3 产品创新
		A4 战略创新
	B2 敬业精神	A5 积极乐观
		A6 求真实干
		A7 质朴无华
		A8 踏实进取
	B3 承担风险	A9 敢为人先
		A10 善于投资
		A11 把握机遇
		A12 竞争精神
C2 双元创新机制	B4 探索性创新	A13 全新产品
		A14 灵活变化
		A15 承担高风险
		A16 突破性实验
	B5 利用性创新	A17 改进产品
		A18 优化服务
		A19 升级技术
		A20 提升效率

续表

主要范畴	次要范畴	对应范畴
C3 新质生产力发展	B6 技术创新	A21 自主研发新技术
		A22 研发投入
		A23 试错改进
		A24 技术应用
	B7 产业升级	A25 垂直整合
		A26 布局新市场
		A27 供应链合作
		A28 绿色转型
	B8 全要素生产率提升	A29 智能化生产
		A30 精益生产
		A31 数字化管理
		A32 优化资源配置

（三）选择性编码

在扎根理论的研究中，选择性编码是理论构建的最后一步，旨在从主轴编码中提炼出核心范畴，并通过故事线将各个概念串联起来，形成一个完整的理论框架。通过对主轴编码的整合与分析得出三个主要范畴分别是企业家精神、双元创新机制、新质生产力发展，因此本书的核心范畴可以确定为：企业家精神通过双元创新作用机制赋能新质生产力发展。这一核心范畴揭示了企业家精神、双元创新和新质生产力三者之间的内在联系，构建了一个完整的理论模型，如图 4－1 所示。

通过选择性编码，本书构建了一个完整的理论框架，其核心逻辑可以概括为：企业家精神驱动企业开展双元创新，而企业又通过双元创新这个中介变量加速新质生产力的发展，最终实现企业的成长与可持续发展。

企业家精神是推动企业开展双元创新的核心驱动力，具体体现在以下三个方面。首先，创新精神。企业家不断追求技术突破、产品创新和

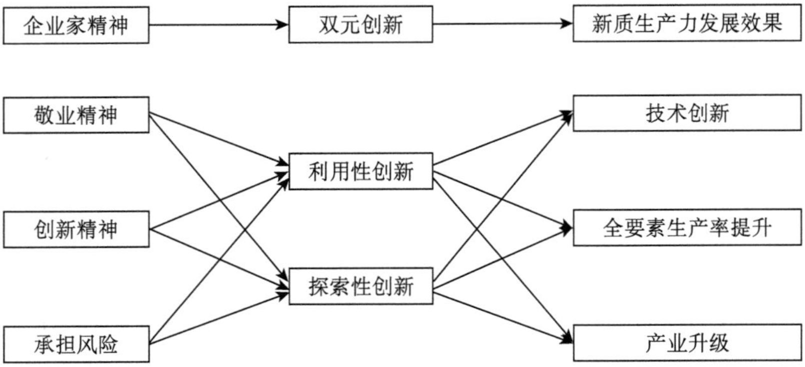

图4－1　企业家精神赋能新质生产力发展模型

商业模式创新，为企业注入持续创新的动力，以比亚迪通过自主研发刀片电池技术，推动新能源汽车领域的技术进步为例。其次，敬业精神。企业家全身心投入企业发展，追求卓越和精益求精，确保创新活动能够落地实施，体现在比亚迪能够通过严格的生产管理和高效的研发团队，将创新成果快速转化为实际生产力。最后，承担风险。企业家敢于进入新领域、承担高风险，为企业的探索式创新提供支持。例如，比亚迪从电池行业跨界进入汽车行业，尽管面临巨大风险，但最终成功开辟了新的市场空间。

双元创新的中介作用则包括以下两个方面。一是探索式创新：企业通过开发新技术、新产品和新市场，为未来发展奠定基础。比亚迪通过布局新能源汽车领域，开发了刀片电池、DM－i超级混动等领先技术，为企业的长期发展提供了技术储备。二是利用式创新：企业通过改进现有技术、产品和市场，提升当前竞争力。比亚迪通过优化电池生产工艺、降低生产成本，提升了现有产品的市场竞争力。

双元创新对新质生产力的作用效果最终体现在以下三个方面。第一，技术创新。企业通过自主研发和外部合作，掌握核心技术，提升生产效率。比亚迪通过技术创新，大幅提升了电池的能量密度和安全性，推动了新能源汽车领域的技术进步。第二，产业升级。企业通过垂直整合、绿色转型等方式，推动产业结构优化和产业链升级。比亚迪通过构建完整的新能源汽车产业链，推动了传统汽车产业向绿色低碳方向转型。第三，全要素生产率提升。企业通过智能化生产、精益管理等方式，优化资源配置，提升生产效率。比亚迪通过引入智能化生产线和数字化管理系统，大幅提升了生产效率和决策效率。同时，新质生产力的发展最终会推动企业实现高质量发展，因为新质生产力发展是企业成长、实现高质量发展的必然要求。

（四）理论饱和度检验

在企业家精神赋能新质生产力发展，特别是以比亚迪为例的扎根理论结构建立之后，本书进一步通过阅读比对大量相关文献进行了理论饱和度检验。通过对这些资料的深入重新整理与分析，我们发现对于企业家精神如何赋能新质生产力发展，特别是在比亚迪案例中的相关范畴和概念已经相当完备。在细致的文献回顾与对比分析过程中，并未发现新的、能够显著影响理论框架构建的关键内容或观点。因此，本书可以合理认为，所构建的企业家精神赋能新质生产力发展的扎根理论结构，在涵盖比亚迪等具体案例的核心要素与影响机制方面，已经达到了理论饱和的状态。这一结论不仅增强了理论的稳健性和可靠性，也为后续研究提供了坚实的理论基础。

四、企业家精神赋能企业成长案例分析

（一）双元创新作用机制——以比亚迪为例

通过深入研究比亚迪公司创始人王传福及其主要领导层在组织关键决策和发展战略中的作用，我们发现比亚迪在二十多年的发展中，领导层积极创新，能够根据企业状况和所处阶段合理运用双元创新，为企业

制定了切实可行的长远发展战略。在企业成长过程中，我们识别出了企业家精神、探索性创新和利用性创新三个与领导者密切相关的因素，并将企业家精神的发展分为创业期、成长期、成熟期和转型期四个阶段，揭示了企业家精神驱动双元创新赋能企业成长的作用机制。

1992 年，王传福出任比格电池总经理一职。凭借其扎实的专业素养与卓越的商业洞察能力，他准确预见了充电电池行业的发展前景。基于这一战略判断，王传福于 1995 年创立比亚迪实业，初始注册资本达 250 万元人民币。这一决策不仅标志着比亚迪的起点，同时也体现了其前瞻性的市场眼光，更为后续企业的发展奠定了重要基础。在公司初创期，王传福的创业型企业家精神发挥了重要作用。创业型企业家精神中的机敏和冒险精神是企业初期发展的驱动力，这些特质使得比亚迪能够在激烈的市场竞争中脱颖而出，迅速积累资源并建立市场地位。王传福创立比亚迪的一系列行动中，企业家精神已经对比亚迪产生了深远的影响，不仅在技术和市场上进行了大胆创新，也在管理和战略布局上奠定了坚实基础。

2003 年，比亚迪进军汽车制造业，经历了从模仿到自主创新的发展历程。企业在初期通常处于学习阶段，通过借鉴和模仿积累经验和技术。然而，一旦进入高速扩展期并在市场中占据优势，比亚迪开始寻求更大程度的创新，发展独特的产品和管理模式。这一过程体现了双元创新中探索性和利用性活动的相互转换关系。比亚迪从双元创新理论出发，灵活运用“逆向创新”模式，不断壮大企业规模。王传福表示，新产品的开发中，只有 5% 来自自身的创新研究，60% 来自文献，30% 来自前人的样品。这一策略体现了双元创新理论中创新的多样性，即不仅包括开拓新方法和技术的探索性创新，还包括基于现有知识、产品和技术的利用性创新。比亚迪通过合理运用双元创新思维，在企业初期选择“逆向创新”战略，奠定了成本优势基础，并为未来的发展路线和转型升级提供了方向。

在“逆向创新”战略的指导下，比亚迪针对新兴市场的中低端需求，通过整合实现现有产业的二次创新。当产品或技术在市场上获得一定份额和稳定用户后，比亚迪会以原有产业为基础，逐步转型升级至相对高端或主流市场。这种市场定位策略非常准确，首款产品 F3 瞄准了 25—45 岁的首次购车者，他们关注汽车的性能、耐久性和性价比。为了开发这一市场，比亚迪简化和整合了研发、生产和销售过程，从而实现了成本的显著节约。通过学习丰田等成功车型并采用“逆向创新”模式，比亚迪在解决技术难题的同时实现了成本最小化，新产品一经投放市场便引起了巨大的反响。比亚迪的成功不仅在于技术的创新，也在于其精确的市场定位和灵活的战略调整。

结合比亚迪初创期的一系列行动，可以看到企业家精神在这一阶段的作用主要体现在对企业生存能力的增强。企业家精神提升了企业在变化的外部环境中的适应能力，使比亚迪能够在市场的快速变化中作出灵活应对。在比亚迪初期的发展过程中，尽管企业各部门尚未成熟，但王传福及其团队的企业家精神使得公司能够制定有效的战略，准确把握市场动向，并作出合理的决策。这种前瞻性和战略眼光为比亚迪在复杂多变的市场环境中奠定了坚实基础。从充电电池行业到汽车制造业，比亚迪逐步积累了资本和技术优势，为后期的规模扩张和市场扩展打下了坚实的基础。

在众多“外行造车”失败的情况下，比亚迪之所以能够脱颖而出，得益于其独特的“袋鼠模式”。这一模式强调集中内部资源，在现有商业领域取得成功后迅速进行战略转移，像袋鼠一样利用内部资源孵化一个又一个新业务。通过这种模式，比亚迪将双元创新进行外化，具体表现为将技术和市场创新紧密结合，从而实现了持续的企业增长和市场拓展。这种模式使比亚迪能够在多个领域内同时推进探索性和利用性创新，保持了企业的持续竞争力和市场领导地位。

总的来说，比亚迪的发展历程不仅展示了企业家精神和双元创新在企业生命周期中的作用，也揭示了如何通过创新和战略调整实现新质生产力的提升。比亚迪的成功经验为其他企业提供了宝贵的参考，展示了如何通过有效的领导、创新策略和市场定位，推动企业的持续成长和长期发展。

比亚迪汽车的快速崛起同时也展现了企业家精神对新质生产力以及企业成长的赋能作用。在培育新业务的过程中，比亚迪成功地实现了产业转移与协同，保持了原有主业的稳定发展，并拓展了新的市场空间。这种时空的一体性和结构双元性的跨越，体现了比亚迪在商业模式创新上的成功关键。比亚迪将情景双元的概念引入企业的战略规划中，为企业的可持续发展提供了重要的启示。通过将时空因素和结构双元性融合于商业模式创新中，比亚迪实现了跨越式的发展，拓展了企业的战略视野和商业格局。这种创新性的思维方式和战略举措，使比亚迪在竞争激烈的市场中保持领先地位，不断适应市场变化和满足消费者需求。引入情景双元概念，使企业能够更好地把握市场动态和趋势，灵活调整战略布局，实现长期发展目标。比亚迪的成功经验为其他企业树立了榜样，鼓舞了更多企业在商业模式创新方面勇于探索和尝试，促进了产业的升级和发展。这种时空一体性和结构双元性的跨越不仅丰富了企业的战略思维，也为企业在不断变化的市场中寻求新的发展路径和机遇提供了有益的借鉴。通过结合情景双元概念和商业模式创新，企业可以更好地适应市场需求，提升竞争力，实现可持续发展的目标。

企业家作为新质生产力的赋能者和推动者，在组织创新中扮演着至关重要的角色。创新精神是企业家精神的核心体现，体现在企业理念的更新、制度管理的革新和技术产品的不断迭代上。企业家在发展核心竞争力方面发挥着不可替代的作用，他们的创新精神能够激发企业的生命力和创新能力，持续增强企业的核心竞争力。企业家通过不断引入新理念、新技术和新管理方式，推动企业不断优化和提升，以适应快速变化的市场环境和满足客户需求。他们的创新意识和实践能力为企业注入活力，促使企业保持竞争优势并实现持续发展。企业家的领导和决策影响着企业的整体发展方向和战略规划，他们的创新精神和敢为人先的精神鼓舞着团队成员不断进取、勇于尝试，推动企业不断创新、不断超越。

企业家的创新精神不仅推动着企业的发展，也对整个产业链和社会经济发展产生积极影响，为产业升级和经济增长注入新动力。因此，企业家的创新精神是企业持续发展的关键，也是促进产业创新和社会进步的重要推动力。因此，企业家精神是推动新质生产力的重要元素，对企业的可持续发展具有不可替代的意义。

在2006—2010年，比亚迪经历了高速发展和市场竞争的时期，企业家精神在这一阶段对企业的核心竞争力的探索和发展起到了关键作用。比亚迪在这段时间内成功研发了F3e等车型，并迅速推出了F0、F6和M6等产品，展现出了惊人的研发速度①。在激烈的市场竞争环境中，比亚迪面临着来自各方的压力，只有具备不懈追求目标、冒险精神和创新精神的企业家才能帮助企业在竞争中脱颖而出，引领团队共同构建企业的核心竞争力。这一过程彰显了企业家精神对于推动企业成长的重要性，为企业的持续发展注入了活力和动力。

最初，企业核心竞争力被定义为企业不断积累的知识和技术，尤其是在处理不同技能和技术方面的能力。这种能力是组织技术和技能的综合体现，其他组织很难模仿。随着市场竞争的加剧和商业环境的变化，企业核心竞争力的概念也逐渐演变和扩展。除了知识和技术积累外，现代企业核心竞争力还包括了创新能力、品牌价值、市场定位、客户关系等多个方面。企业核心竞争力的重要性不仅在于帮助企业在激烈的市场竞争中脱颖而出，更在于塑造企业的独特性和持续竞争优势。企业需要不断强化和拓展自身的核心竞争力，以适应市场的变化和挑战，保持竞争力和持续发展。在当今全球化和数字化的时代，企业核心竞争力的内涵也在不断丰富和拓展，涉及数字化转型、人才培养、战略合作等多个方面。企业需要不断创新和改进，加强内部管理，拓展外部资源，以确保核心竞争力的持续增强和巩固。企业核心竞争力的构建是一个长期的

---

① 王天翔，王娟，朱卫未．王传福的企业家精神与比亚迪双元创新［J］．企业管理，2020（7）：54－56.

过程，需要企业全体员工的共同努力和持续投入，才能实现企业的可持续发展和长期成功。它有助于企业在竞争中保持领先地位。现代观点认为，企业核心竞争力是指企业通过获取和配置资源，形成整个企业长期稳定的可持续竞争优势的能力。积极追求目标的企业家通常能够坚守信念、理性管理企业，并随时准备面对市场的挑战和机遇，以确保在市场竞争中取得胜利并巩固企业的核心竞争力。比亚迪的成功发展也归功于领导者对卓越的企业家精神和才能的充分发挥。正因为如此，沃伦·巴菲特愿意认购比亚迪高达10%的股份。这凸显了企业家精神在赋能企业成长研究中的关键作用。

根据企业家精神的内涵特质，王传福所具备的不仅是关注组织生存和发展的个人层面以及组织企业家精神，还体现出更加注重国家的社会企业家精神。王传福的领导风格和决策体现了对企业和社会的责任感，以实际行动践行社会责任，推动企业与社会共同发展。他的企业家精神不仅关注企业经营，更关注社会环境和国家发展，体现了企业在社会中的责任担当。这种综合的企业家精神，符合了“环境—个体”的双向企业家互动机制。这一机制通过双元创新，将企业家精神的不同层面的影响扩散到企业的核心竞争力。王传福的实践经验和领导风格为企业家们树立了榜样，鼓舞了更多企业家积极投身社会责任，推动企业与社会的共同发展。企业家的社会责任意识和使命感，不仅影响着企业的发展方向和战略决策，也塑造了企业的企业文化和社会形象，为企业赢得了良好的声誉和持续的发展动力。通过积极践行企业家精神，企业可以实现经济效益和社会效益的双赢，为社会作出更多的贡献。这种现象在赋能新质生产力研究中具有重要意义，可以促进企业的持续发展和竞争优势的提升（见图4-2）。

“我们不是拼装，是真正有核心技术的企业，从这个意义上讲，我们比竞争对手有领先的地方。”比亚迪通过一次次“逆向创新”的推动，在传统汽车制造业中将利用性创新发挥到极致。2009年，王传福登上中国内地首富的位置，手握电池、手机零部件和汽车三大法宝。这

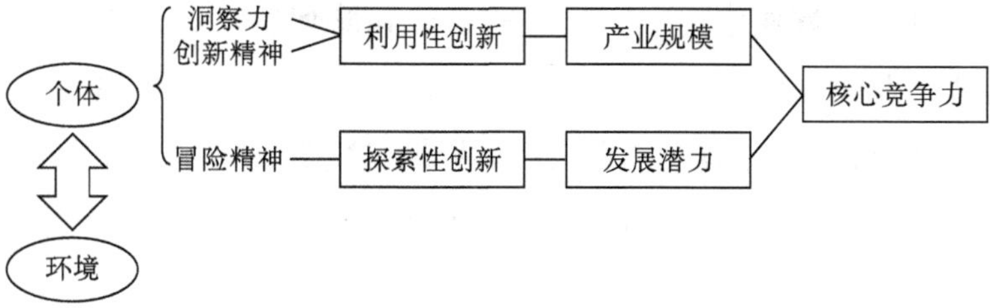

图4－2　成长期核心竞争力发展

一成就不仅是对比亚迪创新实力和领导层决策的肯定，也体现了企业在产业转型和技术创新方面的成功探索。比亚迪以逆向思维和创新精神为驱动力，通过对传统行业的颠覆性创新，实现了从传统汽车制造到新能源汽车领域的跨越式发展。王传福作为企业家的典范，不仅具备卓越的商业眼光和决策能力，更展现了对未来科技发展的前瞻性洞察力。他的成功经验启示着更多企业家，鼓舞着更多创业者勇于探索未知领域、挑战传统观念，推动企业不断创新和进步。比亚迪的“逆向创新”实践为整个产业带来了新的思路和动力，引领着行业的发展潮流。通过持续的技术创新和商业模式革新，比亚迪不断巩固其在新能源汽车领域的领先地位，为行业的可持续发展树立了榜样。王传福和比亚迪的成功故事激励着更多企业走向创新之路，实现企业的可持续发展和长期成功。同年，比亚迪汽车首次荣获中国自主汽车品牌销量最高的殊荣，比亚迪的产业发展也从规模上得到体现。这一系列的成就展现了企业家精神对新质生产力的赋能作用，推动了企业的持续创新和发展。比亚迪荣获中国自主汽车品牌销量最高的荣誉，不仅是对企业产品质量和市场认可的肯定，更是企业在市场竞争中的实力和影响力的体现。这一荣誉的获得标志着比亚迪在自主品牌汽车领域的领先地位，为企业带来了更广阔的发展空间和市场机遇。同时，比亚迪产业发展的规模化体现了企业在技术研发、生产制造、市场营销等方面的实力和竞争优势。企业家精神在这一过程中发挥着关键作用，激励着团队不断创新，不断突破，推动企业持续发展。企业家的领导力和决策能力为企业赢得了市场份额和消费者信任，为企业在行业中树立了良好的声誉和品牌形象。比亚迪的成功经验为其他企业树立了榜样，鼓舞了更多企业家在面对市场挑战时勇于创新、积极进取，助力企业实现可持续发展和长期成功。通过不断的努力和创新，企业可以持续提升核心竞争力，实现业绩增长和市场领先地位。

在企业家精神赋能新质生产力研究中，王传福展现了双面色彩的个性，既保守关注细节，又敢于冒险，体现了比亚迪领导双元性的特点。王传福评价比亚迪的发展时表示："有人说我们是大胆的，但我认为我们是通过技术让战略更深远。"企业进军新领域时，步伐通常是大胆而谨慎的，但从长远角度来看，会有可追踪的轨迹，这正是比亚迪持续转型升级的道路。正是这种独特的二元性企业家特质构成了比亚迪持续创新的核心驱动力。在企业战略层面，公司通过平衡探索性创新与开发性创新，成功实现了多元化业务拓展。管理层在保持传统业务优势的同时，积极布局新兴技术领域，这种双轨并行的创新模式不仅确保了企业的稳健发展，更为其在新兴市场的突破性进展提供了战略支撑。研究表明，这种创新管理实践显著提升了企业的技术积累与市场竞争力。同时，比亚迪经历了与大多数企业类似的挑战，低谷期连续负面事件的冲击可能会摧毁一些领导者或缺乏凝聚力、创新精神的团队。然而，比亚迪不仅抵御了压力，而且在逆境中找到了最适合的发展方向。这种在压力下保持自信并展现勇敢冒险精神的能力，是优秀企业家必备的素质，也是团队凝聚力和战胜逆境的关键武器。比亚迪在面对挑战和逆境时展现出了坚韧不拔的精神和决策果断的态度，成功地化压力为动力，找到了应对困境的切实方法和有效策略。这种勇于冒险、敢于创新的精神，不仅是企业家成功的关键因素，也是团队战胜困难、实现突破的重要动力源泉。冒险精神作为企业家精神的显著体现，激励着领导者和团队成员在面对未知和挑战时勇往直前，开拓创新，追求卓越。这种积极的态度和行动，为企业带来了新的发展机遇和更广阔的发展空间。比亚迪在逆境中不畏艰险、果敢前行的精神，展示了企业家精神的力量和魅力，为企业赢得了尊重和认可，也为行业的发展树立了典范。这种冒险精神不仅推动着企业不断进步，也为整个团队注入了活力和激情，共同创造出更加辉煌的未来。

作为比亚迪“逆向创新”战略的延续，S6在整改期率先推出并在品质上有了显著提升。作为一个以双元创新为起点的企业，比亚迪的发展离不开对原有领域的持续开发，保持原有优势的同时还能够为探索性创新提供强有力的支持。例如，在同一时期比亚迪推出了G6，其中最大亮点是采用了自主研发生产的1.5T引擎和6速双离合变速箱，这表明比亚迪推出的自主品牌车型在此前基础上有了更大程度的创新，也标志着比亚迪双元创新活动迈出了重要的一步。在企业家精神赋能新质生产力研究中，比亚迪的“逆向创新”战略以及双元创新活动的推进，体现了企业持续探索和创新的精神，为企业的发展提供了更多机遇和支持。

比亚迪在企业家精神的引领下，积极拓展创新的边界，比亚迪在纯电动车研究领域实现了重大突破，e6纯电动车成功采用了公司自主研发的磷酸铁锂电池技术。通过吸收国际上的先进研究成果，比亚迪构建了自己独特的生产体系，2012年推出的速锐，标志着比亚迪当时车型技术和设计的顶峰。比亚迪不仅在技术创新上不断突破，更在可持续发展道路上稳步前行。公司秉承“技术创新、绿色环保”的理念，致力于为消费者提供更安全、更环保、更经济的出行解决方案。凭借在电动车领域的深入研究和技术积累，比亚迪已经成为全球电动车市场的领军企业之一。此外，比亚迪还通过不断优化产品线，推出了多款深受市场欢迎的新能源汽车，如唐、宋、秦等车型，这些车型不仅在性能上有所提升，更在智能化、舒适性等方面满足了消费者的多元需求。比亚迪的成功，离不开其对市场趋势的敏锐洞察和对技术创新的持续投入。公司还积极参与国际竞争，通过与多家国际知名企业合作，引入先进技术和管理经验，进一步提升了自身的国际竞争力。随后，比亚迪推出了合资品牌“DENZA 腾势”，并宣布全面展开与戴姆勒在中国研发电动车的合作，破除了中外合作中的不对等障碍。通过技术交流合作，比亚迪摒弃了以市场为代价的不对等交流合作模式，展现出企业家精神赋能新质生产力研究的积极意义。

2014 年，政府开始重视和支持新能源产业，激发了比亚迪和其他车厂在这一领域更大力度的探索。基于前期探索性创新所形成的技术储备与资源积累，比亚迪在新能源产业变革中获得了显著的竞争优势。王传福作为企业领导者，准确识别并把握了这一战略性发展机遇。企业通过实施双元创新战略，有效整合了探索性创新与开发性创新的协同效应，这不仅加速了企业的转型升级进程，还显著提升了其在新能源领域的市场竞争力。从管理实践来看，这种创新模式与企业家精神的有机结合，为企业实现跨越式发展提供了持续动力。凭借敏锐的市场洞察力，企业家成功捕捉到市场机遇，并通过采纳双元创新模式，有效促进了新产业的发展。在关键时刻，他们作出了明智的决策，最大化地发挥了企业的潜力。在这种“企业家精神—双元创新—企业成长转型”的机制下，比亚迪成功地利用新能源汽车作为从传统制造业转型的有力跳板。从 e6 到 K9，比亚迪的车型成功替代了中国多个主要城市中的传统机动车，实现了公共交通的电动化运营。更为值得称赞的是，比亚迪还能够作为新能源产业的代表，向海外输出运营模式，成为示范企业，这是以往中国企业难以达到的成就。企业家精神赋能新质生产力研究，为企业的创新和发展提供了重要的启示。

比亚迪被誉为“冒险王”，这个称号不仅彰显了其敢于冒险的精神，更重要的是体现了其投入冒险的前瞻性思维。比亚迪展示了其卓越的战略部署能力，确保了企业能够在各个领域和环节中做到充分准备。王传福能够敏锐地感知组织生存和发展的机会，并及时作出决策。企业家的市场嗅觉和冒险创新精神为企业提供了持续发展的机会，这与企业双元创新的概念密切相关。王传福的冒险精神、创新意识和合作精神对比亚迪的产品和管理产生了积极影响，同时也推动了企业的双元性创新，进而促进了企业绩效的提升。企业家精神赋能新质生产力研究，强调了企业家对于企业发展的重要性，以及其在双元创新中的关键作用。

通过双元性创新，比亚迪成功实现了在原产业和新领域的灵活应用，从而能够在原有领先市场的基础上实现产业转型升级，进军更具发展潜力和未来方向的市场（见图4－3）。新能源转型的升级加强了比亚迪对探索性创新道路的信心。自2016年起，比亚迪开始了其独具特色的企业多元化发展之路。企业家精神赋能企业成长研究，强调了双元性创新的重要性。比亚迪的成功案例展示了企业家如何通过创新和转型实现持续发展和增长。企业家的决策和行动推动了比亚迪在新领域的探索和发展，为企业带来了新的增长机遇和市场竞争优势。比亚迪的成功经验启示其他企业，鼓舞了更多企业家在面对市场变化时勇于创新、积极转型，以适应新时代的挑战和机遇。通过不断探索和实践，企业可以不断提升自身的竞争力，实现可持续发展，为行业和社会创造更多价值。

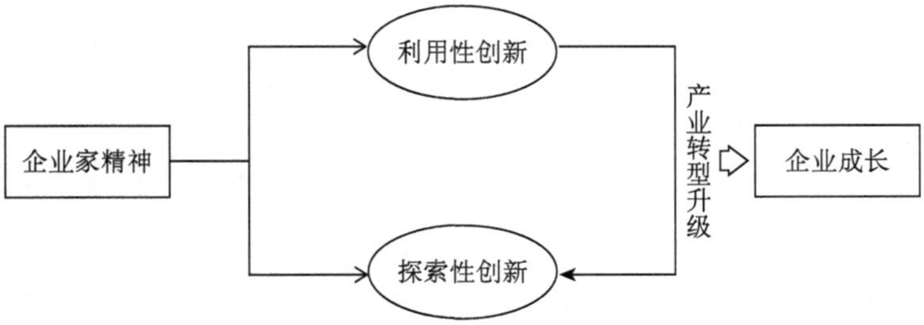

图4－3　成熟期双元创新转化

比亚迪在四大绿色产业上设立了发展愿望，包括太阳能电站、储能电站、电动车和轨道交通，旨在通过这些领域减少碳排放，改善环境，促进可持续发展。企业家精神赋能新质生产力研究认为，比亚迪的成功在于其坚持探索性创新，特别是在太阳能电站建设方面。尽管面临重重困难，比亚迪仍然坚持前行，年年减少亏损，这表明企业对双元创新的贯彻至关重要。比亚迪的成功不仅依赖于王传福的冒险精神和明智决策，还取决于企业对双元创新的正确转化和结合。2016年，比亚迪在多元化战略布局中取得突破性进展。数据显示，公司的太阳能业务产能突破1.5GW大关，营收同比增长20%，同时完成了巴西生产基地的建设，实现了全球化布局的重要跨越。在新能源产业领域，比亚迪前瞻性地布局了储能系统、电动车辆及轨道交通等多个战略性业务板块。这种多元化扩张的成功，得益于管理层对市场机遇的精准把握、勇于承担风险的企业家特质，以及探索式创新与开发式创新的协同运用策略。企业家精神赋能企业成长研究强调了双元创新对企业成长的推动作用，比亚迪的案例充分证明了这一理论的有效性（见表4-3）。

通过以上研究，我们对比亚迪在不同阶段展现的企业家精神和双元性创新的作用方式进行了分析，验证了它们对企业可持续发展的实践性影响。企业家精神的不同特质在企业面临各种问题和机遇时发挥着积极作用，而这种作用会通过双元创新的实施再次影响企业的发展方向。这一研究结果进一步强调了企业家精神赋能新质生产力研究的重要性，以及企业在实践中应如何充分利用企业家精神和双元性创新来推动企业的发展。

在企业初创期，企业家精神对企业创业和创新起着关键作用，直接影响着企业的发展方向和开端。同时，企业家精神也会影响企业是否选择进行双元创新。在这一阶段，利用性创新通常是初期的主要发展目标，为后续的探索性创新提供了基础和条件。随着企业发展到中期，企业家精神将集中体现在加速催化企业核心竞争力方面。企业家会选择适合企业的发展方向和策略，比如比亚迪采取的“成本杀手锏”和“逆向创新”等战略。此外，中期的企业家精神中的冒险精神也会显现出来，决定了双元创新的探索性创新是否得以实施和继续。在企业发展的后期阶段，企业家精神和双元创新将以“企业家精神—双元创新—企业转型”模式共同推动企业的成长。企业家精神在后期主要体现在对双元创新的合理分配和运用上，以提高企业的生存和发展能力。企业家需要保持对利用性创新的优势和利益，同时通过对探索性创新领域的规划和经营来占据市场高点，实现产业转型升级。

表 4-3　比亚迪企业成长具体过程

构念	企业家精神			双元创新		企业成长	
	创新精神	敬业精神	承担风险	利用性创新	探索性创新	产业发展	产业升级
引用	行业内很多公司的车联网系统往往只开放车载信息系统，而比亚迪几乎开放了汽车所有的传感器，总计 341 个和 66 项控制权，它向全球开发者们提供了一款具有多维度特性的开放式平台。“这将会衍生出一个庞大的汽车生态，智能汽车、智能家居和智能手机将共同构成 Di 生态，完美兼容全球应用。”①	通过整合产业链、降低成本并推动技术创新，我们致力于确保生产的汽车价格更加亲民，更容易被消费者接受。同时，我们已成功将模具费用降低至同行水平的三分之一	2003 年，王传福宣布进军汽车领域时，媒体曾形容此举为“一场豪赌”。当时，汽车行业的“名利场”中，草根造车运动正遭受冲击，奥克斯、上海万丰等公司投入数千万元却中途放弃，而夏新、波导等公司也匆匆闪过，紧急刹车	通过技术创新，比亚迪彻底颠覆了电池产业竞争的“游戏规则”，将电池生产由资本密集型转变为劳动密集型。凭借这一颠覆性的竞争策略，比亚迪在过去 10 多年里成功登上了全球电池制造业的“巅峰”	比亚迪一直以来都高度重视技术创新，每年的专利数量都处于国内领先地位。其突出的技术实力使得比亚迪在整合、吸收、消化和自主创新的道路上不断取得显著进展	2007 年，比亚迪迅速崭露头角，成为中国汽车业的焦点。在 2007 年上半年，比亚迪的销售增长速度超过行业平均水平 60%，连续荣获“产量增幅第一”“量增幅第一”“单品量第一”三项殊荣，成为中国增长最快的主流汽车企业，成功打破了“外行造车必败”的传统观念②	利用电池研发制造的技术优势和资金积累，拓展价值链，整合上下游资源，以争取在 3C 业务中占据一席之地。借助电池与电动汽车结合的理念进军汽车领域，以新能源汽车为突破口。在汽车技术中，有 5% 需要深度创新，其余部分已相对成熟，可通过模仿和创新来实现突破
编码	BCDEG	BCDEG	ABCDE	ABCDE	ABCDE	BCDEF	BCDEF

① https://www.chinatimes.net.cn/article/78858.html.

② 何春梅．比亚迪“袋鼠式”生存［J］．经营者，2008（Z3）：70-71.

（二）“双轮驱动”下的企业发展——以华为为例

为了更好地理解新质生产力对企业发展的影响，我们可以通过华为技术有限公司的案例来深入探讨。华为成立于1987年，是中国最大的民营企业之一，也是全球领先的ICT（信息与通信技术）解决方案供应商。华为的发展历程充分展示了企业家精神和双元创新如何赋能新质生产力，并推动企业在各个阶段实现持续成长和发展。

在华为的初创期，创始人任正非展现了强大的企业家精神，尤其是在创新和战略规划方面。任正非认识到，只有通过技术创新和市场探索，才能在竞争激烈的通信行业中站稳脚跟。在这一阶段，华为主要通过利用性创新积累经验和资本，为后续的探索性创新提供基础。华为一开始专注于低端市场，以生产用户交换机（PBX）起家。这一策略帮助华为在市场上迅速获得了立足之地，同时积累了宝贵的经验和资本。

任正非在创业初期展现出的企业家精神不仅体现在对市场机会的敏锐洞察力上，还体现在对技术和市场双元创新的执着追求上。他始终坚持“研发为王”的理念，推动公司不断投入大量资源进行技术研发，从而为后续的探索性创新奠定了坚实的基础。

华为在初创阶段通过不断改进和优化现有产品，实现了利用性创新，为后续的探索性创新打下了坚实基础。这一过程中的每一步都展示了企业家精神在推动新质生产力中的重要作用。随着华为的发展进入中期，企业家精神继续发挥着关键作用。此时，华为的核心竞争力已经显现，企业家精神集中体现在加速催化企业核心竞争力和推进双元创新方面。华为在这一阶段采取了“成本控制”和“逆向创新”两大策略，通过严格的成本控制，华为得以在价格竞争中占据优势。同时，华为通过逆向创新，即在吸收和借鉴国外先进技术的基础上进行本地化改进，进一步提升了产品质量和竞争力。

通过对技术和市场的双元创新，华为不仅在技术上实现了突破，还在市场上获得了竞争优势。任正非的冒险精神在企业中期也得以充分体现。他大胆进军国际市场，尽管面临各种挑战和风险，仍坚定地推进华为的全球化战略。华为在国际市场上的成功不仅依靠技术创新，还包括其对市场需求的敏锐把握和快速响应。这一阶段的企业家精神和双元创新使华为的整体实力得到进一步提升，为企业进入全球市场奠定了基础。

在企业发展的后期阶段，华为的企业家精神和双元创新继续共同推动企业成长。此时，华为不仅要保持对利用性创新的优势，还需要通过探索性创新实现产业转型升级。任正非在这一阶段强调对双元创新的合理分配和运用。华为持续加大对新技术的研发投入，同时保持对现有技术和市场的稳固。通过这种平衡策略，华为不仅保持了在传统通信领域的领先地位，还在云计算、人工智能、物联网等新兴领域取得了突破。

任正非认识到，只有不断进行技术研发和创新，才能在全球竞争中占据优势。华为每年将超过 10% 的销售收入投入研发，这一比例在全球企业中名列前茅。华为的研发中心遍布全球，吸引了大量顶尖的科技人才。在任正非的领导下，华为不断追求技术突破。例如，在 5G 技术上的领先地位，使其在全球通信市场上占据了重要位置。

华为的全球化战略是其成功的重要因素之一。任正非早在公司成立之初就意识到国际市场的重要性。华为通过在全球范围内设立分支机构和研发中心，积极参与国际竞争，并逐步赢得了国际市场的认可。例如，华为的设备广泛应用于全球多个国家和地区的通信网络中，成为全球通信设备市场的领导者。

华为的企业文化和价值观也是其成功的关键因素之一。任正非强调“以客户为中心，以奋斗者为本”的理念，激励员工不断追求卓越和创新。这种企业文化不仅提高了员工的积极性和创造力，也增强了公司的凝聚力和竞争力。

在追求商业成功的同时，华为也高度重视社会责任和可持续发展。华为积极参与各类公益事业，致力于推动科技创新和可持续发展。例如，华为在全球范围内推广绿色能源解决方案，助力减少碳排放，推动环保事业发展。

华为的成功不仅为其他企业提供了宝贵的经验和启示，也证明了企业家精神和双元创新在企业成长和发展中的重要作用。在任正非的领导下，华为通过不断的技术创新、市场开拓和全球化战略，实现了从初创期到中期发展，再到后期转型升级的全过程。华为的案例充分证明了企业家精神和双元创新在企业生命周期各个阶段中都起着至关重要的作用，为其他企业提供了宝贵的经验和启示。

通过华为的案例，我们可以清楚地看到，企业家精神和双元创新不仅是推动企业发展的重要动力，也是实现企业长期可持续发展的关键因素。无论是初创期的技术探索和市场开拓，中期的核心竞争力提升和全球化扩展，还是后期的产业转型升级和可持续发展，企业家精神和双元创新始终贯穿其中，成为企业不断前进的不竭动力。

在初创阶段，任正非凭借敏锐的市场洞察力和坚定的技术创新决心，带领华为在低端市场站稳脚跟，并通过不断的研发投入为未来的探索性创新打下了坚实基础。在中期发展阶段，任正非通过成本控制和逆向创新等策略，提升了华为的核心竞争力，并勇敢地开拓国际市场，使华为在全球市场上取得了显著成功。进入后期发展阶段，任正非继续推动双元创新，通过合理分配和运用研发资源，保持了华为在传统通信领域的领先地位，并在新兴领域实现了突破，推动了华为的产业转型升级。

在这一过程中，任正非始终坚持“以客户为中心，以奋斗者为本”的企业文化，激励员工不断追求卓越和创新。这种企业文化不仅提高了员工的积极性和创造力，也增强了公司的凝聚力和竞争力。此外，华为还积极履行社会责任，致力于推动科技创新和可持续发展，在全球范围内推广绿色能源解决方案，助力减少碳排放，推动环保事业发展。

华为的成功不仅为其他企业提供了宝贵的经验和启示，也证明了企业家精神和双元创新在企业成长和发展中的重要作用。通过不断的技术创新、市场开拓和全球化战略，华为实现了从初创期到中期发展，再到后期转型升级的全过程，为全球通信市场和科技创新领域作出了重要贡献。任正非的领导和企业家精神不仅成就了华为的辉煌，也为全球企业家和管理者树立了榜样，展示了企业家精神和双元创新在推动企业持续发展中的强大力量。

总体而言，华为的企业案例充分证明了企业家精神和双元创新在企业生命周期各个阶段的重要性。通过不断的技术研发、市场开拓和全球化战略，华为不仅在竞争激烈的通信市场中站稳脚跟，还通过产业转型升级和可持续发展，实现了企业的长期繁荣。这一过程中的每一个阶段，企业家精神和双元创新都发挥了关键作用，成为华为不断前进的动力源泉。

通过深入分析华为的成功经验，我们可以发现，企业家精神不仅是企业家个人的品质和能力，更是企业文化和价值观的体现。双元创新不仅是技术和市场策略的选择，更是企业持续发展的战略方向。华为的成功为其他企业提供了宝贵的借鉴，展示了企业家精神和双元创新在推动企业成长和发展的强大力量。通过不断的创新和探索，企业家精神和双元创新将继续推动华为乃至全球企业不断前进，实现更大的成就和发展。

（三）企业家精神引领下比亚迪与华为成长路径的对比

在企业发展的不同阶段，华为与比亚迪的案例提供了深刻的对比，展示了企业家精神是如何推动企业成长，实现新质生产力。通过详细比较这两家企业的历程，我们可以更好地理解这两个因素如何在企业的生命周期中发挥作用，并对企业的战略选择和发展路径产生重大影响。

比亚迪成立于1995年，最初专注于电池的生产。创始人王传福在公司初期展示了强大的企业家精神，特别是在技术创新和市场开拓方面。他深刻认识到电池产业的巨大潜力，并通过不断改进电池技术来积累技术实力和市场经验。在这一阶段，比亚迪的主要目标是利用性创新，即在现有技术基础上不断优化产品，提升性能，并逐步建立市场地位。王传福的战略不仅帮助比亚迪在电池市场上占据了一席之地，还为后续的双元创新打下了坚实的基础。这种阶段性的战略部署不仅帮助比亚迪建立了技术优势，也为其未来的成长奠定了重要的市场基础。

华为成立于1987年，初期专注于生产用户交换机（PBX）。创始人任正非在公司的早期阶段同样展现了强大的企业家精神，特别是在技术创新和市场拓展方面。华为通过利用性创新来积累经验和资本，专注于电信设备的研发和改进。任正非将华为定位为技术导向型企业，通过不断优化现有技术，为未来的探索性创新奠定了基础。在这一阶段，华为通过持续的技术改进和市场拓展，建立了稳固的市场地位，并为后续的双元创新作出了铺垫。这一策略不仅帮助华为在电信市场中获得了重要的市场份额，还为公司后续的发展创造了有利条件。

进入中期阶段，比亚迪开始将业务扩展到电动车和新能源领域。王传福推动了“成本杀手锏”和“逆向创新”策略，通过严格的成本控制和大规模生产，显著提升了公司在电动车市场上的竞争力。同时，比亚迪还积极开展市场拓展，建立了完善的销售和服务网络。这一阶段的企业家精神集中体现在加速企业核心竞争力的提升上，包括技术创新和市场策略的双元创新。这些措施不仅增强了比亚迪在电动车领域的市场地位，还推动了公司在全球范围内的业务扩展。比亚迪的成功不仅依赖于技术突破，还得益于其在市场上的积极布局和战略调整。王传福通过不断调整和优化公司的战略，确保了比亚迪在快速变化的市场环境中保持竞争优势。

华为在中期阶段采取了类似的双元创新策略。公司通过成本控制和逆向创新来提升核心竞争力。任正非推动了严格的成本管理和生产效率提升，使华为在价格竞争中占据了优势。同时，华为在吸收和借鉴国外先进技术的基础上进行本地化改进，进一步提升了产品的市场竞争力。在这一阶段，华为不仅专注于技术的优化，还在全球范围内扩展市场，展示了其强大的全球化战略。华为的成功不仅依赖于技术创新，还包括对市场需求的敏锐把握和快速响应。任正非的全球化战略和冒险精神使华为能够在国际市场上取得显著成功，并在全球通信领域中获得了重要地位。

在企业发展的后期，比亚迪注重对双元创新的合理分配和运用。公司不仅保持了在电动车领域的技术优势，还不断研发新型电池技术和新能源解决方案，以适应市场的变化和需求。比亚迪的企业家精神在这一阶段主要体现在对新技术的投入和市场战略的调整上，通过推动产业转型升级，实现了公司的可持续发展。公司还通过与其他企业和机构的合作，进一步推动了电动车产业的发展，展示了企业家精神在企业长期发展中的关键作用。比亚迪通过不断的技术创新和市场拓展，确保了公司在新能源领域的领先地位，并实现了全球市场的战略布局。

华为在后期的发展中也继续推动双元创新，保持对利用性创新的优势，同时积极进行探索性创新。公司在 5G 技术、人工智能、云计算等新兴领域取得了显著突破，实现了产业的转型升级。华为持续加大对研发的投入，推动技术创新，保持了在传统通信领域的领先地位，并在新兴市场上获得了重要地位。任正非的领导使华为能够在全球市场上保持竞争优势，并实现长期的可持续发展。华为的成功不仅在于技术创新，还包括对社会责任的高度重视，如推广绿色能源解决方案和推动环保事业。这种对社会责任的关注不仅提升了公司的品牌价值，也增强了其在全球市场中的竞争力。

综上所述，比亚迪和华为的案例展示了企业家精神和双元创新在不同企业的应用中各有特色，但都对企业的成长和新质生产力的实现发挥了关键作用。比亚迪通过电池技术和电动车领域的双元创新，提升了市场竞争力，并实现了产业转型升级。华为则通过在电信设备、5G 技术和新兴市场的双元创新，取得了全球市场的领导地位和长期可持续发展。这些成功经验不仅体现了企业家精神的力量，也反映了双元创新在实现新质生产力中的关键作用，为未来企业的发展提供了重要的借鉴和参考。比亚迪和华为的案例清晰地表明，通过不断的技术创新、市场开拓和全球化战略，企业家精神和双元创新在企业生命周期的各个阶段中发挥了至关重要的作用，推动企业不断前进，实现更大的成就和发展。

根据我们对比亚迪案例的深入研究以及比亚迪和华为发展路径的对比，我们能够得出如图 4 –4 所示的企业家精神与二元创新对企业成长的作用框架。

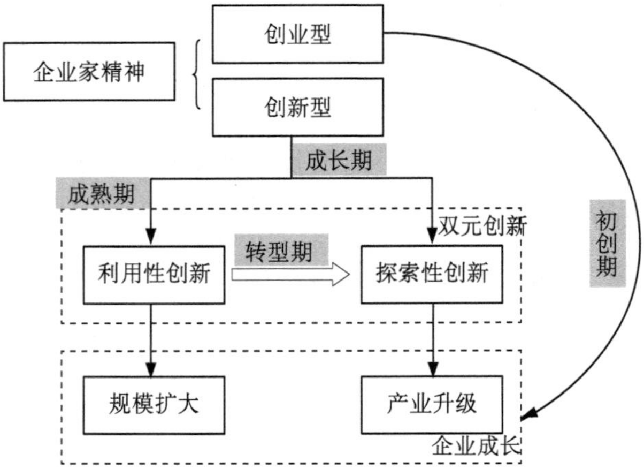

图 4 –4　企业家精神、双元创新对企业成长的影响机理

通过对上述案例的分析总结，针对不同生命周期阶段的企业，其所表现出的“企业家精神—双元创新—企业成长”的作用机理是截然不同的。在新质生产力研究中，企业家精神在不同阶段的作用机理也呈现出多样性。在初创期，企业家精神通过创业型和创新型两个维度影响企业的创立和发展，并对双元创新战略的选择起着关键作用；在成长期，个体企业家精神通过外延表征促进双元创新的不同方面，并与外部环境形成互动，形成双向促进机制。受到影响后，双元创新将通过企业规模扩张和发展潜力提升来增强企业核心竞争力，实现企业成长；在成熟期，企业将主要通过大规模实施利用性创新为未来的转型做好准备和支持；一旦转型时机成熟，企业将以利用性创新为跳板过渡到探索性创新，实现产业升级和企业成长，其中企业家精神的冒险和洞察力贯穿其中。

五、研究结论与建议

根据上述研究，可以得出以下结论：

（一）企业家精神在企业的不同阶段能够从不同维度对企业新质生产力产生影响

企业家精神在企业的不同阶段能够从不同维度对企业新质生产力的发展产生深远影响。在企业创立阶段，创业型精神和承担风险能力是企业家精神的核心体现。这一阶段的企业家通过敏锐的市场洞察力和勇于冒险的精神，帮助企业完成从无到有的创立过程，并选择适合的发展道路，为新质生产力的萌芽奠定基础。例如，初创企业通过技术创新或商业模式创新，往往能够开辟新的市场空间，推动新质生产力的初步形成。

随着企业成功度过初创期并进入成长期，企业家精神中的机会把握能力和市场协调能力开始发挥更为显著的作用。在这一阶段，企业需要通过扩大市场份额和提升规模效应来实现快速发展，而企业家对市场趋势的敏锐判断和资源整合能力成为关键。例如，通过精准的市场定位和高效的资源配置，企业能够加速技术迭代和产品升级，从而进一步提升新质生产力的水平。

当企业所在产业进入成熟期，企业家精神中的资源配置能力和敬业精神成为维持企业竞争力的核心要素。在这一阶段，企业家需要通过优化资源配置来稳定现有产业地位，同时利用部分资源开发更具潜力的新兴产业或对现有产品进行改良。例如，通过推动节能环保技术的应用或提升产品的便携性，企业能够在成熟市场中找到新的增长点，为新质生产力的持续发展注入活力。

在企业进入变革期时，企业家精神中的创新精神和承担风险能力再次成为决定性因素。这一阶段的企业需要通过技术突破或战略转型来应对市场变化，而企业家的创新思维和风险承担能力将直接影响变革的方向和时机。例如，通过推动数字化转型或布局前沿技术领域，企业能够在变革中实现新质生产力的跨越式发展。

因此，企业家精神在企业的不同阶段能够从不同维度对新质生产力的发展产生重要影响。从初创期的创业精神到成长期的市场协调能力，再到成熟期的资源配置能力和变革期的创新精神，企业家精神始终是新质生产力发展的核心驱动力。因此，企业应根据不同阶段的需求，有针对性地培养和激发企业家精神，充分发挥企业家在资源配置、变革创新和社会价值创造等方面的才能[①]，推动新质生产力的持续提升和企业的高质量发展。

（二）企业家精神能够通过双元创新的中介效应对企业新质生产力产生影响

通过案例分析我们发现，企业家精神在赋能新质生产力的研究中大部分时期都是通过双元创新来对企业的发展产生影响的。在利用性创新方面，企业家通常会在新质生产力的成熟期通过资源配置能力等对其产生影响，并进而影响产业的发展，帮助企业在原有领域稳定地位或者进一步发展。而在探索性创新方面，企业家精神往往能够在新质生产力的成长期和转型期对其产生影响，决定企业是否选择双元战略以及企业今后的前进方向等。因此，需要协同推进企业家精神与双元创新对新质生产力的促进作用。通过发展共享经济、搭建人才交流平台等来增强企业在不同层面的发展力，通过多维度的促进效应最大限度地为企业家精神促进新质生产力提供支持。

---

① 冯伟，李嘉佳．企业家精神与产业升级：基于经济增长原动力的视角［J］．外国经济与管理，2019，41（6）：29－42.

（三）双元创新是一个动态过程，它会随着前创业者的创业经验和外部环境的迭代积累而发生变化

企业需要不断修正双元创新战略以适应动态的市场环境。在实施过程中，企业家的良好企业家精神至关重要，他们需要对新质生产力研究中的市场动态进行准确识别，抓住机遇、规避风险，降低市场环境的不确定性，提高双元创新战略的适应性。只有如此，企业才能实现理想的创新成果，帮助企业在新质生产力研究领域稳步前行。企业家应该具备前瞻性思维，善于洞察市场变化，灵活应对不断变化的商业环境，不断优化和调整战略，以确保企业始终保持竞争优势。同时，他们还应注重团队建设，培养员工的创新意识和团队合作精神，激发团队的创造力和执行力。通过持续的创新和不断的调整，企业可以更好地适应市场的变化，保持竞争力并实现可持续发展。因此，企业家的作用不仅在于制定战略，更在于引领团队不断进取，推动企业不断创新和发展。这种积极的企业家精神是企业成功的关键所在，也是企业在市场竞争中立于不败之地的重要保障。

六、本章小结

在企业家精神赋能新质生产力发展研究领域，必须通过调整创新决策和主动变革策略，以适应技术快速迭代和市场动态变化的需求。在创新决策方面，企业需要确保创新者能够主导整个创新过程，包括产品设计、资源配置以及技术路线的选择，充分尊重企业家精神和对市场变化的敏锐洞察力。同时，企业应建立容错机制，允许在创新过程中出现一定程度的失败，并将其视为推动新质生产力发展的重要学习机会。在主动变革方面，营造一个鼓励内部创业的环境至关重要，特别是要避免官

僚主义对企业家精神的抑制。企业可以通过扁平化组织结构和去中心化管理模式，赋予创新团队更高的自主权和灵活性，使其能够快速响应技术趋势和市场变化。此外，企业还需积极推动制度、组织结构和文化的创新，打破传统层级结构的束缚，激发员工的创造力和主动性，以配合新质生产力的发展需求。同时，为满足开放式创新的需求，企业应避免无谓扩大规模，而是聚焦于核心竞争力的提升和创新生态的构建。通过与高校、科研机构、供应链伙伴以及初创企业的深度合作，企业可以整合外部创新资源，加速新质生产力的形成和应用。

总而言之，在企业家精神的驱动下，企业必须通过创新决策的优化和主动变革的推进，构建一个灵活、开放、包容的创新生态系统，以创新引领新质生产力发展，从而最终实现企业的长期可持续发展。

第五章

企业家精神赋能新质生产力的理论机制与路径分析

新质生产力是新时代我国经济社会高质量发展的必然产物。为深度解决发展不平衡不充分的挑战，亟须构建以创新驱动为核心的发展引擎，逐步转型超越传统的人力密集型与资源能源依赖型增长路径，实现由成本导向向创新引领的跨越，催生新兴产业，激发新增长点，构建竞争优势新格局。相较于高速增长阶段，高质量发展阶段在要素构成、配置策略、发展范式及动力机制上均发生了深刻变革，这迫切要求全面深化动力结构、效率水平及质量标准的转型升级，通过提升全要素生产率的综合效能，加速形成创新驱动的发展范式。这一系列变革不仅为新质生产力的形成与发展铺设了坚实基础，也标志着我国经济社会发展步入了一个更加注重内涵增长与可持续性的新阶段。

尽管在20世纪初期，Schumpeter、Knight就已经关注到了企业家精神，但关于企业家精神的经济分析在学术界一直没有受到应有的关注。直到20世纪60年代中期之后，内生经济增长理论成为可能。20世纪80年代，学者们开始重视经济增长中知识和专业化的重要作用，垄断竞争均衡和新制度经济学的发展，也都为企业家精神的研究创造了便利条件。近年来，企业家精神的作用已引起了众多学者的广泛关注，被认为是培养创新文化、维持国家竞争力和经济增长的重要驱动力量。然而，随着科技的飞速进步和新兴产业的不断涌现，新质生产力的出现为这一研究领域创造了新的挑战与机遇。

目前学术界对于企业家精神与新质生产力发展的研究相对较少，过往对生产力的类似研究大多聚焦于经济高质量发展的路径、数字经济的崛起等方面，倾向于从单一维度剖析经济增长的驱动力。这些研究或是孤立地考察企业家精神与经济增长的相互作用（庄子银，2005）[①]，或是局限于企业家精神的具体层面，如企业家职能（郑江淮、曾世宏，2010）和企业家资本（郑江淮、曾世宏，2010）[②]，探讨其如何驱动经济增长模式的转型。尽管有少数研究试图揭示企业家精神转变经济增长方式的内在逻辑（曾铖等，2015）[③]，却未能充分融入社会主要矛盾变迁的宏观背景，特别是未考虑到需求结构已从超额需求逐步过渡到饱和需求的现实情境（周密、刘秉镰，2017）[④]，进而忽视了企业家精神在精准捕捉市场需求变化、驱动技术创新及促进产业结构优化升级中的关键作用。因此，关于企业家精神如何有效促进新质生产力发展的具体机制及其背后的逻辑链条，尚需进一步深入剖析与明确。目前学术界对于企业家精神与新质生产力发展的研究相对较少，过往对生产力的类似研究大多聚焦于经济高质量发展的路径、数字经济的崛起等方面，倾向于从单一维度剖析经济增长的驱动力。而新质生产力作为变革传统、追求先进的生产力，将劳动者的主观能动性同劳动对象和生产资料充分融

① 庄子银．企业家精神、持续技术创新和长期经济增长的微观机制［J］．世界经济，2005（12）：32－43＋80.

② 郑江淮，曾世宏．企业家职能配置、R&D 与增长方式转变——以长江三角洲地区为例［J］．经济学（季刊），2010，9（1）：73－94.

③ 曾铖，郭兵，罗守贵．企业家精神与经济增长方式转变关系的文献述评［J］．上海经济研究，2015（2）：120－129.

④ 周密，刘秉镰．供给侧结构性改革为什么是必由之路？——中国式产能过剩的经济学解释［J］．经济研究，2017，52（2）：67－81.

合，正逐渐成为实现中国式现代化的重要牵引力（张林、蒲清平，2023）①。尤其是当前我国经济由高速增长阶段转向高质量发展阶段的背景下，更需要对企业家精神如何赋能新质生产力发展的作用机理进行深入研究。

一、理论基础

（一）企业家精神的内涵界定

“企业家精神”，作为企业家在创立、运营及管理企业过程中所展现出的综合能力与特质，构成了企业不可或缺且独具特色的无形资产，其概念最初由 Knight 所界定②。当前研究广泛涉猎企业家精神的多维度探讨，包括其定义范畴、量化评估方法、影响因素剖析、引致成效分析以及这些成效背后的作用机理。

然而，在企业家精神的概念界定上，学术界尚未形成完全一致的理解。尽管如此，多数研究倾向于从三个核心视角——个体特质、行为模式及外部环境出发，对既有研究成果进行系统梳理与分析。具体而言，部分学者聚焦于企业家个体层面，通过探讨其独特的人格魅力，力图解答“何为企业家?”及“企业家应具备哪些核心个性特征?”的问题；另有一部分学者则转向企业家实际行动的层面，研究“企业家如何行动?”及“这些行动应具备何种行为特征?”；此外，还有学者强调企业家精神的动态性与适应性，认为其概念并非固定不变，而是随着外部环境的变化而不断演进，展现出“因时制宜、因地制宜”的鲜明特征。

---

① 张林，蒲清平．新质生产力的内涵特征、理论创新与价值意蕴［J］．重庆大学学报（社会科学版），2023，29（6）：137－148.

② Knight, F. H. Risk, Uncertainty and Profit［M］. New York: Houghton Mifflin, 1921.

表5－1便是对这些不同研究视角及其核心观点的精炼总结。

表5－1　　企业家精神的概念汇总

切入视角	作者	概念内涵
个体特征视角	Schumpeter	不断创新的精神①
	Hebert	丰富的想象力、标新立异、坚定决心②
	车云景	开拓创新、诚信包容、精诚协作、追求卓越③
	毛一翔	创新能力、进取意识、工匠精神、国际视野、爱国情怀④
行为特征视角	Drucker	发现并把握市场机会，用来实现自身目标来满足社会的需要的行动⑤
	Casson	将经济资源从生产率较低产量较小的领域转移到生产率较高产量较大的领域的行动⑥
	Marshall	消除市场不均衡性的行为⑦
环境视角	汪岩桥	生产力和制度的变化会改变企业家精神的内涵⑧
	王敏	不同的企业生命周期对应不同的企业家精神内涵⑨

本书在熊本特、奈特企业家理论和C－S模型的基础上，借鉴产业经济学的研究成果，从区域整体的企业家活动出发，认为企业家精神不仅包括企业家的个体特征，更为重要的是，它是一种区域性现象，是反

① Schumpeter J, Backhaus U. The theory of economic development [M]. Holland: Springer, 1934.

② Hebert, R and Link, A. In Search of the Meaning of Entrepreneurship [J]. Small Business Economics, 1989 (1989): 39－49.

③ 车运景．“独角兽”企业爆发源——新时代企业家精神 [J]. 中外管理, 2018 (4): 28－29.

④ 毛一翔．新一轮改革开放呼唤新时代企业家精神 [J]. 红旗文稿, 2018 (10): 20－22.

⑤ Drucker P F. Entrepreneurship and Innovation: Practice and Principles [M]. New York: Harper Business, 1985.

⑥ Mark C Casson. Entrepreneurship and Business Culture [M]. Aldershot, Hants, England, 1995.

⑦ Marshall A. Principles of political economy [M]. Maxmillan, New York, 1890.

⑧ 汪岩桥．关于企业家精神的思考 [J]. 浙江社会科学, 2004 (3): 157－162.

⑨ 王敏．基于企业家精神视角的中小企业创业创新研究 [J]. 理论学刊, 2012 (7): 48－52.

映企业家群体的社会角色、主体力量的表征，具有多样化的区域制度环境背景特征。虽然由于企业家个体差异以及区域制度环境不同，企业家精神会呈现多样化特点，但是，仍能从企业家及企业的日常行为中捕捉到企业家精神的共性特征，主要包括以下四个方面：

（1）创新精神。企业家的创新精神是企业家最根本的特征，是熊彼特式的创新，包括企业家的创新知识、技能等自身特征，也包括企业家通过各种变革、创造等途径，充分利用资源、配置资源，开发新产品、开辟新市场，获取超额利润的综合能力。在区域层面，这种创新精神主要表现为制度的变革、市场的开放、技术进步和居民素质提升等。

（2）创业精神。无论是低层次的生存型创业，还是高层次的机会型创业，企业家的创业精神都是企业家精神的核心内容，通常包括以下特征：自信执着、较强的创业意向、对成功的渴望、适应性调整能力、管理才能以及较好的教育背景、职业背景、家庭背景、初始禀赋等。在区域层面，这种创业精神主要表现为新企业创建、私营企业经营状况等。

（3）承担风险的精神。坎蒂隆、奈特等经济学家认为，企业家天生具有冒险精神，存在较强的风险偏好，应对经济活动中的不确定风险是企业家的基本职能，也是企业家与其他职业的主要区别。尤其是在创建新企业、开发新产品的初始阶段，风险系数极高，需要企业家作出准确的决策并能承担后果。在区域层面，这种承担风险的精神主要表现为环境的优化、政府的支持、风险投资的介入等。

（4）协同合作精神。企业和企业家在成长过程中，离不开专业化的协作。特别是在高层次的创新活动中，需要企业家充当桥梁的作用，将政、产、学、研等创新要素集聚在一起。企业家必须具备较高的协调沟通能力，不仅要提高自身的影响力，还要能调动其他要素资源广泛参与企业的创新活动。在区域层面，这种协同合作精神主要表现为产学研合作、创新资源整合等。

（二）企业家精神的测量

关于企业家精神的量化研究，重中之重的是要解决如何对企业家精神进行测度的问题。关于企业家精神的测量，现有文献主要分为主客观两种方法，即开发量表和测量指标。

开发量表。在企业家精神的量化研究领域，Miller 与 Friesen 率先界定了其三大基石：创新力、冒险倾向与前瞻行动性，这三者成为衡量个体或组织企业家精神的核心标准①。随后，Covin 与 Slevin 在此基础上构建了企业家精神的评估量表，进一步推动了该领域的量化分析②。近年来，国内研究热潮涌动，彭国红综合 Covin、Slevin 及 Morris 的研究成果③，将企业家精神细化为创新精神、主动进取精神及冒险精神三大维度，并据此设计了一套成熟且系统的测量工具④。基于上述面向个体的企业家精神评估框架，陈忠卫与雷红生则聚焦于创业团队层面，创新性地提出了包含风险共担、认知共享、协同奋进及集体创造力在内的四维测度体系，为团队层面的企业家精神评价提供了新视角⑤。

测度指标。为了更加客观、精准地捕捉企业家精神，学者们不仅依赖于成熟的量表，还引入了一系列具体、可量化的指标，这些指标有效剔除了主观偏见的影响，通过客观数据来直接反映企业家精神的实践状态。具体采用的测度指标概览可见于表 5 - 2，这些指标的应用进一步丰富了企业家精神量化研究的工具箱。为了全面反映企业家精神的内涵，兼顾本书研究目标与数据的可得性，本书参考已有研究成果，选用

---

① Glick W H, Miller C. Organizational Change and Redesign: ideas and insights for improving performance [M]. New York: Oxford University Press, 1993.

② Covin J G、Slevin D P. A conceptual model of entrepreneurship as firm behavior [J]. Entrepreneurship Theory and Practice, 1991 (1): 7 - 25.

③ Morris M H, Kuratko D F. Corporate entrepreneurship [M]. Fort Worth, TX: Harcourt Cllege Publishers, 2002.

④ 彭国红. 企业家精神对组织创新的影响 [D]. 武汉大学学位论文, 2011.

⑤ 陈忠卫, 郝喜玲. 创业团队企业家精神及其测量 [J]. 商业经济与管理, 2008 (9): 23 - 27.

企业专利申请数、人均固定资产、人均收入、人均无形资产以及董事会独立性对企业家精神进行综合测量①。

表 5-2　　企业家精神主要测度指标

角度	测度指标	学者
宏观角度	自我雇佣率	Parker②
	私营企业雇佣率	罗曼予、朱念③；曾铖、李元旭④；陈逢文、郑圣楠、付龙望⑤
	新企业更替率	Faggio G，Silva O⑥
微观角度	人均固定资产、人均无形资产、专利申请数、董事会独立性和人均收入 5 个指标建立指标体系	叶作义、吴文彬⑦
	从创新性、企业家人力资本积累、责任意识 4 个角度建立指标体系	王飞、丁苏闽⑧

① 李琦，刘力钢，邵剑兵．数字化转型、供应链集成与企业绩效——企业家精神的调节效应［J］．经济管理，2021，43（10）：5-23.

② Parker S C. The Economics of Entrepreneurship ［M］. Cambridge University Press. Cambridge, 2009.

③ 罗曼予，朱念．企业家精神与经济增长关系的实证研究［J］．商业经济研究，2015（7）：97-99.

④ 曾铖，李元旭．试论企业家精神驱动经济增长方式转变——基于我国省级面板数据的实证研究［J］．上海经济研究．2017（10）：81-94.

⑤ 陈逢文，郑圣楠，付龙望．企业家精神、人力资本与中国经济发展——基于 2005—2014 年省级面板数据的实证分析［J］．福建论坛（人文社会科学版），2018（11）：67-76.

⑥ Faggio，G.，& Noorderhaven，N. Entrepreurial attitude and economic growth：A cross-section of 54 regions ［J］. The Annals of Regional Science，2004（2）：199-218.

⑦ 叶作义，吴文彬．企业研发投入的驱动因素分析——基于中国上市公司企业家精神角度［J］．上海对外经贸大学学报，2018（2）：40-51+86.

⑧ 王飞，丁苏闽．企业家精神、融资约束与企业僵尸化的关系研究［J］．工业技术经济，2019（6）：145-151.

二、企业家精神对新质生产力的影响研究

（一）企业家精神与新质生产力

新质生产力是以创新起主导作用，摆脱传统经济增长方式、生产力发展路径，具有高科技、高效能、高质量特征，符合新发展理念的先进生产力质态（李政、崔慧永，2024）①。企业是创新的主体，以企业家精神引领新质生产力发展，有利于企业持续创新，推动新质生产力加快发展，而发展新质生产力就是实现高质量发展的主要路径（徐政等，2023）②。

自改革开放以来，中国经济历经了长达数十年的强劲增长，成功跃居全球第二大经济体，这一非凡成就被誉为“中国奇迹”。在这一转型与崛起的历程中，企业家精神无疑扮演了核心引擎的角色，是推动中国经济高速发展的关键力量（张玉利等，2018）③。当前，中国经济正处于由高速增长向高质量发展的深刻转变之中，经济增长的动力结构正逐步从传统的要素依赖向创新驱动转型，这进一步凸显了激发企业家精神的重要性。在新时代的背景下，新质生产力的蓬勃发展迫切需要企业家精神的引领与催化。具体而言，企业家精神在促进技术创新方面展现出巨大潜力。正如 Schumpeter 所阐述，企业家通过实施“创造性毁灭”

---

① 李政，崔慧永．基于历史唯物主义视域的新质生产力：内涵、形成条件与有效路径［J］．重庆大学学报（社会科学版），2024，30（1）：129－144.

② 徐政，郑霖豪，程梦瑶．新质生产力赋能高质量发展的内在逻辑与实践构想［J］．当代经济研究，2023（11）：51－58.

③ 张玉利，谢巍．改革开放、创业与企业家精神［J］．南开管理评论，2018，21（5）：4－9.

策略，不断推动技术创新，从而为经济的长远增长奠定坚实基础①。Baumol 进一步强调了企业家精神作为经济增长不可或缺的特殊生产要素的地位②。实证研究亦表明，在中国情境下，企业家精神同样能够显著促进技术创新，加速经济增长模式的根本性转变（曾铖等，2017）③。这一过程不仅打破了传统生产方式的桎梏，还有效缓解了资源与环境对经济发展的制约，提升了经济活动的集约化水平，为中国经济的可持续发展注入了强大动力（陈昌兵，2018）④。因此，企业家精神不仅是新时代中国经济高质量发展的核心驱动力，更是推动新质生产力不断跃升的重要源泉。

弘扬企业家精神，充分释放其内在潜能，对于达成中国创新驱动发展战略的核心目标具有深远意义，能够有效提升整体经济体系的全要素生产率。在此进程中，企业家精神扮演了优化资源分配的关键角色。具体而言，企业家通过创新与创业活动，不仅推动了企业数量的增长，拓宽了市场竞争的边界，还促进了生产要素的自由流通，加速了资源要素的市场化配置过程（贺晓宇等，2018）⑤，这一动态过程显著增强了市场活力。此外，企业家行为还显著丰富了市场供应，不仅增加了产品种类与数量，更通过提升供给质量，优化了供给结构，为深化供给侧结构性改革提供了强大动力，这恰是推动经济向新质生产力转型的必然路径。进一步而言，企业家精神在促进知识转化与溢出方面亦展现出独特价值。Braunerhjelm 等人的观点指出，基础知识的直接生产力有限，需

---

① Schumpeter J, Backhaus U. The theory of economic development [M]. Holland: Springer, 1934.

② Baumol W J. Entrepreneurship: Productive, unproductive, and destructive [J]. Journal of Political Economy, 1990, 98 (5): 893 –921.

③ 曾铖，李元旭. 试论企业家精神驱动经济增长方式转变——基于我国省级面板数据的实证研究 [J]. 上海经济研究，2017 (10): 81 –94.

④ 陈昌兵. 新时代我国经济高质量发展动力转换研究 [J]. 上海经济研究，2018 (5): 16 –24 +41.

⑤ 贺晓宇，沈坤荣. 现代化经济体系、全要素生产率与高质量发展 [J]. 上海经济研究，2018 (6): 25 –34.

转化为应用知识方能驱动生产发展。然而，两者常受知识转化障碍的桎梏。企业家凭借其敏锐的洞察力、勇于承担风险的精神以及成功的商业化运作，成功跨越了这一障碍，不仅促进了基础知识向应用知识的有效转化，还触发了显著的知识溢出效应①，为经济增长注入了新的活力与动力。企业家精神通过这种知识溢出效应，为新质生产力的形成与发展提供了关键支撑。它不仅推动了新技术、新产品的不断涌现，还促进了生产方式的变革和生产效率的提升，为新质生产力的发展注入了新的活力与动力。

新质生产力，作为经济增长的新动力源泉，其核心在于创新驱动下的高质量增长。现有文献虽已广泛探讨企业家精神与经济增长之间的理论联系与实证关系，但仍存在显著的研究空白。这些研究多建立于完全信息及理性行为假设之上，遵循新古典经济学框架中“偏好内在稳定”的理念，却往往忽视了需求认知的复杂过程。特别是在中国改革开放的深入阶段，消费需求已从基本生存型向多元化、个性化转型，需求结构亦由供不应求迈向饱和乃至潜在过剩状态。若仍固守生产导向的传统工业化模式，忽视居民消费习惯、消费观念的深刻变革，将导致供需两侧的结构性脱节加剧，表现为供给无法精准对接需求的新特征，进而诱发产能过剩与供给短板的双重挑战，最终阻碍经济持续健康发展，形成结构性减速困境。鉴于此，本书强调，为实现供需两侧的有效匹配与协同进化，亟须激发企业家精神在需求发现与创新引领方面的独特作用。企业家应具备洞察未来趋势、引导乃至创造新需求的能力，从而突破需求端偏好对供给端的束缚，促进供需结构的动态优化与合理对接。然而关于企业家精神和企业新质生产力两者关系的研究相对较少。已有研究从理论视角归纳出企业家精神能推动新质生产力形成。企业是创新的主体，培育企业家精神能激发企业持续创新活力，推动新质生产力加快发

---

① Braunerjelm P, Acs Z J, Audretsch D B. The missing link: Knowledge diffusion and entrepreneurship in endogenous growth [J]. Small Business Economics, 2010 (2): 105 - 125.

展（徐政等，2023）。企业家精神构成了技术创新活动的核心驱动力，现代科技进步紧密依存于这种开拓性特质，而新质生产力形态的演进同样以企业家精神作为关键性构成要素（斯晓夫等，2024）。在现有实证研究中发现企业家精神能作为中介变量（申杰等，2024）、调节变量（温科和李常洪，2025；贾晓霞和广唯伊，2024）来影响赋能企业新质生产力的作用机理，值得注意的是，现有文献尚未系统性地将企业家精神纳入解释变量框架，以深入探究其赋能企业新质生产力动态的传导路径与作用机理。因此，深入剖析企业家精神与新质生产力之间的内在联系，不仅对于培育经济新增长点、激发经济新动能具有重要的理论指导意义，也为推动我国经济向高质量发展阶段迈进提供了宝贵的实践启示。

（二）企业家精神影响新质生产力发展的理论机制

1. 企业家精神的需求认知是破解需求侧制约的关键

我国社会的主要矛盾已经转化为人民日益增长的美好生活需要和不平衡不充分的发展之间的矛盾，从物质文化需要到美好生活需要，说明我国居民的消费需求结构已经发生重大变化，主要表现在横向维度上的范围扩展和纵向维度上的层次提升（高培勇等，2019）[①]。依据国家统计局对居民日常消费的细致分类，通过对比消费性支出与可支配收入增长速率，1993年至2018年间，居民日常消费可明确区分为基本生活必需品与选择性非必需品两大范畴。前者涵盖“食品、衣着、家庭设备及维护服务”，而后者则包括“居住、交通通信、教育文化娱乐、医疗保健”等。随着我国生产力的持续提升，民众对基本生活必需品的消费逐渐趋于饱和状态，而对高品质、非必需品的消费需求则显著增强，消费模式正经历由基础“生存型”向高级“享受与发展型”的深刻转

① 高培勇，杜创，刘霞辉，袁富华，汤铎铎．高质量发展背景下的现代化经济体系建设：一个逻辑框架［J］．经济研究，2019，54（4）：4－17.

变（袁富华，2016）[①]。当前，社会主要矛盾的核心已从总量性的供需失衡转向结构性的供需不匹配。若继续沿用生产导向的传统生产模式，忽视消费者偏好的多元化、消费能力的差异化，以及消费者在市场中的核心地位，势必导致生产与消费之间的严重脱节，进而诱发产能过剩、储蓄过剩与资产泡沫等结构性难题。因此，亟须激发企业家的前瞻性需求洞察力与创新能力，他们应能够敏锐捕捉并预测消费趋势，精准定位需求对象与内容，依据供给侧与需求侧的动态对接要求，主动调整供给结构以适应需求结构的变化。这一过程不仅是减少无效供给、提升供给体系整体质量的关键路径（高培勇，2019）[②]，也是推动新质生产力发展、迈向高质量发展阶段的必由之路，对于构建供需动态平衡、促进经济持续健康发展具有深远的理论与实践意义。

2. 企业家精神的创新创业特征推动产业结构升级

产业作为经济的基石，是生产力变革的直接体现，产业现代化体系不仅映射着国家生产力的发达程度，也是衡量经济现代化水平的关键指标。新质生产力的蓬勃发展，促使主导产业与支柱产业不断迭代更新，引领产业结构和形态的持续优化[③]。在这一过程中，战略性新兴产业与未来产业，以其高度的创新性、技术密集性和广阔的发展前景，成为引领发展的新引擎，这对于加快构建现代化产业体系具有深远意义。

企业家精神的核心在于识别并创造不均衡状态，前者体现为企业家的敏锐洞察与警觉能力，后者则通过产品与服务的革新及技术进步，开辟新兴市场，吸引新用户，进而提升市场运作效率（张维迎、盛斌，2004）[④]。作为企业家精神精髓的创新创业，是推动经济结构优化升级

① 袁富华．供给主导转向消费需求主导：长期增长过程的调整与效率模式取向［J］．学术研究，2016（10）：79－89＋177－178．

② 高培勇．理解、把握和推动经济高质量发展［J］．经济学动态，2019（8）：3－9．

③ 张林，蒲清平．新质生产力的内涵特征、理论创新与价值意蕴［J］．重庆大学学报（社会科学版），2023，29（6）：137－148．

④ 张维迎，盛斌．论企业家：经济增长的王国［M］．北京：生活·读书·新知三联书店，2004．

的首要驱动力。在精准预判消费者需求趋势的基础上，企业家需依托创新创业机制，高效组织生产活动，以响应消费者对产品与服务品质日益增长的期望，从而化解供给体系与需求结构之间的错位与冲突。供需结构矛盾的根源，可追溯至过往高速增长阶段（即低质量发展阶段）中，政府主导资源配置模式及其对经济发展的直接干预。这种模式下，资源过度集中于已现产能过剩的领域，导致各行业内部效率低下，产业结构低端化特征显著。与此同时，创新驱动型产业却面临资源匮乏，高质量、高附加值产品供给严重不足，最终形成产能相对过剩与供给短板并存的复杂局面。鉴于我国正处于由工业经济向服务经济转型的关键节点，唯有充分激活企业家精神的创新创业特质，聚焦于供给侧结构性改革，以提升供给体系质量为核心任务，方能引领并激发新需求，构建起以现代服务业为主导，中高端产品与服务为核心的产业结构，实现产业体系的全面升级。以教育服务、技术咨询等知识密集型产业为例，这些领域因产品具有信任品特性，消费者往往受限于专业知识，难以明确自身需求及满意度提升路径。在此情境下，企业家需扮演关键角色，通过持续优化"用户体验"，精准匹配并超越消费者期待，以供给端的创新引领需求创造，借助产品创新提升供给品质，并依托创业活动作为载体，持续推动产业结构向更高层次演进。与此同时，新质生产力的引入和应用，使得不同产业之间的边界逐渐模糊，产业融合发展的趋势日益明显。新技术、新模式的引入，促进了不同产业之间的深入合作与整合，形成了新的产业链和价值链。这种产业融合发展也有利于提升整体产业效率、降低生产成本，实现产业结构的优化。

3. 企业家精神推动经济增长

企业家精神首先通过技术创新引领资源配置优化，推动产业结构向高端化升级，此部分前文已详述，故不再重复。其次，制度环境作为变量，通过调整企业家的报酬结构，进而影响其职能定位与决策行为，而报酬结构及未来预期则可能塑造经济增长的路径依赖。当前，我国正处于经济增长模式转型的十字路口，亟须通过制度创新实现从技术模仿向创新驱动的跨越。值得注意的是，制度创新往往源自外部冲击与要素价格变动的触发，而企业家及其精神正是对此类变化最为敏锐的感知者与响应者，因此，在制度变迁的进程中，企业家精神将扮演引领与主导的角色（焦斌龙、冯文荣，2007）[①]。再次，从管理要素投入的角度来看，企业家精神作为一种高级知识资源，兼具配置与激励的双重效能。作为生产要素之一，它不仅直接提升产出效率，还通过激发劳动者的积极性与创造力，间接促进整体生产效能的飞跃。最后，依据新增长理论，企业家精神作为高级人力资本的典范，通过“边干边学”的实践与知识溢出效应，不仅加速本地区的技术创新步伐，还为那些具备一定人力资本基础的后发地区提供了赶超的契机，促进了区域经济的均衡与协调发展。综上所述，企业家精神是推动增长模式转型的关键力量，它通过强化新质生产力对经济增长的驱动力，为经济的长期稳定增长奠定了坚实基础。

（三）企业家精神影响新质生产力的路径分析

1. 企业创新能力

新质生产力，作为现代经济发展的重要驱动力，其核心在于技术革新、组织优化及知识资本的高效转化。企业家作为这一变革的引领者，其决策与行动直接影响着新质生产力的发展。企业家在经营实践中展现出高度的灵活性，一方面，他们不断根据市场反馈与政策环境变化进行适应性调整，确保企业稳健运行；另一方面，则致力于技术创新，以新技术、新产品或新服务打破市场边界，开辟新的增长点，它通过增加企业的数量刺激竞争。虽然这本身也促进了新质生产力的发展，但这是个累积的现象，对于一个新的创意，竞争比垄断更有利于知识的外部性。新创意、新技术在竞争中的快速传播与应用，促进了行业整体技术水平

---

① 焦斌龙，冯文荣．企业家转型与经济增长方式转变［J］．当代经济研究，2007（2）：34－37＋73.

的提升和产品服务的多样化。企业家通过参与竞争，不仅加速了自身的学习曲线，还促进了行业内外的知识共享与合作，从而构建了更加开放、包容的创新生态系统。这种基于竞争的知识外溢，是新质生产力持续增长的关键动力。因此，企业家精神通过竞争促进企业和产品两方面的创新赋能新质生产力的发展，从而实现经济高质量发展。

企业家精神带动市场竞争促进企业创新。在市场经济中，随着大量中小企业的进入，企业数量的增加逐渐分散了市场结构，提高了市场的竞争程度。新企业在成立时，会面临着诸多不确定性，如新企业的战略规划是否适应市场需求，新企业是否要继续承担原有企业的社会责任，面对的市场偏好是否改变，组织管理能力是否完善（Audretsch 和 Kilbach，2004）①。相对于市场中在位企业的先天成本优势，新企业必须具备足够的实力，以防止处于一个不利的位置。当然，这些不确定性使新企业面对激烈竞争的同时，也会给企业带来更多的机会。对于在位企业来说，当市场中产生新进入者时，所产生的竞争将会削减自己的收益（Bae 等，2014）②。那么对市场机会的把握，将是新企业和在位企业重点关注的对象。市场竞争的加剧，若威胁到在位企业的生存和发展，在位企业将会试图提高创新能力，获取更多利润，这会促进企业家精神的发挥。竞争所产生的创新将会同时带动创业活动，从而带动了新质生产力的发展，最终实现地方经济高质量发展。

企业家精神引领企业内部持续产品创新。对于市场经济来说，产品过剩是一种常见现象。那么，产品创新也是企业在竞争中处于不败之地的关键。企业只有通过产品创新来适应市场需求，才能在竞争中谋得一席之地。当新产品进入市场时，会在短期内具有一定的垄断优势，这会使企业通过降低产品价格，扩大规模，迅速占领消费市场，进而获得巨

---

① Audrestch D B, Keilbach M. Entrepreneurship and regional growth: An evolutionary interpretation [J]. Journal of Evolutionary Econnomics, 2004, 14 (5): 605 - 616.

② Bae T J, Qian S, Mian C, et al. The reloinkip between entrerer ship education and entepreneurial inentonsn A meta analyic review [J]. Entrepre - neurship Theory & Practice, 2014, 38 (2): 217 - 254.

大的收益。在位企业由于会担心其他竞争对手的模仿，而持续地降低经营成本，并且不断地提高产品数量，在这过程当中，丰富了产品市场，繁荣了市场经济（Shaw 等，2013）①。新产品的出现，会逐渐取代市场中原有的旧产品，体现出熊彼特所提出的“创造性破坏”的特征，在这过程中，企业会竞相降低生产成本以提高生产效率，维护原有产品的市场地位，从而间接促进经济高质量发展。当新产品的市场占有率达到一定规模后，在位企业必然无法阻止竞争对手的模仿，从而动摇了原创企业的垄断地位，刺激更多企业的投资，促进经济高质量发展（郝颖等，2014）②。同时，产品创新通常会导致新企业的出现，甚至会发展成新兴产业，如当前的互联网信息产业，都是先有产品创新，然后才逐渐发展成为举足轻重的战略性新兴产业。产品创新所带来的产业结构调整，乃至新兴产业的崛起，是从供给侧改善经济结构、促进经济高质量发展的重要途径（唐国华，2014）③。

因此，总的来看，企业家精神的发展，提高了市场的竞争程度，促进企业创新和产品创新，从而有利于经济高质量发展。Yu（1998）通过详细的数据对比分析，认为香港经济上的成功来自竞争性的企业家精神：产品模仿、小规模企业、分包等，这些企业家行为给中国香港经济带来了结构性的变化，促使本地区可以与发达国家竞争，最终促进了中国香港经济高质量发展④。Holcombe（1998）认为企业家精神的核心是对捕捉商机具有足够的敏感性，通过竞争机制，富有创新精神的企业实施扩张战略，而缺乏创新精神的企业则退出市场，从而有效地激励了经

---

① Shaw E, Marlows, Lam W, et al. Gender and entepreneríal cpilal: Implicatons for firm performance [J]. Intemational Jourmnal of Gender & Entrepreneur - ship, 2013, 1 (1): 25 -41.

② 郝颖，辛清泉，刘星．地区差异、企业投资与经济增长质量［J］．经济研究，2014，49（3）：101 -114，189.

③ 唐国华．企业家精神、产品创新与内生经济增长——理论模型和基于中国数据的经验研究［J］．经济问题，2014（3）：11 -16.

④ Yu F L. Adaptive entrepreneurship and the economic development of Hong Kong [J]. World Development, 1998, 26 (5): 897 -911.

济运行①。Lee 等（2004）认为如果很容易进入一个地区性劳动力市场，新公司成立的概率会更高，这将强烈激励其他公司的创新活动。因此，从理论的角度来看，企业家精神能促进经济高质量发展的基本机制，是新进入者和现有企业的竞争。Elert（2014）同样认为竞争推动富有创新精神的企业持续进入和扩张，迫使缺乏创新精神的企业萎缩或者退出，产品市场的激烈竞争和适度的模仿会刺激经济高质量发展②。虽然新进入者向现有企业的挑战加剧了市场竞争，但这个过程受到特殊的行业条件和区域环境的影响，主要取决于三个因素：新进入者对现有企业所施加的压力大小、现有企业对竞争的反应以及竞争过程（Mueller 等，2008）③。

2. 数智技术应用

新质生产力，作为现代经济体系中的高级形态，其核心在于知识、技术、管理等高级生产要素的高效整合与转化。企业家不仅是知识的创造者，更是知识的传播者与应用者，他们通过不断创新与实践，利用数智技术将新知识转化为现实生产力。企业家精神在推动新质生产力的发展中，尤其在促进企业数智技术应用方面，其作用不可小觑。具有前瞻性和创新精神的企业家，能够敏锐地洞察到数智技术带来的变革机遇，并勇于率先尝试，将数智技术深度整合进企业的运营管理中。他们不仅看重数智技术在提升生产效率、优化资源配置方面的直接作用，更深刻理解到其在推动业务创新、拓展市场边界、增强客户体验以及重塑竞争格局等方面的深远影响。

这些企业家在数智技术的引入和应用过程中，展现出强烈的学习意愿和持续创新的精神。企业家具备持续学习的能力，通过不断学习新

① Holcombe R G. Entrepreneurship and economic growth [J]. Quarterly Journal of Austrian Economics, 1998, 1 (2): 45 – 62.

② Elert N. What determines entry? Evidence from Sweden [J]. Annals of Regional Science, 2014, 53 (1): 55 – 92.

③ Mueller P, Stel A V, Storey D J. The effects of new firm formation on regional development over time: The case of Great Britain [J]. Small Business Economics, 2008, 30 (1): 59 – 71.

知，紧跟技术前沿，确保企业能够紧跟数智化转型潮流的步伐。同时，企业家精神使得企业家具备挑战精神，他们敢于率先打破传统思维模式，勇于尝试新的商业模式和管理方式，推动企业在新的时代背景下实现转型升级。更重要的是，企业家精神赋能新质生产力的机理还体现在持续探索和推动上。数智技术只是企业家的工具，企业家精神的真正价值在于如何将其转化为企业的核心竞争力。因此，企业在企业家的带领下不断挖掘数智技术的潜力，将其与企业的战略规划、组织结构、文化氛围等深度融合，形成独具特色的企业发展模式。

综上所述，企业家精神在促进企业数智技术应用、推动新质生产力发展中发挥着举足轻重的作用。它不仅引领企业紧跟数智化转型的步伐，更推动企业在激烈的市场竞争中脱颖而出，实现可持续发展和竞争力的持续提升。

3. 资源配置效率

Baumol（1990）等学者认为，企业家的供给并不是问题，社会中从不缺乏具有企业家精神的人，问题的关键是企业家精神的配置。他们认为，只有让企业家精神更多地配置到生产性创新活动中去，产生更多的创新型企业家，才能促进经济持续增长①。Bumol 等（2009）进一步将他此前的观点模型化，认为在技术和知识的跨国转移中，企业家精神往往来源于技术输出国，对于经济转型国家而言，模型和技术引进比国内创新更为重要②。除 Baumol 外，其他经济学家也对企业家精神的配置理论作出了重要贡献。Murphy 等认为企业家精神的配置是最有天赋的人的职业选择，并引入企业家精神的规模报酬因素，分析了人们的职业选择情况，并认为如果大量的社会资源被寻租部门所占有，那么具有天赋的人就会试图加入寻租部门，并可能从事寻租活动，从而导致从事生

---

① Baumol W J. Entrepreneurship: Productive, unproductive, and destructive [J]. Journal of Political Economy, 1990, 98 (5): 893 -921.

② Baumol W J, Schilling M A, Wolff E N. The superstar inventors and entre - preneurs: How were they educated? [J]. Journal of Economics & Management Strategy, 2009, 18 (3): 711 -728.

产性活动的企业家数量不断减少，阻碍经济高质量发展。Acemoglu（1995）通过一个简单的模型说明市场中寻租者数量的增加会减少企业家投资的边际产出，从而减少企业家收益，导致企业家数量减少[①]。庄子银（2007）在 Schumpeter 和 Baumol 的基础上，将企业家精神的配置问题纳入内生技术创新的经济高质量发展模型中，研究了相对报酬结构的差异化对企业家精神配置的决定作用，研究发现企业家精神在生产性和非生产性活动中的配置情况，决定了一个地区的 R&D 投入、技术创新和经济高质量发展水平[②]。Brou 和 Ruta（2012）采用市场竞争模型描述了以获利为目标的企业家精神配置情况及其对经济高质量发展的作用，结果表明，寻租活动对经济高质量发展的影响难以确定，这主要取决于寻租企业家的规模以及由此产生的新企业进入情况[③]。

虽然 Baumol 等学者对生产性、非生产性和破坏性企业家精神进行了研究，但对于具体的范围和定义尚未形成一致的观点，关键原因是实践活动中真正属于非生产性活动的并不多。在经济转型国家中，同时存在着合法与非法活动，大量的新建企业和中小企业都在一定程度上同时从事生产性活动和非生产性活动，尤其是在经济转型初期，由于法律法规的不完善，大量的寻租活动，如逃税、漏税，在企业的成长初期起到了积极作用，对经济发展具有促进作用（Smallbone 和 Welter，2001）[④]。对于不完善的市场体系来说，尤其是转轨经济体中，存在较大的寻租空间，企业家精神的错配现象比较严重，但是这种寻租可能会减少管制成本，提高企业运营效率，从而促进经济发展（何轩等，2016）[⑤]。中国

---

① Acemoglu D. Reward structures and the allocation of talent [J]. European Economic Review, 1993, 39 (1): 17-33.

② 庄子银. 创新、企业家活动配置与长期经济增长 [J]. 经济研究, 2007 (8): 82-94.

③ Brou D, Ruta M. A commitment theory of subsidy agreements [J]. Social Science Electronic Publishing, 2012, 14 (1): 239-270.

④ Smallbone D, Welter F. The distinctiveness of entrepreneurship in transition economies [J]. Small Business Economics, 2001, 16 (4): 249-262.

⑤ 何轩, 马骏, 朱丽娜, 等. 制度变迁速度如何影响家族企业主的企业家精神配置基于动态制度基础观的经验性研究 [J]. 南开管理评论, 2016, 19 (3): 64-76.

市场规模庞大，提高了创新的价值，从而弥补了初创企业的高风险。虽然中国制度被认为是不完全有利于企业家精神的发展，如在中国做生意的成本很高，财产权的保护不够充分，合同执行不严，金融市场发展不成熟以及常见的腐败寻租，但是中国的商业环境有利于创业和创新活动。众多研究表明，更多生产性的企业家精神与创业活动将更加有利于新质生产力的发展（胡永刚、石崇，2016）①。故而在发展中国家，公共政策的重点应该是非生产性和破坏性活动的平衡，侧重于如何支持创建新企业、规范现有企业，促进企业家的生产性活动，提升资源配置效率（Desai 等，2013）②。

三、本章小结

（一）企业家精神影响新质生产力发展的作用机理尚不明晰

企业家精神，作为一种强大的经济驱动力，其影响力远远超越了地域界限。它不仅在本土激发创新活力、促进产业升级、优化资源配置，还通过知识溢出、市场扩展、供应链整合等机制，对其他地区的经济活动产生深远影响。这种跨区域的相互作用，构成了复杂而紧密的经济网络，是新质生产力发展不可或缺的空间维度。新质生产力，作为技术革命、生产要素创新配置及产业深度转型升级的产物，其核心在于提升全要素生产率，推动经济结构优化和增长模式转变。企业家精神作为推动这一进程的关键力量，不仅加速了新技术、新模式的传播与应用，还促进了经济要素的流动与重组，为经济高质量发展注入了新的活力与动

① 胡永刚，石崇．扭曲、企业家精神与中国经济增长［J］经济研究，2016（7）：87－101.

② Deai S，Aces Z J，Weitel U. A model of desuetire enepenershi insghi for coniie and prt conite reove［J］. Joumnl of Conicr Relotion 2013，57（1）：20－40.

力。在新质生产力日益成为经济增长新引擎的当下，企业家精神与新质生产力的深度融合更是要求以更加宽广的视野和深刻的洞察力，去解析两者相互作用。

（二）企业家精神赋能新质生产力的中介路径

经过数理推导和分析，发现企业家精神与新质生产力发展的关联机制主要包括以下几个方面：一是企业家精神对企业创新能力的影响。由于企业家精神内涵丰富，且企业家精神强调科技创新，因此企业家精神能在一定程度提升企业创新能力提升。二是企业家精神对数智技术应用的影响。由于企业家精神可以促进企业科技创新水平，而企业新质生产力的关键在于创新，因而企业家精神可以有效推动企业实现数智技术的广泛应用与传播。三是企业家精神对资源配置效率的影响。由于企业家精神能优化企业生产经营过程中的资源配置效率，因而可能在企业家精神赋能新质生产力路径中发挥作用。

（三）企业家精神赋能新质生产力的调节效应

在企业家赋能新质生产力发展的机制中，企业还受到诸多内外部因素的影响与干扰。外部动态变化的产业环境等也会对处于复杂经济网络中的企业产生动态影响，企业家精神赋能新质生产力的进程中离不开新技术与新模式的传播应用，这也极大程度意味着企业家精神依赖外部环境的稳定性。此外，由于企业所处行业竞争中，不同竞争地位的企业所拥有的创新、人力、财务资源等略有不同。新质生产力，作为技术革命、生产要素创新配置及产业深度转型升级的产物，其发展离不开丰富完备的基础资源。

第六章

企业家精神赋能新质生产力发展的影响研究

学术界对企业家精神与新质生产力发展之间的关联进行了广泛的理论与实证探讨。然而，当前的研究在某些方面仍显不足。首先，多数研究使用创业比率或专利数量等简单指标来评估企业家精神，这种方法未能充分捕捉到企业家精神的深层含义。其次，尽管一些研究采用熵权法和综合评价法等多维度方法来评估新质生产力①，但这些方法在数据全面性和准确性方面存在局限。最后，现有的研究往往忽视了企业家精神和新质生产力的效应。因此，本章在先前研究的基础上，采用熵权法来构建新质生产力发展指标，以更准确地检验企业家精神与新质生产力之间的关系。

① 魏敏，李书昊．新时代中国经济高质量发展水平的测度研究［J］．数量经济技术经济研究，2018（11）：3－20

一、研究设计

（一）研究假设

1. 企业家精神赋能企业新质生产力的直接效应

创新被定义为企业新质生产力的核心所在，企业家常被认为是企业创新的前行者。企业家所具备的冒险、创新、前瞻性思维精神是生产力发展的不竭动力，为加快形成新质生产力奠定了坚实基础（周文和白佶，2025）。

企业家在企业中发挥的核心作用并不仅限于技术革命性突破，在生产要素配置、产业深度转型等方面也有突出贡献。因为企业家能够主导企业接收产业中的新兴技术，对特定产业链的创新发展具有推动作用。现代产业又是体现新质生产力的关键载体，企业家精神的培育与传承对现代企业新质生产力的发展具有赋能作用（杨在军，2024）。在竞争激烈的商业环境中，企业作为生产组织的主体即新质生产力的载体，要想保持竞争优势并实现可持续发展，理应鼓励企业家精神养成，培育头部企业以加速形成新动能。新质生产力指的是企业通过引入新技术、新方法、新思维等方式，所形成的一种能够推动生产效率、产品质量、服务体验等方面显著提升的能力。而企业家精神，作为企业发展的核心驱动力之一，其重要性不言而喻。企业家精神是一种综合性的素质和能力，它包括但不限于创新精神、冒险精神、竞争意识、领导才能和责任感等。创新精神使企业敢于突破传统束缚，勇于尝试新技术和新方法；冒险精神推动企业不断挑战未知领域，寻求新的增长点；竞争意识则促使企业时刻保持警觉，不断优化产品和服务；领导才能和责任感则确保企业能够在复杂多变的市场环境中保持稳健前行。

企业新质生产力体系可分解为三大维度：第一维度聚焦于生产效能的大幅提高。借助自动化设备和智能系统等数字化工具，完成制造工序的精简与产能优化。第二维度强调产品性能的突破性进展。依托创新材料应用和新型加工方法，增强产品的个性化、高性能及视觉吸引力。第三维度着力于服务的全面优化。通过整合数据挖掘和智能分析工具，构建具有定制化特征和高效响应能力的用户服务体系。人才方面，激励企业管理者完善提升企业家精神能提升科学决策水平，增强企业对高新人才的吸引力，进而完成适配于新质生产力的生产关系重塑以提升生产效率（程博等，2024）。创新方面，企业新质生产力的形成得益于创新助力，而创新是企业家精神的核心，因而企业家精神能有效赋能企业新质生产力（周绍东和李靖，2024）。

根据以上分析，提出本书的假设 H1。

H1：企业家精神能正向促进企业新质生产力。即企业家精神越高，企业新质生产力水平越强。

2. 企业家精神赋能企业新质生产力的中介机制

企业家精神重视创新与冒险，能够及时捕捉市场前沿动态，为促进数智技术应用、提升资源配置效率和创新能力提供了可能。企业家精神对企业新质生产力的正向影响包含创新精神的推动作用。企业家精神的核心在于创新，在此背景下企业应对高风险商业活动的能力也会随之增强。企业家具有卓越的眼界与胆识，更愿意接触新兴技术与事物，因此也具有更多解决问题与发现机会的能力。在高风险与高收益并存的情况下，企业家精神更有助于企业作出正确的战略决策与规划（Knight F H，1921）。企业家精神是促进新企业成立和完整生命周期成长的关键因素，在企业成长发展过程中意义非凡，通过积极引进技术创新形成新的竞争，进而改变原有经济系统的均衡（李建成等，2024）。企业创新能力能够激发企业不断追求新技术、新方法，从而推动企业在新质生产力的提升上取得突破。此外，创新能力强的企业更愿意挑战未知领域，这在新质生产力的培育过程中至关重要。通过不断尝试新的商业模式、新的市场策略，积极参与数字化转型，企业能够发现新的增长点，进而推动新质生产力的快速发展。

数智技术，顾名思义是以数据为基础，智能为核心的先进技术。不同于以往的数字技术，数智技术更加强调对海量数据进行采集、分析等的功能，通过云计算、区块链等技术能实现智能决策（张志学等，2024；Ciriello R F，2018）。在新的时代背景下，数智技术已经成为新的主导技术（张辉等，2023），不断改变企业生产经营活动。企业新质生产力的发展过程正是新旧生产力的迭代过程，数智技术突破性创造在此过程中发挥必不可缺的作用（张钺，2023）。无论是数智技术的应用抑或是科技创新都需要企业作为核心载体（尹西明等，2024），但该过程仍面临重重挑战。伴随数智技术创新高速发展的便是其成本、应用路径、适配难等现实考验，诸多企业难以应对这些现实难题处于观望状态。但数智化浪潮已成为必然趋势，一味观望的态度只能导致企业出现“不愿”或“不敢”持续高强度投入数智技术创新的困境。一旦企业错失数智技术创新的先导机会，企业将难以及时进行内部调整以快速适应新的市场环境，导致错失发展机遇。因而，企业家精神的培育对于企业把握数智化浪潮、应用数智技术具有至关重要的意义。企业家在面对数智技术时，能够敏锐地捕捉到其带来的机遇和优势，从而积极推动数智技术在企业中的采纳和应用。企业家在利用数智技术进行创新时，善于不断挑战传统思维方式和业务模式进而推动企业的持续创新和发展。企业家与数智技术的人机融合有助于提升企业商业决策的准确性，企业家借助数智技术来预测市场发展趋势，提出适于企业长期发展的战略决策。同时，数智技术还能够帮助企业提升运营效率和服务质量，进而赋能企业新质生产力发展。企业创新能力的提升与企业创新研发投入息息相关。

资源配置效率关注如何在有限的资源条件下，通过合理的分配和组合，实现最大的产出或效益。企业家在资源配置过程中发挥主体作用，通过促进企业内外部资源的最佳分配效率，以此达到企业资源的最大化效益利用。具体而言，企业生产经营过程中面临诸多市场需求，同时企业内部存在复杂多样的生产资源，如何实现企业资源与需求的匹配是资源配置效率的核心。在动态变化的外部环境下，企业家通过发挥资源分配的主体作用，将企业内部资源进行梳理与分类，针对性调整引入企业生产经营活动中以完成组织结构与管理模式的优化，进而强化企业学习能力与资源共享能力以提升企业运作效率。方逸韬和杨德才（2024）发现，企业家精神带来的技术创新、组织创新，加速了经济资源从低效益行业向高效益行业的流动，提高了资源配置效率。

根据以上分析，提出本书的假设 H2。

H2：企业家精神能够通过提升企业创新能力、促进数智技术应用以及提升资源配置效率赋能企业新质生产力发展。

3. 企业家精神赋能企业新质生产力的调节机制

在快速变化且充满不确定性的商业环境中，企业面临着前所未有的挑战与机遇。企业需要具备超强的适应能力和创新能力，并及时根据技术革新进行动态调整，以便能够适应外部环境的不确定性。企业家精神作为一种集创新精神、冒险精神、领导力和敏锐洞察力于一体的综合素质，成为企业在这种不确定性中寻找突破、实现转型升级的关键。当环境不确定性加剧时，伴随着消费者需求变得难以预测、新技术层出不穷、竞争对手的策略变幻莫测等严峻挑战，企业家精神的韧性虽越发凸显，但其推动企业不断探索新技术、开发新产品、优化服务流程往往难以应对市场的快速变化（马颖超和刘树林，2024）。环境不确定性势必会增强技术路径和市场选择的风险。企业家在推动技术创新和市场拓展时，必须面对快速变化的市场需求和不确定的技术前景，这无疑增加了决策的难度和失败的可能性。同时，市场环境不确定性可能导致资源分配和团队协作的困难。在不确定的环境下，企业可能面临资金短缺、人才流失等种种难题（喻骅等，2023），这些也可能会直接影响到企业家精神的发挥和新质生产力的培育。另外，政策与监管环境的不确定性也可能对企业家精神产生抑制作用。政策的频繁变动和监管的不确定性可能使企业面临额外的合规成本和法律风险，从而抑制了企业家的创新动力。

企业家精神是推动企业创新、引领产业升级的重要动力，企业家精神通过激发企业的创新活力，促进技术突破和产业升级，从而显著提升企业的生产效率和竞争力。然而，企业家精神对新质生产力的促进作用并非孤立存在，它受到多种因素的调节，其中企业竞争地位是一个不可忽视的重要因素。企业竞争地位的高低，反映了企业在市场中的相对实力和影响力。高竞争地位的企业通常拥有更多的资源和优势，能够更好地应对市场变化和挑战，从而为企业家精神的发挥提供更广阔的空间和更有力的支持。具体而言，高竞争地位的企业在技术创新、市场拓展等方面具有更强的实力和动力。这些企业更容易获得资金、人才等关键资源的支持，也更容易形成创新氛围和企业文化，从而为企业新质生产力的培育和发挥提供有利条件。占据竞争优势的企业往往能更高效地促进科技创新与产业创新的深度融合，进而转化为产业发展优势，促进企业新质生产力的大幅提升（贾若祥和窦红涛，2024）。相比之下，处于低竞争地位的企业可能面临更多的市场压力和生存挑战，其企业家精神的发挥可能受到更多限制和阻碍，如融资约束、融资成本、文化观念等制约，进而影响企业新质生产力的形成（石晓军等，2024）。

根据以上分析，提出本书的假设 H3。

H3：环境不确定性在企业家精神赋能企业新质生产力的过程中起负向调节作用，企业竞争地位在企业家精神赋能企业新质生产力的过程中起正向调节作用。

（二）数据选择与处理

2012 年是我国数字技术发展的重要时间节点，国家颁布了以发展信息技术为目的《“十二五”国家战略性新兴产业发展规划》并启动智慧城市建设试点。鉴于现有权威数据库数据更新的延迟，本书选取 2012—2022 年 A 股上市企业的数据作为分析对象，为确保研究结论的准确性和可靠性，对样本数据进行了以下预处理步骤：（1）排除在样本期间内被特别处理（ST、＊ST）或退市的企业；（2）剔除 2012 年之后上市及完成首次公开发行（IPO）的企业样本；（3）剔除当年存在严重数据缺失的样本。研究主要数据来源：（1）数字化转型来源于上市企业年报；（2）企业家精神、新质生产力及其他微观数据来自 Wind 数据库与国泰安数据库。使用 Stata17 统计筛选后得到 20966 个有效样本。

（三）变量测度

1. 被解释变量

新质生产力发展（Npro）的核心是技术的更新，本书基于生产力二要素理论、并考虑了劳动对象在生产过程中的作用和价值，构建了包含 13 个基础指标的新质生产力发展指标体系，具体如表 6－1 所示。

表 6－1　　新质生产力发展评价指标体系

一级指标	二级指标	三级指标	指标计算方法
劳动力	新质劳动	研发人员薪资比重	研发费用－工资薪酬/营业总收入
		研发人员数量占比	研发人员数量/员工人员数量
		高素质人才占比	本科以上人数/员工人员数量
	劳动对象	固定资产比重	固定资产/资产总额
		制造费用比重	（经营活动现金流出＋固定资产折旧＋无形资产摊销＋减值准备－购买商品接受劳务值得现金－支付给职工的工资）/（经营活动现金流出＋固定资产折旧＋无形资产摊销＋减值准备）
生产工具	创新投入（硬科技）	研发折旧摊销占比	研发费用－折旧摊销/营业收入
		研发租赁费占比	研发费用－租赁费/营业收入
		研发直接投入占比	研发费用－直接投入/营业收入
		无形资产占比	无形资产/资产总额
		企业信息化水平	投入使用计算机的数量对数值
		企业创新产出	企业发明专利申请数量对数值
	创新效率（软科技）	总资产周转率	营业收入/平均资产总额
		权益乘数的倒数	所有者权益/资产总额

2. 解释变量

企业家精神（Entre）。结合上述文献研究，为全面把握企业家精神的本质特征，并兼顾研究目的与数据获取的可行性，本书将李琦等学者（2021）的研究成果对企业家精神进行综合评估。具体来说，企业家精神的测量将包含企业专利申请数量、员工人均固定资产、员工人均收入、员工人均无形资产以及董事会独立性等维度。企业家精神的核心在于具有创新精神，故通过企业专利申请数量来间接衡量企业家的创新精神。考虑到企业在成长周期中势必面临市场份额扩张与短期收益均衡的难题，这与企业家精神中的冒险精神与开拓精神密切相关，因此认为具有企业家精神的企业能够更好地处理两者之间的利害得失。在衡量冒险精神与开拓精神时，利用员工人均固定资产、员工人均收入和员工人均无形资产来侧面反映上述难题的均衡博弈过程。董事会独立性的程度能够映射企业内部自雇佣结构的特征，是企业家精神衡量的一个关键维度。在现有研究中，通常利用企业董事长与总经理职位是否合一的自雇佣配置来作为衡量企业家精神的这一维度。综上所述，利用熵权法确定上述各项指标的权重，并据此计算出综合评价指标，进而采用该指标的自然对数来量化评估企业家精神的程度。

3. 中介变量

企业创新能力（RD）与企业研发投入具有高度相关性。企业对于技术和产品等的创新财务投入和重视程度在一定程度上反映出该企业的创新潜能。因此本书参考孔东民等（2017）的研究，利用企业研发投入取对数后的值衡量企业创新能力。

数智技术应用（DT）变量是通过对企业年报的文本分析获取。研究在借鉴吴非（2021）和于宝君等（2024）研究的基础上对样本企业年报进行文本分析。首先，将目标特征词汇分为底层技术架构与数智业务场景应用技术两类。其次，利用 Python 工具爬取企业年报中的目标特征词汇。最后，将获取到的目标特征词汇进行词频统计，并对数据进行加一后对数化处理得到本书中数智技术应用的指标。

资源配置效率的测度主要借鉴潘越等（2020）的方法。因为企业投资效率能反映出当企业投入最低时其最大程度上获得收益的能力，这与资源最佳配置能力的概念高度契合，因此选其作为资源配置效率的代理变量。其中，Richardson（2006）构建的模型使用频率最高。具体方法如下，首先构建一个投资效率评估模型，进而估计预测企业的合理投资规模，随后利用该模型的残差项来量化企业的非效率投资程度（efficiency）。非效率投资程度越低，表明企业资源配置效率越高。

4. 调节变量

环境不确定性变化指标（ΔEU）表征组织外部环境波动性的跨期差异，其计算范式体现为当期与前期环境不确定性指标的代数差值。在测量方法论层面，鉴于经营环境不确定性程度的根源植根于外部宏观环境变迁，这种外生扰动会通过企业价值链传导引致营运现金流波动，故可建构基于财务数据离散度的代理变量——用企业业绩波动来予以衡量。为了剔除行业的影响，本书参考 Ghosh 和 Olsen（2009）的计量框架，以连续五年营收序列的横截面离散度为基准值，通过行业均值标准化处理消除产业周期影响。因此，采用普通最小二乘法（OLS）运行如下模型（6－1），分别估计过去 5 年的非正常销售收入：

$$Sale = \varphi_0 + \varphi_1 Year + \varepsilon \qquad （模型 6-1）$$

其中，Sale 为销售收入；Year 为年度变量。模型（6－1）的残差即为非正常销售收入；未经行业调整的环境不确定性的计量需要在系统统计企业过去 5 年的非正常销售收入的标准差的基础上除以过去 5 年销售收入的均值；而行业环境不确定性则是指同一年度同一行业内所有企业的未经行业调整的环境不确定性的中位数。参考 Ghosh 和 Olsen（2009）的方法，各企业未经行业调整的环境不确定性除以行业环境不确定性，即为企业经行业调整后的环境不确定性，也就是本书所运用的环境不确定性（EU）。

企业竞争地位（Pcm）借鉴刘长庚等（2023）、Peress（2010）和

Datta 等（2013）的研究成果，通过计算企业的勒纳指数 LI 来反映企业的垄断地位，其中勒纳指数 =（价格 - 边际成本）/价格。考虑到行业差异性，使用企业个体的勒纳指数减去所在行业所有上市企业勒纳指数来进一步通过测算企业相对竞争地位来作为企业竞争地位的代理指标，计算公式如下所示。

$$rLI_{i,j,t} = LI_{i,j,t} - \sum_{i=1}^{n} w_{i,j,t} \cdot LI_{i,j,t} \qquad \text{（模型 6 - 2）}$$

其中，$LI_{i,j,t}$表示 t 年行业 j 的某一企业 i 的勒纳指数；rLI 为企业相对勒纳指数即企业竞争地位（Pcm）；n 为行业内企业数；w 为企业营业收入占行业营业收入的比重。

5. 控制变量

为检验企业家精神与企业新质生产力的关系，研究构建多元回归模型与递推回归模型。同时，为了增加结论稳健性，选取如下控制变量（见表 6 - 2）。

表 6 - 2　控制变量描述

变量名称	变量符号	变量定义
公司规模	Size	年总资产的自然对数
资产负债率	Lev	年末总负债除以年末总资产
第一大股东持股比例	Top	第一大股东持股数量除以总股数
董事会规模	Board	董事会人数
产权性质	SOE	国有企业为 1，否则为 0
公司年龄	Age	LN（当年年份 - 公司成立年份 + 1）
现金流比率	cashflow	经营活动产生的现金流量净额 / 年末总资产

（四）模型设定与描述性统计

基于以上分析，为检验企业家精神与企业新质生产力的关系，本书构建如下多元回归模型：

$$Npro_{i,t} = \alpha + \alpha_1 Entre_{i,t} + \Sigma Controls_{i,t} + \Sigma Firm + \Sigma Year + \varepsilon_{i,t} \qquad \text{（模型 6 - 3）}$$

其中，下标 i 是企业；t 是年份；被解释变量 Npro 代表企业新质生产力；核心解释变量 Entre 代表企业家精神；Controls 代表一系列控制变量。为使统计结果尽可能稳健，模型中引入个体固定效应 Firm 和年份固定效应 Year，$\varepsilon_{i,t}$是随机扰动项。

为了对后续假设 H2、H3 中的中介与调节效应进行检验，本书构建如下两类回归模型：

中介模型：

$$U\ (DT、efficiency、RD)_{i,t} = b_0 + b_1 Entre_{i,t} + SControls_{i,t} + SFirm + SYear + \varepsilon_{i,t} \quad (模型 6-4)$$

$$Npro_{i,t} = c_0 + c_1 Enter_{i,t} + c_2 U\ (DT、efficiency、RD)_{i,t} + SControls_{i,t} + SFirm + SYear + \varepsilon_{i,t} \quad (模型 6-5)$$

调节模型：

$$Nproi,\ t = d_0 + d_1 Entre_{i,t} + d_2 EU_{i,t} + d_3 EU_{i,t} \times Entre_{i,t} + SControls_{i,t} + SFirm + SYear + \varepsilon_{i,t} \quad (模型 6-6)$$

$$Nproi,\ t = e_0 + e_1 Entre_{i,t} + e_2 Pcm_{i,t} + e_3 Pcm_{i,t} \times Entre_{i,t} + SControls_{i,t} + SFirm + SYear + \varepsilon_{i,t} \quad (模型 6-7)$$

模型（6-6）、模型（6-7）中 EU 和 Pcm 分别表示调节变量环境不确定性和企业竞争地位。EU × Entre 是环境不确定性与企业家精神的交乘项，Pcm × Entre 是企业竞争地位与企业家精神的交乘项。交乘项系数 d_3和 e_3若为正，说明环境不确定性和企业竞争地位均会强化企业家精神对新质生产力的影响，反之则说明环境不确定性和企业竞争地位均会削弱企业家精神对新质生产力的影响。

Entre 观测值总数为 20996，均值为 12.3812，标准差为 0.9397，最小值为 0.0003，最大值为 16.6989。Npro 均值为 5.3740，标准差为 2.4669。DT 均值为 1.6353，表明在平均水平上，该指标的值处于中等水平。标准差为 1.4553，表明该指标在不同观测值之间的波动较大。RD 均值为 18.1081，标准差为 1.6443，表明该指标在不同观测值之间的波动较大。efficiency 均值为 0.0405，标准差为 0.0928，表明该指标在不同观测值之间的波动适中。EU 均值为 1.2753，表明在平均水平上，该指标的值处于中等偏上水平。标准差为0.0928，与均值相近，表明该指标在不同观测值之间的波动较大。Pcm均值为0.0022，标准差为0.1557，表明该指标在不同观测值之间的波动适中。Size观测值总数为20996。均值为22.4850，表明在平均水平上，企业规模适中。标准差为1.3073，显示了企业规模在不同观测值之间的波动相对较小。Cashflow均值为0.0492，表明在平均水平上，企业的现金流水平较低。标准差为0.0705，显示了现金流在不同观测值之间的波动相对较小。SOE均值为0.3815，表明在观测的样本中，国有企业占比较大，标准差为0.4858。Top均值为32.4209，表明在平均水平上，大股东持股比例适中。标准差为14.5406。Lev均值为0.4425，表明在平均水平上，企业的杠杆率适中。标准差为0.1993，显示了杠杆率在不同观测值之间的波动相对较小。Board均值为6.8307，标准差为3.7167。Age均值为13.2563，标准差为6.8070，显示了企业年龄在不同观测值之间的波动相对较小。变化范围从3到33，表明企业年龄存在一定的差异（见表6-3）。

表6-3　　各变量描述性统计

变量名称	观测值	均值	标准差	最小值	最大值
Entre	20966	12.3812	0.9397	0.0003	16.6989
Npro	20966	5.3740	2.4669	0.0938	32.4748
DT	20966	1.6353	1.4553	0.0000	6.3063
RD	20966	18.1091	1.6443	7.7197	25.0252
efficiency	20966	0.0405	0.0928	0.0000	7.2493
EU	20966	1.2753	1.2231	0.0087	23.4403
Pcm	20966	0.0022	0.1557	-7.5837	0.7367
Size	20966	22.4850	1.3073	17.8061	28.6365
cashflow	20966	0.0492	0.0705	-0.7035	0.8385
SOE	20966	0.3815	0.4858	0.0000	1.0000
TOP	20966	32.4209	14.5406	1.8400	89.0900
Lev	20966	0.4425	0.1993	0.0080	1.9566
Board	20966	6.8307	3.7167	0.0000	18.0000
Age	20966	13.2563	6.8070	3.0000	33.0000

二、实证结果分析

（一）基准回归

首先对核心变量与控制变量进行相关性分析，发现各变量间的相关系数均小于0.5，同时VIF均值为1.31，排除了变量组间严重多重共线性问题的存在。对样本数据进行Hausman检验后得出本书应选择固定效应进行回归分析。企业家精神赋能企业新质生产力的基准回归结果如表6-4所示。对样本数据进行加入控制变量前后的回归和控制时间与个体双固定效应后加入控制变量前后的回归结果分别如列（1）、列（2）、列（3）与列（4）所示。对比可知，列（2）中Entre系数为0.668，相较列（1）中有所上升，说明控制变量选取较为合适，避免了重要变量的遗漏；列（3）与列（4）中Entre系数相较列（1）与列（2）有所上升，说明控制个体与年份效应后结果更加稳健。在回归结果列（3）中Entre的估计系数为1.248且在统计显著性通过1%的检验，因此说明企业家精神对企业新质生产力具有显著的正向影响作用。同时，列（4）在此基础上加入控制变量后，核心解释变量Entre的估计系数均为1.363仍通过1%的显著性检验，因此假设H1得到验证。各列结果中Entre系数都在1%的水平上显著为正，表明企业家精神能够显著促进企业新质生产力。企业家在经营企业的过程中，需要不断对资源进行优化配置，以提高生产效率和市场竞争力。具有企业家精神的企业家能够充分发挥市场机制的作用，通过有效的资源配置，实现生产要素的高效组合和利用，进而促进了新质生产力的形成和发展。

表 6－4　　**基准回归**

变量	(1) Npro	(2) Npro	(3) Npro	(4) Npro
Entre	0.587***	0.668***	1.248***	1.363***
	(33.246)	(34.454)	(47.373)	(49.982)
Size		0.001		－0.346***
		(0.059)		(－14.644)
cashflow		1.908***		－0.401***
		(7.931)		(－2.872)
SOE		0.641***		0.103*
		(15.854)		(1.890)
TOP		－0.014***		－0.003*
		(－11.164)		(－1.821)
Lev		－1.372***		0.149*
		(－14.478)		(1.749)
Board		－0.013***		－0.013
		(－2.760)		(－1.305)
Age		－0.036***		0.098***
		(－12.794)		(19.481)
常数项	－1.900***	－1.655***	－10.759***	－5.175***
	(－8.658)	(－4.928)	(－33.695)	(－10.021)
企业/年份	No	No	Yes	Yes
N	20966	20966	20966	20966
R^2	0.050	0.081	0.251	0.261
F	1105.289	232.268	540.712	368.660

注：*、*** 分别表示在 10% 和 1% 的水平上显著。括号内为稳健标准差；下同。

（二）稳健性检验

稳健性检验措施如下：第一，替换核心被解释变量。参考李心茹等（2024）研究中衡量新质生产力的方法，基于数据可获得性对其评价指标进行综合和调整，重新估计结果如表 6－5 的列（1）和列（2）所示。企业家精神的估计系数均显著为正，证明基准回归的结果是稳健的。第二，更改样本期间。考虑到新冠疫情时间可能会对企业产生负面影响而影响估计结果准确性，选择剔除2020年、2021年和2022年样本数据。剔除后数据回归结果如表6－5列（3）至列（4）所示。企业家精神的回归系数为1.417，其显著统计性通过1%的检验，与基准回归结果保持一致，证明基准回归结果是稳健的。第三，剔除直辖市样本。由于北京、上海、天津及重庆四个直辖市属于特殊城市，为消除特殊城市对该研究成果的干扰，将剔除其相关数据。回归结果如表6－5中列（5）至列（6）所示。企业家精神的估计系数是1.406，显著性通过1%的检验，与基准回归结果保持一致，再次证明其稳健性。

表6－5　稳健性检验结果

变量	(1)	(2)	(3)	(4)	(5)	(6)
	替换企业新质生产力		剔除样本区间		剔除直辖市样本	
	Npro	Npro	Npro	Npro	Npro	Npro
Entre	0.452***	0.205*	1.303***	1.417***	1.269***	1.406***
	(4.295)	(1.882)	(40.466)	(42.608)	(44.010)	(47.153)
常数项	4.639***	−16.839***	−11.439***	−5.840***	−11.033***	−4.511***
	(3.635)	(−8.123)	(−29.342)	(−9.310)	(−31.754)	(−8.374)
控制变量	No	Yes	No	Yes	No	Yes
企业/年份	Yes	Yes	Yes	Yes	Yes	Yes
N	20852	20852	15603	15603	17065	17065
R^2	0.095	0.103	0.271	0.281	0.250	0.265
F	167.935	119.666	512.061	322.669	437.433	305.794

注：*、*** 分别表示在10%和1%的水平上显著。

（三）内生性处理

第一，被解释变量滞后一期。考虑到企业家精神影响企业新质生产力可能存在较长的时滞，为保障实证结果的可靠性，对企业新质生产力变量进行滞后一期的数据处理。利用处理后的新变量进行基准回归估计，其结果如表 6 -6 中列（1）至列（2）所示。因为实证结果中企业家精神的估计系数均显著为正，因此表明基准回归的结果是稳健的。第二，利用 SYS - GMM 模型检验。由于样本数据可能存在如企业新质生产力容易受到上一期影响以及可能存在其他遗漏变量等内生性问题，因此本书引入 SYS - GMM 模型进行重新估计。通过将被解释变量滞后一期作为新增自变量，利用基准模型进行回归分析，其结果如表 6 -6 中列（3）所示。结果显示，企业新质生产力滞后项（L. Npro）的估计参数为 0. 545（$p < 0.01$），验证这一变量选择具有合理性。同时企业家精神对企业新质生产力的回归系数仍显著为正，与上述基准回归结果相似。此外，AR（1）的 P 值小于 0. 1，即回归模型扰动项的一阶差分存在自相关，而 AR（2）的 P 值大于 0. 1，即扰动项的二阶差分不存在自相关，且 Hansen 检验的 P 值为 0. 252，大于 0. 1（不显著）。以上结果说明，SYS - GMM 模型是有效的，故不存在严重内生性问题。

表 6 -6　　内生性检验结果

变量	(1) L. Npro	(2) L. Npro	(3) Npro
L. Npro			0. 545*** (6. 56)
Entre	0. 478*** (14. 666)	0. 519*** (15. 346)	2. 901*** (5. 73)
控制变量	No	Yes	Yes
常数项	-1. 539*** (-3. 877)	0. 276 (0. 429)	15. 659 (1. 38)
企业/年份	Yes	Yes	Yes
N	17103	17103	17103
R^2	0. 190	0. 192	
F	329. 978	209. 074	
AR（1）			0. 000
AR（2）			0. 766
Hansen test			0. 252

注：括号内数值为 t 值或 z 值；*** 表示在 1% 的水平上显著。

(四) 异质性检验

第一，产权异质性检验。考虑到企业家精神促进企业新质生产力的作用机制本身会受到企业产权性质的影响，本书采用异质性分析方法构建国有与非国有企业的分样本回归模型，深入辨析不同所有制结构下企业家精神对新质生产力的差异化驱动效应。具体而言，基于产权性质维度将观测数据划分为两个独立子样本，分别带入回归模型进行统计，以此揭示不同产权性质的企业家精神赋能新质生产力的作用差异。回归结果如表 6-7 中列（1）和列（2）所示。在统计结果中可以看出，企业家精神促进企业新质生产力的结论在国有企业与非国有企业组中都成立，但“国有企业”组的显著性和绝对值均大于“非国有企业”组（ChowTest 检验结果显示系数差异显著），表明企业家精神对企业新质生产力的提升作用在国有企业中更为显著。可能的原因是，国有企业的产权结构相对稳定，决策流程相对规范。这有助于企业家在稳定的制度框架下制定长期发展战略，推动技术创新和产业升级，从而提升新质生产力。

第二，区域异质性检验。考虑到不同区域的经济环境略有不同，其企业家精神对企业新质生产力的影响可能也会因地区资源差异而产生不同。因此，研究将进行东部企业与中西部企业的分组回归，其回归结果如表 6-7 中列（3）和列（4）所示。实证数据表明，无论是东部企业还是中西部企业，其企业家精神均能有效赋能企业新质生产力。值得注意的是，中西部企业的绝对值大于东部企业（ChowTest 检验结果显示系数差异显著），意味着中西部地区的企业家精神赋能新质生产力的效果更好。可能的原因在于，中西部地区的后发优势、政策扶持、市场潜力以及企业家对长远发展的重视。相比之下，东部地区虽然经济成熟、市场多元，但部分企业可能因市场饱和和竞争压力而面临创新挑战。此外，中西部企业家更加注重技术创新和产业升级，敢于冒险尝试新技术，而东部地区部分企业家可能更关注短期经济效益。同时，区域合作与协同发展也为中西部企业提供了引进技术和拓展市场的机会，进一步增强了其企业家精神的赋能效应。

第三，企业异质性检验。企业家精神与企业新质生产力的衡量指标较为多元，而不同性质的企业数据往往存在差异。本书根据高新技术企业信息库数据将企业划分为高新技术企业和非高新技术企业两组，探究不同企业性质下企业家精神的赋能效应是否存在差异。表 6－7 的列（5）和列（6）是分组回归结果，其中企业家精神对高新技术企业和非高新技术企业的新质生产力均有显著正向影响，非高新技术企业的影响效果更为显著。一方面，高新技术企业的技术门槛高，创新压力大，导致企业家精神在技术创新方面的边际效应相对较低；而非高新技术企业则处于技术升级转型期，企业家精神在推动技术创新方面的作用更为凸显。同时，高新技术企业通常拥有更多的研发资金和人才支持，减弱了企业家精神在资源配置方面的作用；非高新技术企业则面临资源瓶颈，企业家精神在优化资源配置和决策方面发挥更大作用。另一方面，高新技术企业市场竞争激烈，创新活动分散，企业家精神作用相对分散；非高新技术企业则拥有更大的市场增长潜力，企业家精神在把握市场机遇和推动业务增长方面更为重要。非高新技术企业的企业家可能具有更强的创新意愿和动力，因为技术创新对生存和发展至关重要，这进一步增强了企业家精神的作用。

表 6－7　　分组回归表格

变量	(1)	(2)	(3)	(4)	(5)	(6)
	产权异质性		区域异质性		企业异质性	
	国有	非国有	东部	中西部	高新技术	非高新技术
Entre	1.211***	0.968***	1.033***	1.391***	1.203***	1.272***
	(28.555)	(27.973)	(31.552)	(25.693)	(28.241)	(37.593)
常数项	-3.619***	-4.093***	-5.828***	-6.293***	-10.119***	-3.812***
	(-4.709)	(-6.250)	(-9.597)	(-6.016)	(-12.587)	(-6.202)
控制变量	Yes	Yes	Yes	Yes	Yes	Yes

续表

变量	(1)	(2)	(3)	(4)	(5)	(6)
	产权异质性		区域异质性		企业异质性	
	国有	非国有	东部	中西部	高新技术	非高新技术
企业/年份	Yes	Yes	Yes	Yes	Yes	Yes
N	7939	12835	14484	6279	12277	8497
R^2	0.233	0.159	0.175	0.224	0.209	0.244
F	112.950	113.297	144.642	81.330	142.165	116.120
组间系数差异	P = 0.000		P = 0.000		P = 0.000	

注：系列组间差异检验的 P 值采用 Chow 检验得到；*** 表示在 1% 的水平上显著。

（五）中介机制分析

前述整体性分析尚未打开企业家精神影响企业新质生产力的机制“黑箱”，为此本书选取企业创新能力、数智技术应用和资源配置效率三条路径，借助温忠麟等提供的递归方程对影响机制进行识别，后续构建 Sobel 检验增强中介的稳健性。

中介效应的研究结果如表 6－8 所示。其一，数智技术应用。对比列（1）和列（2）的结果可知，列（1）中企业家精神的估计系数为 0.066 且在 1% 的水平上显著。在列（2）中，企业家精神的估计系数为 1.229，也在 1% 的水平上显著；数智技术应用的估计系数分别为 0.049，也在 1% 的水平上显著。这表明，企业数智技术应用会促进赋能企业新质生产力，即企业数智技术应用是部分中介因子。其二，企业创新能力。其三步回归结果如列（3）和列（4）所示。在列（3）中企业家精神的估计系数为 0.146，在 1% 的水平上显著。在列（4）中，企业家精神的估计系数为 1.169，在 1% 的水平上显著，企业创新能力的估计系数为 0.120，在 1% 的水平上显著。结果说明，企业创新能力提高会赋能企业新质生产力，故而企业创新能力是企业家精神赋能企业新质生产力的部分中介因子。其三，资源配置效率。由于变量在测度时说明当非效率投资程度越低时对应的企业资源配置效率越高，因而在中介检验时对变量进行取相反数处理，以便能够直观反映企业资源配置效率的中介效应。在列（5）中，企业家精神的估计系数为0.006，在1%的水平上显著，表明企业家精神能显著增强企业资源配置效率。在列（6）中企业家精神的估计系数为1.185，在1%的水平上显著，资源配置效率的估计系数为0.220，统计显著性通过5%的显著性检验。结果表明，资源配置效率的增强会赋能企业新质生产力，资源配置效率是企业家精神赋能企业新质生产力的部分中介因子。综合上述分析可知，企业家精神能够通过促进数智技术应用、提升资源配置效率及提升创新能力赋能企业新质生产力发展，验证假设H2成立。

表6-8　中介效应结果

变量	(1)	(2)	(3)	(4)	(5)	(6)
	DT	Npro	RD	Npro	newefficiency	Npro
Entre	0.066***	1.229***	0.146***	1.169***	0.006***	1.185***
	(2.809)	(37.785)	(9.163)	(45.498)	(2.762)	(46.107)
DT		0.049***				
		(3.802)				
RD				0.120***		
				(9.930)		
newefficiency						0.220**
						(2.548)
常数项	-1.378***	-10.979***	14.127***	-11.946***	-0.101***	-10.228***
	(-4.788)	(-27.603)	(72.055)	(-33.285)	(-3.673)	(-32.305)
控制变量	Yes	Yes	Yes	Yes	Yes	Yes
企业/年份	Yes	Yes	Yes	Yes	Yes	Yes
N	20966	20966	20966	20966	20966	20966
R^2	0.227	0.252	0.305	0.264	0.031	0.261
F	326.364	352.055	487.264	375.052	34.967	367.726
Sobel检验值	0.003**		0.016***		0.001*	

注：*、**、*** 分别表示在10%、5%和1%的水平上显著。

(六) 调节机制分析

调节效应的实证结果如表 6－9 所示。其一，企业竞争地位。在列（1）中，企业家精神与企业竞争地位交乘项（Entre × Pcm）的估计系数分别为 0.274 且统计显著性通过 1% 的显著性检验，企业家精神的估计系数为 1.380，在 1% 的水平上显著。该实证结果表明企业竞争地位正向强化了企业家精神对企业新质生产力的赋能效应。其二，环境不确定性。如列（2）结果所示，企业家精神与环境不确定性（Entre × EU）的估计系数为－0.042，其统计显著性通过 1% 的显著性检验，企业家精神的估计系数分别为 0.513，且在 1% 的水平上显著。该实证结果证明环境不确定性削弱了企业家精神对企业新质生产力的赋能效应。综上结果可知，在企业家精神赋能企业新质生产力的过程中，企业竞争地位起正向调节效应，环境不确定性发挥负向调节效应，验证假设 H3 。

表 6－9　　调节效应结果

	(1)	(2)
	Npro	Npro
Entre	1.380***	1.437***
	(50.373)	(45.206)
Pcm	－3.740***	
	(－4.063)	
Entre * Pcm	0.274***	
	(3.671)	
EU		0.513***
		(4.358)
Entre * EU		－0.042***
		(－4.472)
常数项	－5.757***	－6.269***
	(－10.966)	(－11.067)
控制变量	Yes	Yes
企业/年份	Yes	Yes

续表

	(1)	(2)
	Npro	Npro
N	20966	20966
R^2	0.263	0.262
F	332.756	331.388

注：*** 表示在1%的水平上显著。

（七）进一步检验

为验证企业创新能力和数智技术应用以及企业创新能力和资源配置效率在企业家精神赋能新质生产力的过程中发挥的链式中介效应，进一步构建如模型（6-8）至模型（6-10）所示的链式中介模型，报告结果见表6-9。

$$RD_{i,t} = f_0 + f_1 Entre_{i,t} + SControls_{i,t} + SFirm + SYear + \varepsilon_{i,t} \quad （模型6-8）$$

$$W（DT、efficiency）_{i,t} = g_0 + g_1 Entre_{i,t} + g_2 RD_{i,t} + SControls_{i,t} + SFirm + SYear + \varepsilon_{i,t} \quad （模型6-9）$$

$$Npro_{i,t} = h_0 + h_1 Entre_{i,t} + h_2 RD_{i,t} + h_3 W（DT、efficiency）_{i,t} + SControls_{i,t} + SFirm + SYear + \varepsilon_{i,t} \quad （模型6-10）$$

其一，检验“企业家精神→企业创新能力→数智技术应用→企业新质生产力”路径，结果如表6-10列（1）、列（2）、列（3）所示。在列（1）中，企业家精神的估计系数为0.143，在1%的水平上显著，表明企业家精神能显著提升企业新质生产力水平。在列（2）中，企业家精神、企业创新能力的估计系数分别为0.054和0.079，均在1%的水平上显著，表明企业创新能力的提升会促进企业数智技术的应用。在列（3）中，企业家精神、企业创新能力、数智技术应用的估计系数分别为1.316、0.080、0.045，均在1%的水平上显著。由此说明，“企业家精神→企业创新能力→数智技术应用→企业新质生产力”链式中介效应成立。该研究结果表明，企业家精神通过提升企业创新能力促进企业数智技术应用，进而为企业新质生产力赋能。

其二，检验“企业家精神→企业创新能力→资源配置效率→企业新质生产力”路径，结果如表6-10列（4）、列（5）、列（6）所示。在列（4）中，企业家精神的估计系数为0.143，在1%的水平上显著。在列（5）中，企业家精神的估计系数为0.011，在1%的水平上显著；企业创新能力的估计系数为0.007，也在1%的水平上显著，表明企业创新能力的增强会促进企业资源配置效率提升。在列（6）中，企业家精神、企业创新能力、资源配置效率的估计系数分别为1.243、0.114、0.238，均在1%的水平上显著。由此说明，“企业家精神→企业创新能力→资源配置效率→企业新质生产力”链式中介效应成立。这表明，企业家精神通过增强企业创新能力促进企业资源配置效率提升，进而为企业新质生产力赋能。

表6-10　　链式中介效应

变量	(1) RD	(2) DT	(3) Npro	(4) RD	(5) newefficiency	(6) Npro
Entre	0.143*** (9.302)	0.054** (2.350)	1.316*** (39.023)	0.143*** (9.302)	0.011*** (4.820)	1.243*** (46.866)
RD		0.079*** (7.053)	0.080*** (4.878)		0.007*** (5.550)	0.114*** (8.836)
DT			0.045*** (3.250)			
newefficiency						0.238*** (2.588)
常数项	14.161*** (74.452)	-2.475*** (-7.809)	-13.182*** (-28.168)	14.161*** (74.452)	0.169*** (3.995)	-12.642*** (-33.811)
控制变量	Yes	Yes	Yes	Yes	Yes	Yes
企业/年份	Yes	Yes	Yes	Yes	Yes	Yes
N	20966	14140	14140	20966	20966	20966
R^2	0.305	0.240	0.199	0.305	0.036	0.256
F	487.494	241.874	178.435	487.494	36.443	338.560

注：*** 表示在1%的水平上显著。

三、本章小结

在本章中，通过结合熵权法和文本分析法，针对企业家精神、新质生产力、企业创新能力、数智技术应用、资源配置效率等变量进行测度，并据此进行了指标的计算。借助统计计量模型，对企业家精神如何通过数字化转型促进新质生产力发展进行了实证分析。研究结果揭示了企业家精神在促进新质生产力发展中的重要作用：

第一，企业家精神能够正向促进新质生产力的形成。即企业家精神越高，企业新质生产力水平越强。这一结论强调了企业家精神在新质生产力形成中的关键作用。具体而言，企业家精神包括创新思维、冒险精神、领导力等多个方面，这些特质促使企业家不断探索新技术、新市场和新的商业模式，从而推动企业向更高水平的新质生产力发展。进一步地，企业家精神还体现在对创新的持续追求上。通过不断研发新产品、优化生产流程、提升服务质量，企业家能够带领企业不断突破技术瓶颈，提高生产效率，进而提升企业的新质生产力水平。

第二，企业家精神可以通过企业创新能力、数智技术应用和资源配置效率等赋能企业新质生产力形成。这一结论揭示了企业家精神与企业创新能力、数智技术应用和资源配置效率在推动企业新质生产力形成中的协同作用。具体来说，企业家精神能够促使企业加大在创新方面的投入，加速引进先进的数字技术、培养数字化人才、优化数字化流程以及优化资源配置效率等。这些举措不仅能够提高企业的生产效率，还能够推动企业在新兴市场和技术领域取得突破，从而增强企业的新质生产力水平。

第三，环境不确定性越高，企业家精神对企业新质生产力的促进作用越小。在外部环境更加动荡不安的情况下，企业家精神将难以有效地推动企业在新质生产力的培育和发展上取得突破，从而削弱企业市场竞争力。企业竞争地位越高，企业家精神促进企业新质生产力的作用越好。在此情况下，企业具备丰富的资源以需要不断适应市场变化，寻找新的发展机遇。此时，企业家精神的作用尤为突出。企业家能够敏锐地洞察市场变化，及时调整企业战略和业务模式，充分发挥企业竞争地位的优势。同时，企业家还能够激发企业的创新活力，推动企业在新技术、新产品和新市场方面取得突破。这些举措不仅能够提高企业的抗风险能力，从而为企业带来更强的市场竞争力，还能够增强企业的新质生产力水平。

第七章

激发企业家精神的政策文本分析和效果评估

一、政策文本分析

（一）政策发文时间和发文数量特征

随着我国经济社会的快速发展，企业家精神在推动经济转型升级、创新驱动发展中的作用日益凸显。为充分激发和保护企业家精神，国家层面相继出台了一系列相关政策。通过对近十年来国内激发企业家精神的70份政策文本进行深入分析，可以清晰地看到其发文数量分布与增长趋势呈现出鲜明的阶段性特征，如图7-1所示，这些趋势同时也反映了我国在不同阶段对企业家精神培育与激发的重视程度及策略变化。

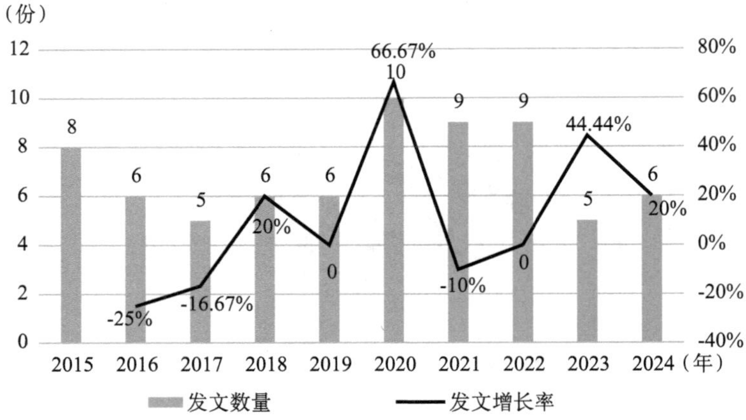

图 7－1　2015—2024 年国内激发企业家精神的政策发文数量

首先，2015—2017 年，这一时期可以视为国内激发企业家精神政策的初步探索与奠基期。在这一阶段，政策发文数量相对较高，尤其是 2015 年，达到了 8 份，显示出国家对激发企业家精神这一议题的初步关注与布局。这些政策主要聚焦于构建企业家精神培育的初步框架，包括优化创业环境、提供创业支持、加强企业家教育培训等方面。尽管政策发布相对集中，但内容多为基础性、引导性的措施，为后续政策的深化与拓展奠定了重要基础。值得注意的是，这一时期的政策增长率虽然未呈现显著波动，但整体上保持了较为稳定的增长态势，反映出政策制定者对激发企业家精神这一议题的持续关注与推进。

进入第二个阶段，即 2018—2020 年，我国激发企业家精神的政策迎来了密集发布与深化发展阶段。这一时期，随着供给侧结构性改革的深入推进和“大众创业、万众创新”战略的全面实施，企业家精神在推动经济转型升级中的作用更加凸显。因此，政策发布数量再次增加，2018—2020 年每年均保持 6 份及以上的发文量，特别是在 2020 年达到了 10 份的高点。这一阶段，政策内容不仅继续强化对企业家成长环境的优化，还更加注重对企业家创新能力的培养、创业服务的提升以及企业家精神的宣传与弘扬。

自 2021 年起，国内激发企业家精神的政策再次迎来了新的发展机遇，进入了持续优化与精准施策的阶段。这一阶段，政策发文数量呈现出明显的回升趋势，特别是2021年和2022年均达到了9份，显示出政策制定的连续性和稳定性。同时也展现出国家对于激发企业家精神这一议题的高度重视与积极推进。这些政策不仅延续了前期的基础性、引导性措施，还更加注重政策的创新性、系统性和协同性。一方面，通过加强政策间的衔接与配合，形成更加完整、高效的政策体系；另一方面，针对新时代企业家精神培育的新要求、新挑战，不断探索新的政策工具和政策手段，如加强知识产权保护、优化营商环境、推动创新创业等，以更加精准的政策措施激发企业家的创新活力和创业热情。

我国激发企业家精神的政策发文数量与增长趋势清晰展现了从奠基探索到密集发布再到稳定优化的三个发展阶段。这些政策不仅为我国企业家精神的培育与激发提供了坚实的制度保障，也为我国经济的持续健康发展注入了强劲动力。

（二）政策发文主体分析

在对国内2015—2024年旨在激发企业家精神的政策发文主体的统计与分析中，我们发现国务院共有37个不同部门和机构积极参与其中，充分体现了我国政府在推动企业家精神发展方面的广泛动员与深度协作。如表7-1所示，在此期间，共发布了70项相关政策，其中单独发文41项，联合发文21项，这一数据对比揭示了我国激发企业家精神政策制定模式正从单一部门主导逐步向多部门协同转变的显著趋势。

表7-1　国内激发企业家精神的政策发文主体

政策发文部门	单独发文数	联合发文数
国务院	13	—
国务院办公厅	8	0
工业和信息化部	6	15
国家发展改革委	3	11
国家市场监督管理总局	2	6

续表

政策发文部门	单独发文数	联合发文数
人力资源与社会保障部	1	5
科技部	1	9
国务院国有资产监督管理委员会	1	8
税务总局	1	5
文化和旅游部	1	3
交通运输部	1	3
国家知识产权局	1	2
自然资源部	1	2
国家能源局	1	1
财政部	0	11
商务部	0	6
教育部	0	4
中国证券监督管理委员会	0	4
中国人民银行	0	4
中国银行保险监督管理委员会	0	3
海关总署	0	3
全国工商业联合会	0	2
生态环境部	0	2
住房和城乡建设部	0	2
国家金融监督管理总局	0	2
国家广播电视总局	0	1
农业农村部	0	1
国家体育总局	0	1
中国科学院	0	1
卫生健康委	0	1
铁路局	0	1
民航局	1	1
最高法	0	1
公安部	0	1
司法部	0	1
医保局	0	1
档案局	0	1
密码局	0	1

单独发文方面，国务院以 13 项政策高居榜首，展现其在国家层面的政策引领与决策核心作用。国务院办公厅紧随其后，发布了 8 项政策，进一步强化政策制定的权威性与执行力。工业和信息化部、国家发展改革委等部门也积极贡献，分别发布了 6 项和 3 项单独政策，这些政策聚焦于行业规划、市场监管、创新发展等多个维度，为企业家精神的培育提供了坚实的政策基础。同时，更值得关注的是联合发文现象的显著增长。自 2015 年以来，随着国家对创新创业、产业升级及市场环境优化的日益重视，多部门协同制定政策的趋势愈发明显。其中，工业和信息化部以 15 项联合发文领先，与科技部、国家发展改革委等部门紧密合作，共同推出了涉及智能制造、工业互联网、创新驱动发展等一系列重磅政策。国家发展改革委则以 11 项联合发文紧随其后，与财政部、税务总局等部门携手，围绕优化营商环境、促进民营经济发展等方面出台了多项政策措施。财政部在联合发文方面以 11 项高居榜首，这充分说明了其在资金扶持、税收优惠等经济政策制定中的关键作用。商务部、教育部、中国证券监督管理委员会等部门也在联合发文中表现活跃，通过跨部门合作，共同为激发企业家精神提供了包括市场开拓、人才培养、金融支持在内的全方位政策支持。

以 2020 年发布的《关于进一步做好稳就业工作的意见》（国发〔2020〕6 号）为例，该政策由国务院发布，并得到了人力资源和社会保障部、财政部、税务总局等多个部门的深度参与和具体落实。政策不仅提出了加大减税降费力度、加强创业扶持等具体措施，还强调了优化创业环境、提升创业服务质量的重要性，充分体现了多部门协同作战在政策制定与执行中的重要作用。

此外，一些特定领域的部门也在激发企业家精神的政策制定中发挥了不可或缺的作用。例如，国家知识产权局通过联合发文，强化了知识产权保护力度，为创新创业提供了坚实的法律保障；国家能源局则与工业和信息化部等部门合作，推动了能源领域的创新创业与产业升级；而全国工商业联合会则通过与其他部门的紧密协作，积极促进了民营经济的发展与企业家精神的弘扬。

因此，我国在激发企业家精神的政策制定过程中，已经形成了跨部门、跨领域的广泛协作机制。这种机制不仅提升了政策制定的科学性和针对性，还确保了政策执行的有效性和持续性。

（三）政策类型分析

1. 国内激发企业家精神的政策文本类型

在国内激发企业家精神的政策文本类型上，70 份国内激发企业家精神的政策文件涵盖了意见、通知、函、办法、决定、计划、方案、规划、条例 9 种形式的文件，统计分析结果见表 7－2。各类政策文件以其独特的形式和定位，共同构成了推动企业家精神培育与弘扬的政策体系。

首先，意见作为政策制定中的重要形式，共颁布了 31 份，占比最高，达到了 44.29%，充分体现了国家对激发企业家精神工作的高度重视与全面规划。意见通常用于提出具有前瞻性、战略性的指导意见，明确工作方向与目标，为各级政府和相关部门提供了政策制定的基本框架与行动指南。例如，近年来国家层面发布的《关于营造企业家健康成长环境弘扬优秀企业家精神的意见》等，不仅强调了企业家精神的重要性，还提出了优化营商环境、加强企业家队伍建设等一系列具体措施，为激发和保护企业家精神提供了有力的政策保障。

其次，通知作为政策传达与执行的直接手段，共颁布了 30 份，占比 42.86%，紧随意见之后。这类政策文件通常用于具体部署工作任务、明确政策要求、指导实践操作，具有高度的时效性和针对性。在激发企业家精神的政策体系中，通知往往用于细化意见中的各项措施，确保政策得到有效执行。例如，针对企业家创新创业、融资支持、税收优惠等方面，各级政府和相关部门会发布一系列具体通知，明确政策细节、操作流程及申报要求，为企业家提供清晰、明确的政策导向。

此外，函、办法、决定等类型的政策文件虽然数量较少，但各自扮演着不可或缺的角色。同时计划、方案、规划和条例等长期性、系统性的政策文件虽然数量较少，但它们对于构建激发企业家精神的长效机制具有重要意义。计划和方案通常用于明确未来一段时间内的工作目标与任务安排，为政策实施提供明确的时间表和路线图；规划则侧重于对某一领域或行业的长远规划与发展布局，为企业家提供稳定的政策预期；条例则是对某项政策或制度的法律规范，确保政策执行的权威性和公正性。这些政策类型虽然数量有限，但它们在激发企业家精神的政策体系中扮演着稳定器、引导者和保障者的角色。

国内激发企业家精神的政策文本类型多样、功能各异，共同构成了推动企业家精神培育与弘扬的完整政策体系。各类政策文件以其独特的形式和定位，在政策制定、执行与监督中发挥着不可替代的作用。

表 7－2　　　　国内激发企业家精神的政策文本类型

颁布类型	数量/份
意见	31
通知	30
函	3
办法	1
决定	1
计划	1
方案	1
规划	1
条例	1

2. 国内激发企业家精神的政策主题类型

本书深入剖析了当前国内旨在激发企业家精神的各类政策内容，归纳出创新激励、营商环境优化、企业家能力培养、权益保护与激励机制、市场拓展支持及提升企业家社会影响力六大主题分类框架。在分析的一系列针对性政策样本中，创新激励政策、营商环境优化政策以及企业家能力培养政策尤为突出，合计占比高达 61.42%（见图 7－2），这一数据直观反映了我国近年来在激发企业家精神、推动企业家队伍高质量发展方面的坚定决心与显著成效。

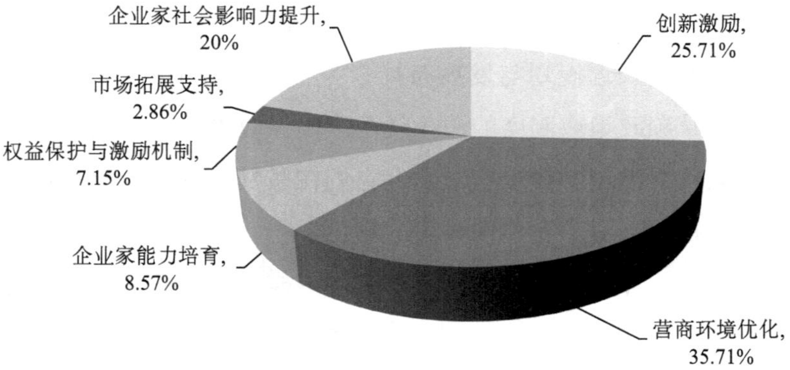

图 7－2 国内激发企业家精神的政策主题类型

创新激励政策通过设立创新基金、提供研发补贴、税收优惠等措施，极大地激发了企业家的创新动力。这些政策不仅降低了企业的创新成本，还促进了新技术、新产品、新业态的涌现，为经济增长注入了新活力。同时，一系列国家级和省级的创新创业大赛、孵化器及加速器项目，为企业家提供了有利条件。

营商环境优化政策则致力于打造一个公平、透明、高效的市场环境。通过简化行政审批流程、降低市场准入门槛、加强知识产权保护等措施，有效减轻了企业负担，提升了企业家对市场的信心。此外，政策还鼓励政府部门与企业建立常态化沟通机制，及时解决企业发展中的难题，增强了企业家的获得感和归属感。

企业家能力培养政策聚焦于提升企业家的综合素质和管理能力。政府通过与高校、培训机构合作，开展专题培训、海外研修、管理咨询等项目，帮助企业家拓宽视野、提升经营能力。同时，政策还鼓励企业家参与行业协会、商会等社会组织，加强交流与合作，共同推动行业进步。

与此同时，权益保护与激励机制、市场拓展支持政策及企业家社会影响力提升政策也发挥着重要作用。权益保护与激励机制通过完善法律法规、加强执法力度，有效保护了企业家的合法权益，同时通过股权激励、业绩奖励等方式，激发了企业家的积极性和创造性。市场拓展支持政策则通过搭建国际合作平台、提供出口信贷支持等措施，帮助企业开拓国内外市场，提升企业竞争力。而企业家社会影响力提升政策则通过表彰优秀企业家、宣传企业家精神等方式，增强了企业家的社会责任感和荣誉感，提升了企业家群体的整体形象。

在时间趋势上，我国激发企业家精神的政策发布也呈现出逐步深化、细化的特点。近年来，随着供给侧结构性改革的深入推进和“放管服”改革的不断深化，政府在激发企业家精神方面的政策力度不断加大，措施更加具体、针对性更强。这些政策的制定与实施，充分体现了我国对企业家群体的高度重视与深切关怀，为激发企业家精神、推动经济高质量发展提供了有力保障。

(四) 政策工具分析

在国内激发企业家精神的政策的实施过程中，从政策设计到具体行动的转化，同样离不开有效的政策工具作为推动力量。通过对国内激发企业家精神的政策工具的深入分析，可以更加精准地评估政策设计的效果，并为未来的政策优化提供有力依据。本书借鉴 Rothwell 等学者的政策工具分类框架，将国内激发企业家精神的政策工具划分为供给型、需求型和环境型三大类[①]，并在此基础上进一步细化为具体子维度，具体数据如表 7－3 所示。

---

① Rothwell R，Zegveld W. Reindusdalization and technology［M］. London：Longman Group Limited，1985.

表7-3　　国内激励企业家精神政策政策工具

政策工具类型	工具名称	政策工具解释	工具频数占比
供给型（35.71%）	公共服务	政府优化医疗、教育、住房等公共服务	1.42%
	创业孵化服务	政府为初创企业提供办公场地、创业指导、法律咨询等孵化服务，支持企业家精神发展	5.71%
	创新资源支持	政府为创新型企业提供科研设备、技术平台、数据库等创新资源，助力开展技术创新	10%
	人才培养	政府举办或资助针对企业家的培训课程、研讨会和创业指导，提升其管理能力和市场洞察力	14.29%
	资金支持	政府通过设立创业基金、提供贷款担保、引导风险投资等方式，为创业企业提供资金支持	4.29%
环境型（51.43%）	市场准入监管	政府简化企业注册流程，放宽市场准入，加强事中事后监管，降低企业运营成本	2.86%
	金融税收	政府为创业者提供税收优惠、注册便利、知识产权保护等政策支持，营造良好创业环境	8.57%
	创新生态系统建设	政府推动构建产学研用协同创新体系，促进科技成果转化，打造有利于企业家精神成长的创新生态	21.43%
	社会文化营造	政府积极弘扬企业家精神，提升社会对企业家的认可和尊重	18.57%

续表

政策工具类型	工具名称	政策工具解释	工具频数占比
需求型（12.86%）	产学研交流合作	政府为企业、高校、科研机构之间的交流合作搭建平台，促进技术创新与成果转化	5.71%
	激励机制	政府设立企业家相关奖项，对在创新创业中作出突出贡献的企业家进行表彰，并建立相应的激励机制，提升其社会地位和荣誉感	4.29%
	市场需求	政府通过制定行业标准、推广新技术应用等措施，刺激市场对创新产品或服务的需求	2.86%

1. 供给型政策工具

供给型政策工具在激励企业家精神的政策体系中占比35.71%，显示出政府对直接支持企业家发展的重视。其中，创业孵化服务（5.71%）和创新资源支持（10%）是两个较为突出的子项。政府通过提供办公场地、创业指导、法律咨询等孵化服务，以及科研设备、技术平台、数据库等创新资源，为初创企业和创新型企业提供了有力的支持。这些措施有助于降低创业门槛，提升企业的创新能力和市场竞争力。然而，公共服务（1.42%）和资金支持（4.29%）虽然有所涉及，但占比相对较低。公共服务方面，政府在优化医疗、教育、住房等方面的努力仍有待加强，以更好地满足企业家的生活需求，提高其生活品质和工作满意度。资金支持方面，尽管政府设立了创业基金、提供贷款担保和引导风险投资等方式，但资金支持的力度和覆盖面仍有待提升，以满足更多初创企业的资金需求。此外，人才培养（14.29%）也是供给型政策工具中的一个重要子项。政府通过举办或资助针对企业家的培训课程、研讨会和创业指导，提升企业家的管理能力和市场洞察力。然而，培训内容的实用性和针对性仍需加强，以确保培训效果能够真正转化为企业的竞争优势。

2. 环境型政策工具

环境型政策工具在激励企业家精神的政策体系中占比最高，达到51.43%，显示出政府在优化创业环境、激发企业家创新活力方面的决心。其中，创新生态系统建设（21.43%）和社会文化营造（18.57%）是两个最为关键的子项。政府通过推动构建产学研用协同创新体系，促进科技成果转化，为企业家提供了丰富的创新资源和合作机会。同时，政府还积极弘扬企业家精神，提升社会对企业家的认可和尊重，营造了良好的社会氛围。这些措施有助于激发企业家的创新热情，推动创新创业活动的蓬勃发展。金融税收（8.57%）和市场准入监管（2.86%）也是环境型政策工具中的重要组成部分。政府通过提供税收优惠、注册便利、知识产权保护等政策支持，降低了企业的运营成本，提升了其市场竞争力。同时，政府还简化了企业注册流程，放宽了市场准入，加强了事中事后监管，为企业提供了更加便捷和高效的政务服务。

3. 需求型政策工具

需求型政策工具在激励企业家精神的政策体系中占比最低，仅为12.86%，显示出政府在刺激市场需求、促进产学研交流合作方面的不足。其中，产学研交流合作（5.71%）是一个较为突出的子项，政府通过搭建平台促进企业、高校、科研机构之间的交流合作，有助于推动技术创新与成果转化。然而，这种合作机制尚不健全，合作深度和广度仍有待提升。激励机制（4.29%）和市场需求（2.86%）虽然有所涉及，但力度和效果仍有待加强。政府通过设立企业家相关奖项、表彰在创新创业中作出突出贡献的企业家等方式，提升了其社会地位和荣誉感。然而，这种激励机制的覆盖面和影响力仍有待扩大。同时，政府在刺激市场对创新产品或服务的需求方面还需加强力度，以推动创新创业活动的持续发展。

综上所述，国内在激励企业家精神的政策实施上，虽然涵盖了供给型、环境型和需求型等多种政策工具，但各类型工具的具体应用仍存在明显不足。从整体上来说，环境型政策工具应用较为充分，但供给型和需求型政策工具应用不足，导致政策体系缺乏平衡与协同。因此，政府应进一步完善政策体系，加强供给型和需求型政策工具的应用力度，以更好地激发企业家精神，推动创新创业活动的蓬勃发展。

二、主要成效

（一）创新驱动层面

1. 加大研发投入与成果产出

近年来，我国政府出台了一系列政策以激发企业家精神，特别是在创新层面加大研发投入与成果产出方面取得了显著成效。这些政策不仅为企业提供了真金白银的支持，还通过优化创新环境、完善激励机制等措施，极大地提升了企业的创新能力和核心竞争力。

政府通过设立创新基金、提供研发补贴、税收优惠等措施，显著降低了企业的创新成本，鼓励企业加大研发投入。国务院国资委在国企改革三年行动中，推行“揭榜挂帅”“赛马机制”等创新激励政策，全面激发了各类创新主体和科研人员的积极性和创造性。此外，国家还通过优化研发资金投入，建立国有企业研发准备金制度，推动国有资本向科技创新领域配置，进一步提升了企业的创新投入。

同时在政策的推动下，企业的创新成果不断涌现，新技术、新产品、新业态层出不穷，为经济增长注入了新活力。国家统计局数据显示，2024 年我国全社会研究与试验发展（R&D）经费投入为 36130 亿元，同比增长 8. 3%，我国基础研究经费支出为 2497 亿元，同比增长 10. 5%；占研发经费比重为 6. 91%，企业科技创新主体作用更加稳固。同时，政府还通过支持企业主导的产学研深度融合，推动财政资金支持形成的非涉密科技成果向企业开放，进一步促进了科技成果的转化和应用。

政策的实施进一步强化了企业在创新中的主体地位，许多企业在政策支持下制订相应的创新目标计划，以展现其在技术创新和产业升级中的引领作用。例如，华为计划在未来 5 年内投入超过 1000 亿元用于研发，重点布局 5G、人工智能、云计算等前沿技术领域，力争在关键核心技术领域实现自主可控。阿里巴巴集团则宣布在未来 3 年内投入 2000 亿元，用于推动云计算、大数据、物联网等技术的创新与应用，助力数字经济的发展。在新能源领域，宁德时代计划到 2025 年将研发投入占比提升至 10% 以上，重点突破固态电池、钠离子电池等下一代电池技术，巩固其在全球动力电池市场的领先地位。此外，比亚迪计划在未来 5 年内投入 500 亿元用于新能源汽车技术的研发，目标是实现电动化、智能化和网联化的全面突破。这些企业的创新目标计划不仅体现了其在政策支持下的战略布局，也彰显了企业家精神在推动技术创新和产业升级中的核心作用，为经济高质量发展注入了强劲动力。

2. 推动技术与商业模式创新

在当前数字经济蓬勃发展的时代背景下，一系列为激发企业家精神的政策也在推动技术与商业模式创新方面取得了显著成效。良好的政策环境促使企业家敢于突破传统思维，探索新的商业模式和技术应用，从而催生了共享经济、电子商务、数字经济等新兴业态的蓬勃发展。

以阿里巴巴为例，其通过创新的电商模式，不仅改变了人们的消费方式，还推动了数字经济的快速发展。阿里巴巴自 1999 年成立以来，凭借淘宝、天猫等平台，逐步奠定了在中国电商市场的基石。淘宝的免费刊登策略、内置聊天窗口（阿里旺旺）以及在线交易担保工具（支付宝）等创新举措，极大地优化了交互体验，解决了信任问题，从而在短短三年内实现了市场份额的快速提升。此外，阿里巴巴还通过云计算、大数据分析等前沿技术的应用，推动了企业管理模式的创新和效率的提升。

政策的支持也为企业家精神的发挥提供了有力保障。政府通过优化公平竞争的市场环境、完善激励创新创业的政策体系等措施，激发了企业的创新活力。例如，国家定调的转变，为阿里巴巴等企业开启了新的发展机遇，使其在云计算、人工智能、区块链等前沿技术领域获得更多政策支持。同时，政府还通过搭建平台、营造氛围、提供强有力支持，统筹推进科技、经济、政府管理体制的综合改革，以更好地服务于创新发展。

在数字经济领域，政策的推动作用尤为明显。2024 年，国务院总理李强明确提出要从全局高度认识和推动数字经济高质量发展，促进数字技术和实体经济深度融合，推进数字产业化、产业数字化，全面赋能经济社会发展①。这一政策导向不仅为阿里巴巴等企业提供了更广阔的发展空间，也推动了整个行业的创新与变革。

通过政策的支持和引导，企业家们得以在良好的环境中大胆创新，探索新的商业模式和技术应用，从而推动了数字经济等新兴业态的蓬勃发展，为经济高质量发展注入了新动力。

（二）产业升级层面

1. 推动传统产业转型升级

许多企业积极响应国家关于绿色发展的号召，进行数字化、绿色化改造，促使传统产业企业家积极拥抱新技术，从而实现了从传统粗放型生产向绿色智能生产的转变，提升了传统产业的质量和效益，成为新质生产力在传统产业领域的体现。

政府通过制定和实施相关政策，如《关于加快传统制造业转型升级的指导意见》和《推动工业领域设备更新实施方案》等，为传统产业转型升级提供了明确的方向和支持。这些政策不仅包括资金支持和税收优惠，还涉及技术指导和人才培养，为企业家提供了全方位的支持。

---

① https://www.gov.cn/yaowen/liebiao/202407/content_6961543.htm.

在政策的引导下，企业家们积极响应，加大在数字化和绿色化改造方面的投入，推动企业向高端化、智能化、绿色化方向发展。

在数字化转型方面，传统产业通过引入大数据、人工智能、物联网等技术，实现了生产过程的智能化和自动化。例如，钢铁行业通过智能化改造，提高了生产效率，降低了能耗和污染。水泥行业也通过智能化系统，实现了生产过程的精准监控和管理，优化资源配置，减少资源浪费。这些改造不仅提升了企业的生产效率和产品质量，还增强了企业的市场竞争力。

在绿色化改造方面，传统产业通过采用节能设备和工艺，减少了能源消耗和污染物排放。例如，一些钢铁企业通过实施超低排放改造和极致能效工程，实现了绿色生产。水泥企业则通过节能设备的应用和工艺升级，降低了能源消耗和碳排放。这些改造不仅有助于企业实现可持续发展，还为国家的碳达峰、碳中和目标作出了贡献。

通过政策引导和企业家的努力，传统产业的转型升级取得了显著成效。高技术制造业占规模以上工业增加值的比重不断提高，重点工业企业数字化研发设计工具普及率和关键工序数控化率也显著提升。此外，我国还培育了一批国家级智能制造示范工厂，推动了传统产业向高端化、智能化、绿色化方向发展。

2. 培育壮大新兴产业和未来产业

《关于加快场景创新以人工智能高水平应用促进经济高质量发展的指导意见》和《推动传统产业改造升级加快发展新质生产力》等政策，为新兴产业和未来产业的发展提供了明确的方向和支持。在政策的引导下，企业家们积极响应，加大在新兴产业和未来产业的投入，推动企业向高端化、智能化、绿色化方向发展。

在新兴产业和未来产业领域，我国已经取得了一系列显著成效。在人工智能领域，我国已经形成了涵盖基础芯片、传感器、计算平台、底盘控制、网联云控等在内的完整产业体系。在量子信息领域，我国加强了对量子信息科学等相关专业的建设，推动了量子信息产业的发展。在卫星互联网领域，我国已经建成了涵盖卫星制造、发射、运营、应用等在内的完整产业链，并在多个领域实现了商业化应用。

通过政策引导和企业家的努力，新兴产业和未来产业的发展取得了显著成效。我国高技术制造业、装备制造业快速增长，截至 2024 年 12 月，累计培育了 421 家国家级智能制造示范工厂、700 家高水平 5G 工厂，国家先进制造业集群达到 80 个。这些成果不仅提升了我国产业的竞争力，也为经济增长注入了新动能。

（三）资源配置层面

1. 优化创新要素配置

政府在资源配置层面通过完善要素市场配置政策，显著提升企业家获取人才、资金、技术等创新要素的效率。政府通过设立人才专项资金、搭建技术交易平台等措施，为企业吸引高端人才和引进先进技术提供了有力支持。例如，部分科技园区通过设立专项基金，为高层次人才提供科研启动经费、住房补贴和职业发展支持，有效解决了企业在人才引进中的瓶颈问题。同时，技术交易平台的建立促进了技术供需双方的高效对接，加速了科技成果的转化与应用。这些举措不仅降低了企业的创新成本，还显著提升了企业的创新能力和资源利用效率，推动了新技术、新产品、新业态的不断涌现，为经济增长注入了新的动力。

此外，政府通过优化创新环境，推动企业与高校、科研机构建立深度合作关系，进一步提升了企业的创新能力。以中关村科技园区为例，政府通过支持园区新建或升级孵化加速空间、共享展厅、路演厅等公共服务设施，显著提升了园区的公共服务能力。这些设施为企业提供了良好的创新生态环境，促进了创新要素的高效流动与配置，推动了企业创新的快速发展。同时，政府还通过政策引导，鼓励企业与科研机构联合开展技术攻关，形成了“产学研用”一体化的创新模式，进一步加速了科技成果的产业化进程。

2. 促进产业链协同发展

政府在资源配置层面还通过加强产业链供应链协同的政策，引导企业家加强产业上下游合作，推动产业链整体竞争力的提升。以新能源汽车产业为例，电池、电机、电控等零部件企业与整车企业通过紧密合作，形成了完整的产业链生态。这种协同合作不仅优化了生产要素的配置，还推动了新质生产力在产业集群中的落地生根，显著提升了产业整体竞争力。例如，部分新能源汽车产业集群通过建立联合研发中心，实现了核心技术的共享与突破，降低了研发成本，缩短了产品上市周期。

与此同时，政府通过政策引导，推动产业链上下游企业之间的供需对接、项目共建、渠道共用等合作模式，进一步降低了企业的交易成本，提高了产业链的韧性和活力。以川渝地区为例，两地通过产业优势互补，集聚了600余家智能网联新能源汽车零部件企业，形成了高效协同的产业体系。这种跨区域的产业链协同合作，不仅提升了区域产业的整体竞争力，还为全国范围内的产业链协同发展提供了有益借鉴。例如，川渝地区通过共建产业园区、共享物流网络和研发资源，实现了产业链的高效整合，显著降低了企业的运营成本，提升了区域经济的整体效益。

（四）经济发展层面

1. 促进产业结构优化

在政策引导下，企业家将目光聚焦于新兴产业和未来产业，加大在人工智能、新能源、新材料等领域的投入，推动了产业向高端化、智能化、绿色化方向转型升级。以新能源汽车产业为例，在政策支持和企业家创新精神的双重驱动下，该产业实现了从技术突破到市场规模快速扩张的跨越式发展。根据中国汽车工业协会的数据，2023年中国新能源汽车销量达到949.5万辆，同比增长37.9%，占全球市场份额超过65%，连续九年位居全球第一。这一成就不仅体现了政策对产业升级的推动作用，也彰显了企业家精神在技术创新和市场开拓中的关键作用。

此外，政策还通过设立专项基金、提供税收优惠等措施，鼓励企业加大研发投入，推动传统产业与新兴技术的深度融合。2023 年全国高新技术企业数量突破 45 万家，同比增长 15%，其中人工智能、新能源、生物医药等领域的创新型企业占比显著提升。这些企业在政策支持下，不仅加速了技术突破，还带动了上下游产业链的协同发展，进一步优化了产业结构。以光伏产业为例，2023 年中国光伏组件出口额超过 500 亿美元，同比增长超过 30%，成为全球光伏产业链的核心力量。这些数据充分表明，激发企业家精神的政策在推动产业结构优化方面取得了显著成效。

2. 提升经济活力与增长动力

《关于促进民营经济发展壮大的意见》等政策的出台，进一步增强了各类市场主体的活力。通过减税降费、优化营商环境等举措，政府有效减轻了企业负担，使企业能够将更多资金用于扩大生产、研发创新等领域，为经济增长注入了强劲动力。据统计，2023 年民营经济对 GDP 的贡献率超过 65%，提供了 85% 以上的城镇就业岗位，成为经济增长的重要引擎。

2023 年，政府通过实施积极的财政政策和适度宽松的货币政策，打好政策“组合拳”，保持了经济的稳定增长。全年新增减税降费规模超过 4.5 万亿元，显著降低了企业的运营成本，增强了企业的投资信心。同时，政府还通过推动改革与创新深度融合，推动高水平科技自立自强，因地制宜培育新质生产力，进一步激发了全社会的内生动力和创新活力。2023 年全国研发经费投入总量超过 3.2 万亿元，同比增长 10.8%，其中企业研发投入占比超过 78%，体现了企业家精神在推动科技创新中的重要作用。以数字经济为例，2023 年中国数字经济规模突破 60 万亿元，同比增长 10.5%，占 GDP 比重超过 40%。这一成就离不开政策对企业家精神的激发和对创新环境的优化。例如，政府通过支持数字基础设施建设、推动数据要素市场化配置等措施，为数字经济的发展提供了有力支撑。同时，企业家在政策引导下，积极探索新技术、新模式，推动了数字技术与实体经济的深度融合，为经济增长注入了新的动能。

此外，政策还通过优化营商环境，增强民企信心，推动经济持续向好。例如，2023 年中国在全球营商环境排名中进一步提升，位列第 25 位，较 2022 年上升了 5 位。这一进步得益于政府在简化行政审批、保护知识产权、完善法治环境等方面的持续努力。这些举措不仅增强了企业的投资信心，还吸引了更多外资企业来华投资。2023 年全年实际使用外资金额超过 1.2 万亿元，同比增长 6.5%，为经济增长提供了重要支撑。

第八章

激发企业家精神、发展新质生产力的对策建议

当前中国正处于经济转型的关键时期，如何更好地培育企业家精神，制定有利于企业家精神发展的政策措施，形成合理的企业家精神空间布局，对驱动新质生产力的发展具有重要意义。在这个关键节点上，企业家精神不仅是经济发展的重要引擎，更是推动社会进步和创新的重要力量。其一，企业家创新发展、专注品质、追求卓越的精神是提升核心竞争力和保持企业活力的根源。创新是企业发展的不竭动力，企业家通过不断创新，推动新技术、新产品和新商业模式的出现，使企业在市场竞争中立于不败之地。专注于提升产品和服务的质量，是企业赢得消费者信任和市场份额的关键，而追求卓越的精神则促使企业在每一个细节上精益求精，力求完美。通过这些努力，企业能够不断提升自身的核心竞争力，保持持续的市场活力。其二，企业家爱岗敬业、遵纪守法、艰苦奋斗的精神是实现企业健康可持续发展的基础。爱岗敬业是企业家对自身职责的高度认同和投入，只有全身心地投入工作，才能带领企业不断前进。遵纪守法是企业家在经营活动中必须遵循的基本原则，只有在合法合规的前提下，企业才能稳健发展。艰苦奋斗是企业家在面对困

难和挑战时表现出的毅力和决心，正是这种精神使企业能够在复杂多变的市场环境中保持稳健发展，实现可持续增长。此外，企业家履行责任、敢于担当、服务社会的精神是将企业发展和社会经济发展有机统一，推动新质生产力发展的重要保障。企业不仅是经济活动的主体，更是社会的一部分，企业的发展应与社会的进步相协调。企业家应积极履行社会责任，通过参与公益事业、推动环保和资源节约等方式，为社会作出贡献。敢于担当是企业家在面对社会问题时应有的态度，只有勇于承担责任，才能赢得社会的尊重和信任。服务社会是企业家精神的重要体现，通过服务社会，企业能够更好地融入社会，推动企业与社会的共同进步。[①] 根据研究结论，提出以下对策建议。

一、国家层面

（一）创造有利于企业家精神发展的制度环境，重塑企业家精神

实证分析表明，良好的经济环境、政治环境、法治环境、人口特征、基础设施是影响企业家精神发展的重要因素。[②] 因此，创造有利于企业家精神发展的制度环境，是推动新质生产力发展的关键。[③] 其一，要进一步提高市场自由度，加大市场开放程度，减少对垄断性行业的管制，降低行业的进入壁垒，特别是新进入企业的门槛。采取有效措施降低中小企业进入新市场、开发新产品的成本，是激活市场创新创业活力

① 彭长华，陶静．弘扬企业家精神聚集高质量发展动能［J］．群众，2023（24）：66－67.

② 张海洋，董鑫鑫．企业家精神与产业结构升级——基于产业集聚的中介效应［J］．开发研究，2022（5）：28－38.

③ 张军，黄家华．创业生态系统对企业家精神的影响机制——基于区域经济发展的视角［J］．管理世界，2022，38（1）：41－56.

的必要前提。以电信行业为例，过去由于较高的行业壁垒，新企业进入困难，市场竞争不充分，服务质量提升缓慢。然而，近年来随着市场开放程度逐步提高，新的电信企业不断涌入，国家统计局 2023 年中国经济和社会发展统计数据显示，新进入企业数量在过去 5 年增长了 30%，这不仅带来了更多元化的服务，还促使整个行业的创新步伐加快，如 5G 技术的应用推广速度明显提升。这表明，放宽行业限制不仅能够促进市场竞争，还能创造更有利于企业家创新精神发展的环境。① 此外，还需要优化行业资源分配的机制，鼓励传统行业与新兴行业之间的合作与融合，为创新型企业的成长提供更多机会与可能。其二，为了推进金融体制的进一步改革，应大力发展直接融资市场，扶持中小型金融中介机构的发展。目前直接融资市场主要服务于大中型企业的状况需要改变，使更多的中小企业，尤其是初创企业，能够获得信贷支持。数据显示，中国中小企业贡献了超过 60% 的 GDP 和 50% 以上的税收，但其融资比例却远远低于大企业。为了扭转这一现象，我国应大力发展产业投资基金和风险创业投资基金，引导资金流向创新创业领域。尤其是在高科技行业，政府可以通过政策倾斜和专项基金支持等举措，帮助企业在技术研发以及市场拓展中减少资金压力。其三，优化政治环境是激发企业家精神的另一重要环节。②在这一过程中，需要正确处理政府与市场之间的关系，减少政府对市场的直接干预，进一步加大简政放权的力度。政府应减少对资源的过度管控，让市场在资源配置中起到决定性作用，从而形成更加公平、透明的市场竞争环境。在企业运营中，应进一步减少企业审批的步骤，这不仅可以提升企业办事效率，还能有效遏制腐败行为对企业家精神的打击。③ 例如，近年来推行的“互联网＋政务

---

① 李志坚，刘小红．制度创新对企业家精神的影响——基于中国省际面板数据的实证研究［J］．中国工业经济，2018（7）：59－77.

② 陈劲，杨东涛．中国企业家精神发展的制度环境影响研究［J］．技术经济，2020，39（2）：12－20.

③ 陆岷峰，窦博闻．在新质生产力背景下深化改革与推进长三角一体化战略——基于传统经典经济理论的分析［J/OL］．西南金融，1－12［2024－07－13］.

服务”模式通过简化审批流程、提升透明度，为中小企业营造了更为友好的营商环境。其四，提高法治水平，加大对个人财产权的保护力度，是重塑企业家精神的重要保障。[①] 按照法律法规保护个人财产安全，不仅能够增强企业家对创业环境的信心，还能提高社会整体对财产保护的认知水平。此外，加大对知识产权的保护力度，依法打击各种侵权行为，是激发创新活力的重要举措。数据显示，知识产权侵权问题是导致企业家创新动力不足的重要因素之一。因此，要大力宣传普及知识产权法律法规，在全社会形成尊重知识、崇尚创新的文化氛围，从而激活企业家精神的创新精神。其五，优化人口结构，提升人口素质，是推动企业家精神发展的长期战略。[②] 为此，政府应持续加大教育投入力度，深化教育体制改革，着力培养高素质的创新创业人才队伍，通过在高等教育中加强实践型、创新型课程的设置，提升学生的创业能力。此外，职业教育与技能培训也是提升人口素质的重要环节，通过针对性的培训和技能提升计划，可以更好地满足现代产业对高技能人才的需求。其六，加大基础设施建设，尤其是互联网信息技术的发展，是促进创新创业的必备条件之一。互联网技术的发展，不仅为传统行业的数字化转型提供了契机，也为欠发达地区实现追赶超越、培育创新创业精神提供了新的途径，5G 网络的加速覆盖和云计算技术的普及，可以为初创企业提供更加高效、更低成本的技术支持，从而进一步降低创业门槛。同时，应注重城乡基础设施的协调发展，为欠发达地区提供更多发展机会，缩小区域经济差距，营造全民创新的良好氛围。

（二）新时代激发保护企业家精神的相关制度与法治环境建设

在当今全球化背景下，各国之间的竞争实质上是企业之间的竞争，

---

① 李延辉，杨磊．企业创新、知识产权保护与经济高质量发展［J］．科研管理，2020，41（5）：75－84.

② 王莉萍，马凌翔．政府对企业家精神的激励与支持——基于中国创新创业政策的实证研究［J］．经济管理，2021，43（4）：120－130.

而企业的核心竞争力主要体现在企业家的能力和精神上。企业家作为经济活动的主导者，不仅推动了企业内部创新和资源配置效率的提升，更在国家经济体系中扮演了连接全球市场、促进产业升级的重要角色。过去四十多年，中国的改革开放政策极大地激发了企业家精神，涌现出一代又一代的优秀企业家。① 这些企业家中，既有从零开始、自力更生的民营企业家，也有富有进取心和奉献精神的国有企业领导者。他们的贡献涵盖从传统制造业到现代服务业，从基础设施建设到高科技产业，成为推动经济转型和社会进步的中坚力量。华为创始人任正非以及阿里巴巴创始人马云等企业家就是典型的例子，他们通过技术创新和商业模式变革，不仅开创了全球化的中国品牌，还在多个领域引领了行业变革。② 这些成就的背后，离不开政策支持、市场环境和法治保护的持续完善。

尽管如此，为进一步激发与保护企业家精神，中国政府仍须应对一些关键挑战。这是一项系统性工程，涉及多个领域，包括完善基本经济制度、健全法律法规、建设创新型经济体系、培育创新创业文化、提升教育水平等，需要政府、企业、学界及全社会共同努力。近年来，政府推出了一系列政策措施，如《优化营商环境条例》和多项针对民营企业发展的扶持政策，在市场公平性、财产权保护、创新激励等方面取得了初步成效。然而，问题仍然存在，特别是在地方执行层面，一些政策落实不到位，企业在实际经营中依然面临诸如融资难、税费高和行政干预等障碍。因此，亟须进一步加强制度和法治建设，以巩固和提升企业家精神发展的内外环境。

制度建设的核心在于创建公平竞争的市场环境和合理的收入分配体系。公平的市场竞争环境是企业家精神得以释放的重要前提，能够激励企业家通过技术创新、改进生产流程、降低成本等方式提升竞争优势。

① 王莉萍，马凌翔．企业家精神与企业文化的耦合机制研究［J］．经济管理，2021，43（4）：120－130

② 孙鹏飞，张建．企业家精神与企业创新绩效研究［J］．经济学动态，2021（9）：45－52.

一个健康的市场竞争环境应当保证不同所有制、不同规模的企业在市场准入、资源获取和政策扶持方面享有平等的机会。在基础设施行业或医疗健康领域，长期存在某些国有企业占据优势资源，民营企业进入受限的情况。为了解决这一问题，需要调整政府与市场的关系，推进所有制中性原则的落实，通过深化改革消除所有制歧视和市场壁垒。同时，优化营商环境，推进简政放权，缩减行政审批环节，为企业创造更加高效便捷的运营条件。

法治建设的核心在于加强对企业家的财产权和知识产权的保护，确保企业家能够安心经营，专注于生产性活动，而非投入过多资源应对市场风险和外部侵权行为。近年来，知识产权侵权案件频发，对创新型企业的冲击尤为显著。数据显示，仅 2022 年，中国法院受理的知识产权案件同比增长约 20%，其中涉及技术侵权和商标盗用的问题尤为突出。为应对这些问题，政府应加大对知识产权的保护力度，严格执法，建立起快速处理侵权案件的机制，并提高赔偿金额，以增加侵权的违法成本。同时，国家应大力推广知识产权保护的相关法律法规，加强企业和公众的法治意识，形成全社会尊重创新、保护产权的文化氛围。此外，在财产权保护方面，我国需要加强对民营企业家财产的安全保障。过去，部分地区出现的民营企业家财产被非法征收或侵占的案例，极大地打击了企业家的信心。因此，要通过完善法律程序和监督机制，保障企业家的合法权益，营造稳定和可预期的市场环境。

在收入分配方面，改革的重点是确保企业家的才能被用于生产性活动，而不是寻租等非生产性活动。当前，虚拟经济和金融领域的高收益现象使部分企业家转向投机行为，而不是专注于实体经济的建设。为此，需要合理调整收入分配体系，适当降低资本收益的比重，增加知识、技术和管理要素的回报比重，优待劳动者和创业者。一个科学合理的分配制度应当鼓励创新创业行为，抑制过度的资本逐利。例如，通过设立创业奖励基金、税收优惠政策等方式，引导企业家将更多资源投入高质量发展领域，从而带动经济增长和社会福利的全面提升。

（三）新时代激发保护企业家精神的创业型体系和机制建设

激发和保护企业家精神的核心在于构建一个尊重知识创新、鼓励企业家精神和推动企业可持续发展的创业型文化体系。这种文化不仅需要激励企业家不断探索新技术、新模式和新市场，还应倡导长期发展的视角，将企业的经济效益与社会效益相结合。在许多情况下，侥幸心理和短视行为导致企业家追求短期利益，而忽视了长远规划和社会责任。例如，一些企业在获取短期市场份额后因创新不足而失去竞争力，而另一些长期注重研发投入的企业则能够在市场波动中持续增长。通过建立尊重知识和创新的环境，企业家才能充分发挥潜力，推动社会的进步与繁荣。为此，政府、教育机构和社会各界需要通过政策引导、教育改革和舆论宣传等多方面措施，共同营造良好的创新创业生态环境，让企业家精神成为社会发展的重要动力。

为了营造这种积极的创业文化，我国首先应加强青少年的创业精神培养。青少年是未来社会的建设者，他们的价值观和目标直接影响国家的经济活力。目前，我国部分青少年崇尚娱乐明星或网络名人，忽视了创业者和科学家的榜样作用，对此，可以通过加强学校教育中的职业规划课程，引导青少年学习成功创业者的经历，并逐步改变这一现状。例如，可以通过举办全国性创业大赛、开展创业主题夏令营等方式，让青少年从小体验创业的乐趣和挑战。同时，政府和媒体应树立一批优秀企业家和科学家的典型案例，通过多种媒体渠道广泛宣传他们的成就与故事，塑造企业家作为社会英雄的正面形象。此外，还需要对那些尝试创业但未能成功的企业家给予关注和支持，积极宣传“失败是成功之母”的理念，鼓励社会大众敢于尝试和创新，避免对失败者的排斥或歧视。例如，美国硅谷的创业文化中对失败者的宽容，为许多企业家提供了再次尝试的机会，而这种文化正是创业生态活力的重要来源。

深化教育体制改革并完善以创新创业为导向的教育体系，也是激发企业家精神的重要环节。创新创业教育应贯穿儿童教育、基础教育和高等教育全阶段，形成从早期兴趣培养到后期创业实践的系统化教育模式。目前，我国在创业教育中仍存在偏差，例如，过度集中于高校阶段的创业课程，忽视了基础教育对创新意识的培养，同时理论课程占比过高，实践课程和创业实验平台的建设明显不足。因此，我国应推动教育体系改革，增加实践课程比重，建设更多创业实验室和孵化器平台，并为学生提供真实的创业资源支持。同时，学校里还应建立一支专业化、国际化的教师队伍，通过培训提高教师的实践能力和创业指导能力。此外，教育内容应与市场需求相结合，目前许多地方高校通过校企合作项目，为学生提供实训机会，这不仅培养了学生的实践能力，也为企业输送了创新型人才。这些措施都将有助于形成一个以创业为导向的教育生态，为新时代的企业家精神培养奠定基础。

建立一个合理的容错机制是保护和激励企业家精神的关键。创业作为一项高风险活动，失败在所难免。过于严苛的惩罚性机制不仅会抑制企业家创新的动力，还会让社会逐渐形成“害怕失败”的消极心态。因此，在不损害社会利益的前提下，应对创业者给予适当宽容，让他们有机会从失败中吸取教训，重新起步。特别是在国有企业改革中，容错机制的重要性更加突出。许多国有企业管理者因改革过程中面临巨大不确定性而采取保守策略，导致改革停滞不前。对此，相关部门应明确支持那些积极推进改革的企业家，并对因大胆创新而出现的失误采取更宽容的态度。同时，对那些故意阻碍改革或违反法律规定的行为，则应严肃问责，确保改革的公平与公正。

诚信机制建设是激发和保护企业家精神的另一个重要方面。在现代市场经济中，一个健全的信用体系不仅可以降低交易成本，还能够增强企业家的安全感，使其更加专注于创新和创业。为此，应建立全面的信用记录体系，确保个人和企业的信用信息公开透明且可追溯。具体措施包括：奖励诚实守信的行为。例如，通过税收优惠和政策支持激励信用良好的企业，同时严惩失信行为，增强法律和制度的威慑力。例如，近年来实施的“信用中国”项目，通过建立失信联合惩戒机制，已经显著提升了社会诚信水平。此外，还应积极引导企业家重视诚信建设，通过企业内部建立信用管理制度，形成良好的经营习惯。

完善监督机制也是保护企业家精神的重要保障。适度监管和严格执法不仅可以防止企业的不当行为，还能为企业家创造公正的竞争环境。近年来政府对互联网平台经济的反垄断监管，旨在防止行业巨头利用市场地位排挤中小企业，同时保障创业者的公平竞争权利。在具体实施中，监管部门应及时修补漏洞，杜绝灰色地带，同时通过科技手段提升监管效率。例如，运用大数据技术实现动态监管，为合规企业营造良好的发展环境。

总而言之，激发和保护企业家精神需要从多个层面同时着手，包括法治建设、市场规则的公正、教育体系的完善以及文化氛围的营造，这些都需要政府的积极介入和支持。只有这样，我们才能确保企业家精神在我国得到有效的激发和长远的保护。①

（四）构建跨区域的创新创业战略联盟，发挥科技创新和知识创新在区域间的溢出作用

实证分析表明，企业家精神在中国省域之间具有显著的空间溢出效应，即一个地区的企业家精神发展水平不仅能够提升本地区的创新活力，还能通过区域间的知识流动和资源共享带动周边地区的发展。因此，构建跨区域的创新创业战略联盟显得尤为重要。这种联盟不仅有助于发挥科技创新和知识创新在区域间的溢出效应，还能够提升区域协同创新能力，为实现中国经济的均衡发展提供强有力的支撑。其一，加大协同创新资源投入，形成跨区域的创新驱动合力。构建跨区域的创新创业战略联盟，首先需要充分保障创新资源的投入。继续实施创新驱动发展战略，加大高校、科研院所和企业的研发经费（R&D）投入力度，

① 李政．新时代企业家精神：内涵、作用与激发保护策略［J］．社会科学辑刊，2019（1）：79－85.

是提升区域协同创新能力的核心。例如，可以通过设立国家级专项基金或跨区域联合创新基金，鼓励发达地区与欠发达地区共同参与创新项目，形成财政支持与市场投入相结合的协同机制。其次，还应通过政策引导，吸引社会资本进入创新领域，为协同创新提供多元化的财力保障。最后，在扩大科研队伍规模的同时，应注重人才培养与引进，尤其是具有跨学科创新能力的高层次人才。近年来，一些地区通过“科技特派员计划”实现了技术与资源的有效对接，这一模式可以在更大范围内推广，以推动区域协同创新。其二，加强产学研合作，促进技术创新成果的产业化。以企业为主体的创新体系是提升区域创新能力的重要基础。企业与高校、科研院所的深度合作，不仅能够将技术创新成果迅速转化为产业应用，还能通过多样化的资源整合提升整个区域的经济活力。一方面，应推动企业与科研机构共建研发中心或实验室，实现创新资源的集聚。通过建设区域科技园区，聚集优质科研机构和企业，从而推动技术成果转化和商业化。另一方面，应引导企业加大创新资金的投入，使高校和科研院所的（R&D）经费来源多元化，减少对单一渠道的依赖。近年来，国家层面提出了鼓励高校科研成果“赋权到人”的政策，即将技术成果的知识产权归属直接赋予研发团队或科研人员，以提高成果转化效率。这一机制若能与区域战略联盟结合，将进一步增强区域间的协同创新能力。其三，强化创新产出的激励效应，增强创新主体的积极性。为了激励各创新主体更加重视创新产出，应建立以创新成果为核心的激励机制。例如，可以将专利申请数量、新产品开发数量以及技术成果转化效益等指标纳入企业和科研机构的绩效评价体系。特别是在企业层面，鼓励企业增加对新产品开发的投入，通过创新驱动占领市场高地。此外，还需要完善科研成果收益分享机制，明确创新主体在成果转化收益中的分配比例。以一些高科技产业为例，如果能够有效地激励科研人员参与创新型企业的创立，不仅能够推动创新成果的快速落地，还能够为区域经济注入新动能。例如，中关村地区通过建立“股权激励+技术入股”模式，成功吸引了大量科研人员从事创新创业活动。其四，加大跨区域的创新资源整合，促进资源的合理流动。目前，中国的区域经济发展不平衡现象依然显著，特别是中西部与东部地区之间的创新能力差距较大。为此，应利用东部发达地区的创新资源集聚优势，通过知识溢出和技术转移，实现资源共享和区域间的协同发展，可以在东部地区设立“创新资源共享平台”，将科研仪器、专利技术、实验室设施等资源开放给中西部地区的科研机构和企业使用，从而推动区域创新资源的共享。此外，还应注重跨区域合作中的利益平衡，鼓励区域间形成互惠机制。通过共同参与国家重大科技攻关项目，东部地区提供先进技术和资金支持，中西部地区提供土地、劳动力和市场优势，从而双方共同受益于协同创新的成果。

（五）发挥区域创新创业中心的扩散作用，实现企业家精神对区域经济增长的正向溢出

理论和实证分析均表明，企业家精神通过集聚效应和扩散效应对区域经济增长产生显著影响。在中国，各省企业家精神的扩散效应往往大于集聚效应，表现为对经济增长产生了积极的溢出作用，推动了区域间经济协调发展。因此，如何更好地发挥企业家精神的扩散作用，促进区域经济的均衡增长，是当前经济发展政策的重要议题。

其一，对于企业家精神较强的地区来说，应进一步营造良好的企业家精神发展氛围，巩固其集聚优势。优化政策环境是关键所在，包括通过减税、财政补贴和政策扶持等措施，为企业家提供更加宽松的经营环境。此外，政府还应鼓励企业家在新技术、新模式和新市场领域不断探索。例如，在粤港澳大湾区，地方政府通过创新创业支持政策，引导企业家将前沿技术应用于新兴产业，形成了区域内技术创新的“强磁场”，吸引了大量的高层次人才和创新资源。与此同时，教育和培训在强化本地区企业家精神中也发挥着重要作用。地方政府可以与高校、科研院所和企业合作，推出定制化的高端人才培养项目，为企业家提供包括商业管理、技术创新和国际化运营等内容的系统培训，基础设施的完

善也是吸引和留住人才的重要因素，通过高标准建设科技园区、创新中心等举措，进一步提升区域吸引力。这些措施不仅能够促进本地区经济的可持续增长，还能通过技术、资本和人才的输出，推动周边地区经济发展，实现区域间的协同增长。

其二，对于企业家精神较弱的地区来说，应加大培养和发展企业家精神力度，主动吸收发达地区的创新资源和经验。企业家精神较弱的地区往往在创新能力、产业结构和市场活力方面存在一定的短板，因此需要制定针对性的政策措施，帮助这些地区提升内生动力。例如，我国应优先发展与本地区资源禀赋相适应的产业，通过专项政策扶持当地企业的技术改造和升级，同时为初创企业提供低成本融资渠道和创业孵化服务。此外，教育水平的提升和创业培训质量的优化是关键所在。地方政府可以设立专项基金，支持职业教育机构和高校开设创新创业课程，培养本地的企业家后备力量。同时，还可以通过引入发达地区的成功创业者作为导师，分享实践经验，激励本地居民积极投身于创业活动。区域协作是另一重要手段。通过跨区域合作项目、联合研发计划和技术转移等方式，吸收和利用邻近地区的先进经验和资源。在中部地区，部分城市通过与东部沿海地区共建研发平台，实现了技术的快速引入和本地化应用，显著提升了区域内的创新能力。

其三，区域创新创业中心应加强辐射作用，成为推动区域经济协同发展的引擎。区域创新创业中心作为企业家精神的集聚地，在资源整合、技术扩散和经济增长中具有重要的战略意义。要充分发挥其扩散效应，需要从以下几方面着手：第一，政府应推动多层次、网络化的区域协同机制建设，通过优化区域创新网络结构，实现创新资源的高效流动和共享。国家可以设立区域性协作平台，鼓励区域内高校、科研机构和企业共同开展研发活动，提升整体创新水平。第二，应鼓励发达地区向欠发达地区提供技术支持和资金投入。通过设立区域合作基金、技术援助计划和跨区域创新创业论坛，为区域间的技术转移和知识共享搭建桥梁。例如，长三角地区通过设立“长三角一体化发展示范区”，实现了技术、人才和资本的高效流通，为周边地区经济发展注入了新活力。第三，应着力打造跨区域的产业合作链条。例如，在高新技术产业、绿色经济等领域建立统一的产业联盟，实现上下游产业的协同发展，从而扩大区域创新创业中心的辐射范围和带动能力。

其四，政府应完善区域合作的政策保障和治理机制，解决跨区域合作中的实际问题。区域合作中经常面临利益分配不均、资源配置不合理等问题，这不仅影响了合作的效果，也削弱了各地区的积极性。因此，政府应通过政策引导和制度创新，构建公平、公正、透明的合作机制。例如，在制定区域合作项目时，可以引入第三方评估机制，对各方的投入与收益进行科学评估，确保利益分配的公平性。同时，设立跨区域协调委员会或机构，专门负责区域合作项目的规划和实施，及时解决可能出现的矛盾。此外，政府还可以通过税收优惠政策、资金奖励等手段，激励各地区积极参与合作。例如，国家层面可以推出“区域经济合作示范项目”，对参与合作的地区给予专项补贴，以推动区域经济的协调发展。

总的来说，发挥区域创新创业中心的扩散作用，需要在强化企业家精神集聚效应的同时，通过政策支持、资源整合和机制创新，提升扩散效应的覆盖范围和深度。这不仅能够为区域经济注入持续的增长动力，也有助于缩小区域差距，实现中国经济的均衡发展和高质量提升。

（六）制定差异化的区域创新创业政策和管理措施，科学有效地配置和利用创新资源

实证分析表明，中国省域企业家精神分布存在显著的空间集聚特征，即东部沿海地区（如长三角、珠三角和京津冀地区）的企业家精神显著强于中西部地区因此，在制定区域创新政策时，政府应因地制宜，充分考虑各地区的实际情况，科学有效地配置和利用创新资源，以推动区域经济的均衡发展和整体提升。

其一，根据各地区企业家创新创业的动机特点，实施针对性支持政

策。各地区企业家在创新创业时的动机和目标可能存在显著差异，这直接影响政策的针对性与有效性。研究表明，在东部沿海地区，由于经济发展水平较高，生存型创业的比例较低，而机会型创业占据主导地位。因此，在这些地区，政策应更加注重认可企业家的社会贡献，提升企业家的社会地位和荣誉感。例如，可以通过设立“年度杰出企业家奖”或“区域创新先锋”称号，鼓励企业家在更高层次上追求技术突破和行业变革。同时，政府还可以通过税收优惠、技术支持等方式，激励企业家参与社会公益事业和绿色发展项目，从而进一步增强其社会责任感。[①] 相比之下，在中西部地区，生存型创业比例相对较高，这些创业者往往是为了缓解就业压力或解决生计问题。因此，政府应重点关注小微企业的扶持，通过提供创业启动资金、减免税收和创业指导等措施，降低创业门槛，帮助更多人参与创业活动。

其二，根据各地区的创新创业风险特点，制定差异化的管理措施。不同地区的创新创业面临的风险类型和程度往往存在显著差异，管理措施也应随之调整。在中西部地区，市场和资金风险是影响创新创业成功的主要因素。这些地区由于市场体系不够完善、信息流通不畅，企业家在进入市场时常常面临巨大困难。因此，政府应加大市场信息的公开力度，构建区域性市场信息共享平台，帮助企业家掌握市场动态和机会。此外，还应建立中小企业专项融资支持机制，鼓励商业银行降低贷款门槛，或通过政策性担保机构为初创企业提供融资担保服务，以缓解中西部地区企业的资金压力。反观东部地区，由于技术密集型产业占比较高，技术和财务风险更为突出。在这些地区，政府应重点关注知识产权保护、技术支持和财务管理培训。例如，可以设立区域性知识产权保护中心，提供快速维权通道和技术咨询服务，帮助企业家维护自身权益。同时，政府还可以组织定期的财务管理培训，提高企业家的财务规划能

---

① 张海洋，董鑫鑫．企业家精神与产业结构升级——基于产业集聚的中介效应［J］．开发研究，2022（5）：28－38.

力，从而降低因资金管理不善导致的创业失败率。

其三，因地制宜制定创新创业政策，充分利用各地区的资源禀赋和经济优势。各地区的资源条件和经济优势决定了其在创新创业中的潜力和方向。因此，政策的制定必须充分考虑这些因素，避免简单照搬发达地区或国外的经验。中西部地区通常在人力资源和自然资源方面具有优势，这为其发展劳动密集型和资源型产业提供了基础。例如，依托当地特色资源发展农产品深加工、生物医药等产业，不仅能够提升资源利用效率，还能带动本地就业和经济增长。与此同时，东部地区则更具技术和资本优势，政策应着重支持高新技术产业和现代服务业的发展，推动人工智能、区块链、新能源等前沿领域的突破。此外，为促进区域内自主品牌的培育和壮大，政府可以通过设立区域性品牌支持计划，鼓励企业进行品牌升级，提升区域产品的市场竞争力。

其四，加强区域间的信息共享和合作，促进全国范围内的创新资源流动。为了更好地支持各地区的创新创业活动，政府应加强对创业环境的研究，深入了解不同地区的具体需求和挑战，建立全国范围的信息共享机制至关重要。例如，搭建统一的区域创新创业大数据平台，汇集全国各地区的市场信息、技术资源和政策动态，为企业家提供决策支持。此外，政府应积极促进各地区之间的经验交流和合作。例如，可以定期举办区域创新创业论坛或合作洽谈会，为企业家、科研机构和投资人搭建交流和合作的桥梁。通过跨区域的资源整合和协作，不同地区可以实现优势互补，共同推动全国范围内的创新创业活动。

其五，通过政策引导和制度创新，确保政策的公平性和有效性。在制定和实施差异化政策时，必须注重公平性和科学性，以避免政策资源集中于少数发达地区或特定行业，导致区域间进一步失衡。为此，可以引入第三方评估机制，对政策的执行效果进行定期评估，确保政策资源分配的透明性和合理性。例如，国家可以设立专项基金支持中西部地区的创新创业活动，并对资金使用效果进行严格监督。同时，应通过地方立法将创新创业支持政策制度化，避免因政策变动影响企业家的信心和规划。

通过制定差异化的区域创新创业政策和管理措施，因地制宜地配置和利用创新资源，政府能够更好地激发企业家精神，推动区域经济协调发展。这不仅有助于促进经济增长和技术进步，还能通过政策优化实现区域间的均衡发展，为构建全国统一大市场和创新体系奠定坚实基础。

二、企业层面

（一）企业应当认识并高度重视企业家精神的作用

企业家精神是企业核心竞争力的重要组成部分，也是决定企业发展高度的关键因素。然而，许多企业在实际管理中往往仅将企业家视为完成日常管理事务的管理者，而忽视了企业家精神在推动企业创新和可持续发展中的重要作用。企业家精神的主体是企业家，而企业家作为企业的异质性稀缺资源，凭借其独特的人力资本在企业生产经营中占据主导地位。这种异质性资源不仅难以被模仿，更是企业利润和竞争优势的真正来源。研究表明，企业家的独特性通常通过创新活动得以实现，这些创新活动涵盖了产品、技术、市场，以及企业文化、组织形式、制度设计和商业模式等多方面。[①] 因此，企业家精神不仅是企业家的个人特质，更是驱动企业创新活力和核心竞争力的重要力量。

企业家精神的核心在于创新精神，这种创新不仅表现在产品和技术的革新上，还包括对企业文化、组织形式和制度的深度优化。例如，许多全球领先企业通过对管理模式的创新，提升了资源配置效率和市场响

---

① 张军，黄家华．创业生态系统对企业家精神的影响机制——基于区域经济发展的视角[J]．管理世界，2022，38（1）：41－56

应能力，使企业在激烈的竞争中始终保持领先地位。以特斯拉为例，其创始人埃隆·马斯克通过商业模式和技术的持续创新，使公司在新能源汽车领域处于世界前列。类似地，国内企业如华为通过研发创新和组织制度的优化，在国际市场上构建了强大的竞争力。① 这些案例表明，企业家精神在提升企业市场竞争力和控制力方面起到了不可替代的作用。

除了创新精神，企业家还应具备追求卓越和传承工匠精神的品质，这不仅关系到企业的成长速度，更决定了企业的生命力和可持续发展能力。然而，当前我国许多企业家在这一方面尚有不足。实践中，很多企业难以成为百年老店，曾经风光一时的优秀企业也可能因缺乏长期规划和深耕细作的精神而迅速衰落。这种现象凸显了工匠精神对企业发展的重要性。传承工匠精神不仅需要企业家保持精益求精的态度，还需将这种精神深植于企业文化中，成为全体员工共同追求的价值理念。例如，日本的松下电器正是通过长期坚持质量至上和精益管理，成为全球家电领域的标杆企业之一。

要充分发挥企业家精神的作用，企业必须高度重视其培养和激发机制。首先，企业应建立完善的支持环境和激励机制。例如，提供具有吸引力的股权激励和长期收益分配方案，鼓励企业家在创新和冒险中取得突破。同时，企业应为企业家提供持续学习和成长的机会。例如，组织高层次的管理培训或国际交流活动，帮助企业家拓宽视野，提升战略思维能力。其次，企业应建立健全的内部管理制度，优化资源配置，为企业家的创新活动提供制度保障。例如，通过设立创新基金支持企业内部的研发活动，为企业家提供试验和验证新想法的空间和资源。最后，企业还应注重企业文化建设，倡导创新意识和责任感的融合，营造全员参与创新的氛围。研究表明，一个积极创新的企业文化能够显著提高企业

① 陈劲，杨东涛．创新驱动与企业家精神对企业竞争力的影响［J］．科学学与科学技术管理，2020，41（5）：20－28

的整体创新能力，并吸引更多优秀人才加入。[①]

此外，企业在激发企业家精神时，应特别注重企业家的社会责任感和长期规划能力的培养。企业家不仅是企业内部的管理者，更是社会经济体系的重要组成部分，他们的决策对社会和环境的影响不容忽视。例如，在绿色发展和可持续发展背景下，企业家应主动将环保和社会责任纳入企业的核心战略。实践证明，那些能够平衡企业利益和社会价值的企业，往往在长期竞争中表现更为卓越，如联合利华通过推广可持续采购策略，不仅增强了企业的品牌价值，也赢得了全球消费者的认可。

总之，企业家精神是企业持续创新和发展的内在动力，其作用远超传统管理的范畴。企业应通过多种机制高度重视并激发企业家精神，支持企业家发挥创新精神、创业精神和工匠精神，带领企业实现持续健康发展。在此基础上，企业不仅能够在激烈的市场竞争中占据优势，还能够为社会经济的发展和新质生产力的培育作出重要贡献。

（二）正面引导企业家精神，保护和培育企业家精神，强化责任担当，促进企业的永续发展

企业家精神在微观层面促进企业成长，在宏观层面推动整体经济增长，既是企业持续发展的核心动力，也是国家经济繁荣的重要支柱。本书发现，企业家精神对企业的可持续发展绩效具有显著的正向影响。其中，创新精神是企业经济绩效提升的关键驱动因素，而冒险精神虽对短期经济绩效可能存在一定负向影响，却在提升社会绩效和生态绩效方面发挥了积极作用。[②] 这些结果表明，企业家精神并非单一维度的作用，而是多维度影响企业的经济、社会和环境表现，其综合效应对企业的永续发展至关重要。

① 王莉萍，马凌翔．企业家精神与企业文化的耦合机制研究［J］．经济管理，2021，43（4）：120－130

② 牛翠萍，耿修林．企业家精神、管理层权力与企业可持续发展绩效的实证［J］．统计与决策，2020，36（19）：164－168.

一方面，国家应从宏观层面提供支持，为企业家精神的发挥创造良好的制度环境。首先，国家应强化法治建设，完善相关法律法规，切实保护企业家的合法权益和财产权，特别是在知识产权保护方面。研究表明，良好的法治环境是企业家创新行为的重要保障。例如，通过建立快速处理知识产权纠纷的绿色通道，可以降低企业家在创新过程中的法律风险，增强其创新动力。其次，政府应努力营造公平竞争的市场环境，推动资源在市场中实现高效配置。第一，通过打破行业垄断和降低市场准入门槛，确保中小企业和初创企业能够公平参与竞争；第二，通过制度设计鼓励企业家承担风险和进行长期投资。针对企业家在创业过程中可能面临的失败，国家应建立容错机制，为失败者提供再创业支持，降低社会对失败的歧视。最后，金融支持是激发企业家精神的重要手段。国家应推动多层次资本市场建设，拓宽企业家的融资渠道。例如，支持创业投资基金和科技创新专项基金的发展，为创新型企业提供资金保障。政府还可以通过税收优惠、研发补贴等方式激励企业加大技术研发投入，为企业家精神的发挥提供坚实的外部环境。

另一方面，企业需从内部挖掘企业家精神的潜力，为其提供支持和激励。企业是企业家精神发挥的主要载体，其内部环境直接决定了企业家精神的实现程度。首先，企业应完善内部激励机制，将企业家的个人贡献与企业的整体发展紧密挂钩。例如，可以通过实施股权激励计划或长期绩效激励，确保企业家能够分享企业成长带来的成果，从而激发其积极性和创造力。其次，企业应注重营造良好的工作环境，为企业家提供发展的平台和资源支持。例如，通过设立创新实验室或技术研发中心，为企业家提供实现创新想法的空间和工具。此外，企业应关注企业文化建设，将企业家精神融入企业的核心价值观，形成全体员工共同追求创新与卓越的文化氛围。实践表明，强大的企业文化不仅能够增强员工的凝聚力，还能够显著提高企业的整体创新能力。

同时，企业家作为企业的核心力量，应主动承担社会责任，在追求经济效益的同时，关注社会和环境效益。企业家精神的本质并非仅限于经济目标的达成，还应注重企业在社会和生态领域的表现。例如，通过积极履行社会责任，企业家可以帮助企业在市场中树立良好的品牌形象，同时赢得消费者和社会公众的认可。近年来，许多领先企业通过采用绿色生产工艺、推广循环经济和减少碳排放等措施，展现了企业家精神在可持续发展中的力量。例如，阿里巴巴集团通过倡导绿色物流和智慧仓储，减少了大量碳排放，为生态保护作出了积极贡献。此外，企业家还应关注社会问题。例如，通过公益项目回馈社会，积极参与社区发展和扶贫活动，展示企业家的责任担当。

最后，国家和企业的共同努力能够形成合力，全面保护和培育企业家精神。国家通过完善制度环境，增强企业家的信心和稳定其预期，而企业则通过提供支持和激励，挖掘企业家精神的潜力。这种双重保障能够有效促进企业家的创新精神、冒险精神和责任担当，为企业的永续发展提供强劲动力。在实践中，企业需要在经济绩效、社会绩效和生态绩效之间寻找平衡。例如，通过将企业目标与联合国可持续发展目标（SDGs）挂钩，企业家可以在推动企业盈利的同时，助力全球性社会和环境问题的解决。

总之，企业家精神对企业的永续发展具有不可或缺的重要作用。只有通过国家与企业的协同努力，为企业家精神创造良好的外部环境和内部支持体系，才能充分挖掘企业家的潜力，发展新质生产力，推动企业在经济、社会和生态领域取得全面进步，最终实现企业和社会的共同繁荣。

（三）完善公司治理结构与企业激励机制，规范管理层权力的运用，促进企业的成长，进而驱动新质生产力的发展

企业家在掌控管理层权力的过程中，在推动经济向高质量发展转型中扮演了关键角色。公司治理结构的核心在于对经营者的激励与约束，以及对决策权的合理配置。一个科学合理的公司治理结构，既能够充分调动企业家的创新动力，又能有效防范权力滥用所带来的风险，从而实

现企业的健康持续成长和新质生产力的驱动。

在现代企业治理模式中，企业所有者（委托人）与日常经营管理者（代理人）之间的利益冲突是不可避免的。这种冲突主要源于代理人掌握大量决策权和资源控制权，可能利用这种权力追求个人利益而非企业整体利益。例如，一些管理者可能优先考虑短期绩效以获取高额奖金，而忽视了企业的长期战略规划和可持续发展目标。因此，确保企业家和管理者受到适当的激励与有效的监管，是优化公司治理结构和激励机制的重要目标。这不仅能够抑制潜在的权力寻租行为，还能确保管理层的决策更加透明和公正，从而推动企业实现长期健康发展。

首先，应明确企业家和管理层的职责与权限，确保决策权的合理分配，避免权力过度集中。企业家应专注于战略规划和资源配置等高层次决策，而将具体的经营管理任务授权给专业化的管理团队。这种权责分明的治理模式能够提高决策效率，避免因权力集中导致的决策风险。同时，企业还可以通过设立董事会或决策委员会等形式，加强对重大决策的集体审议和监督，从而避免“一人决策”的局限性。

其次，建立健全的激励机制，通过多样化的激励手段激发企业家的创新精神和管理层的积极性。例如，通过实施绩效考核和股权激励等措施，将管理层的个人利益与企业的长期发展目标挂钩。这不仅能够增强管理层对企业的归属感，还能激励他们在创新、市场拓展和风险管理方面更主动地投入。例如，近年来许多科技企业通过“员工持股计划”成功激发了团队的创造力和凝聚力，使企业在市场竞争中保持领先地位。此外，对于企业家而言，激励机制不仅应包括物质奖励，还应注重精神层面的认可。例如，通过颁发行业奖项或公开表彰的方式，进一步增强企业家的使命感和成就感。

除了激励机制，监管是规范管理层权力运用的重要保障。企业应构建健全的内部和外部监管体系，以确保管理者的行为在法律和道德框架内进行。内部监管可以通过强化监事会的职能、设立独立的审计部门来实现，从而对管理层的行为进行实时监控。外部监管则需要借助市场和社会力量。例如，通过信息披露制度，让股东和利益相关者能够及时了解企业的经营状况和重大决策。这种透明度的提升，不仅能够增强企业的公信力，还能有效减少内部腐败和资源浪费。例如，美国的《萨班斯－奥克斯利法案》通过强化公司财务信息的披露要求，为投资者提供了更大的保护，也提升了企业的治理水平。

在良好的治理框架下，企业家和管理层能够更加专注于企业的长远发展，通过持续的创新和精细化管理提升企业的核心竞争力。例如，阿里巴巴通过完善的合伙人制度和多层次的治理结构，实现了战略灵活性和内部稳定性的有机结合，为其在全球化和技术创新中保持领先提供了制度保障。类似地，华为通过建立以“奋斗者为本”的治理机制，将员工激励与公司整体利益紧密结合，不断提升企业的创新能力和市场竞争力。

完善公司治理结构和企业激励机制是促进企业成长和推动新质生产力发展的重要手段。通过明确权责分配、实施多样化的激励机制、强化内部和外部监管，企业不仅能够有效规范管理层权力的运用，还能充分激发企业家的创新潜能和战略思维能力。在此基础上，企业可以在日益激烈的市场竞争中保持长期优势，为经济高质量发展和新质生产力的持续培育注入源源不断的动力。

（四）始终坚持创新驱动，促进企业实现动力变革

创新是企业家精神的核心，也是企业在竞争激烈的市场中立于不败之地的根本保证。企业家应当怀抱浓厚的创新精神，致力于营造激发创意的氛围，在多个维度上持续推动创新，包括产品开发、技术进步、商业模式及管理策略等方面。这不仅是企业家个人追求的体现，更是企业实现动力变革、迈向高质量发展的关键。

在产品开发方面，企业家应鼓励团队不断探索和研发新产品，以满足市场日益多样化和个性化的需求。持续的产品创新是企业赢得市场竞争的重要手段。例如，苹果公司通过在产品设计和用户体验上的持续创

新，不断引领智能终端市场，树立了独特的品牌优势。同样，国内企业如小米，通过将用户需求与技术创新相结合，快速推出了具有市场竞争力的产品，赢得了广泛的消费者认可。企业家应深刻认识到，新产品的开发不仅能满足现有市场需求，还可以开辟新的细分市场，为企业带来更多的增长机遇。

在技术进步方面，企业家应注重引进和应用最新的科技成果，以推动企业技术能力的不断提升。这不仅包括加强与高校和科研机构的合作，积极参与国家和行业技术研发项目，还需要重视内部技术团队的建设和培养。例如，许多高科技企业通过与顶尖科研院校合作，共建研发实验室，不仅加快了技术研发进程，还推动了技术成果的产业化应用。此外，企业家还应主动关注新兴技术的发展，如人工智能、区块链和绿色技术等。通过技术创新提升生产效率、降低成本，为企业在市场竞争中赢得优势。

在商业模式方面，企业家应善于捕捉市场变化和消费者需求的动态，及时调整并创新商业模式。例如，近年来许多传统零售企业通过引入“线上+线下”全渠道零售模式，不仅增强了市场适应能力，还显著提升了客户体验。此外，借助互联网、大数据和人工智能技术，企业可以更精准地分析消费者行为和偏好，从而提供个性化的产品和服务。例如，亚马逊通过优化供应链和客户体验，在全球范围内建立了高效的电商生态系统。这些成功案例表明，创新的商业模式不仅能够创造新的收入来源，还能帮助企业提升市场灵活性和应变能力。

在管理策略方面，企业家应推动管理理念和方法的革新，打造高效、灵活的组织结构和管理机制。具体来说，这包括实施扁平化管理以缩短决策链条，加强团队协作以提升组织效率，以及优化决策流程以增强响应能力。例如，华为通过以项目为中心的组织管理模式，提高了资源利用效率和团队协作能力，为其在全球市场上的竞争提供了强有力的支持。同时，企业家还应重视员工的创造力和积极性，通过设置合理的激励机制、提供成长机会和发展空间，营造创新友好的企业文化。

企业家通过在产品开发、技术进步、商业模式和管理策略等多个维度上的持续创新，不仅能够帮助企业打造新的竞争优势，还能为社会经济的发展作出重要贡献。创新驱动的发展模式能够显著提升企业的核心竞争力，增强企业的市场适应能力。例如，特斯拉通过对新能源技术的持续研发和商业模式的革新，推动了全球新能源汽车产业的发展。类似地，中国的比亚迪通过电池技术和整车制造的协同创新，不仅提升了企业自身的竞争力，还为产业链上下游创造了广泛的合作机会。

创新是驱动企业发展的内生动力，更是企业家精神的灵魂。企业家应当不断探索、勇于实践，通过持续的创新活动引领企业走向更加辉煌的未来。在这个过程中，企业家不仅能够实现自身的价值和目标，还能通过创新成果的推广和应用，为推动社会经济的高质量发展提供重要支持。只有始终坚持创新驱动，企业才能在激烈的市场竞争中保持领先地位，实现动力变革和永续发展，从而推动新质生产力的发展。①

（五）始终坚持效益优先，促进企业实现效益变革

从高速增长向高质量发展的转变，标志着企业需要将效益提升至前所未有的重要地位。在此过程中，企业家作为企业发展的引领者，必须从过去单一追求产量的模式转变为强调发展的质量与效益，努力提升企业在生产经营、管理、资本运作和资源配置上的效率，从而推动企业实现真正的效益变革。

企业家应认识到，高质量发展不仅是经济增长的目标，更是企业实现长期可持续发展的关键所在。为此，企业需要在生产经营中注重精细化管理，从优化生产流程到引入先进的制造技术和设备，各个环节都需要以效率和质量为核心。例如，德国的工业 4.0 战略通过智能制造和精益生产大幅提升了生产效率，为全球制造业提供了标杆案例。同样，国内许多先进制造企业通过采用自动化生产线和数字化技术，不仅提高了

---

① 许科敏．高质量发展离不开优秀企业家精神［J］．企业管理，2018（7）：12－13.

生产效率，还显著降低了资源消耗。这种以质量和效益为导向的精细化管理，不仅能够提升产品的附加值，还能够增强企业的市场竞争力。

在管理方面，企业家应积极推动管理模式的创新，通过科学的管理制度和方法提升企业的整体运营效率。这包括引入先进的绩效管理体系，优化组织结构，提升员工素质，并激发员工的积极性和创造力。例如，一些领先企业通过扁平化管理模式减少了组织内的信息传递时间，提升了决策效率。此外，企业应注重员工培训和激励措施，形成全员参与、全员创新的管理文化。研究表明，管理效率的提升能够显著降低企业内部的运营成本，同时增强企业应对市场变化的能力。

企业家在资本运作上应注重资金的高效使用和资本结构的优化。企业可以通过拓宽融资渠道、多元化投资组合等方式保障资金的流动性和充足性。例如，阿里巴巴通过全球资本市场的融资活动，构建了稳健的资金支持体系，为其在技术研发和市场扩张方面提供了有力保障。此外，加强财务管理和风险控制对于避免因盲目扩张或不当投资导致的财务危机至关重要。在资源配置方面，企业应根据市场需求和自身资源禀赋，科学合理地配置人力、物力和财力资源。通过提高资源利用效率，企业不仅能够降低生产成本，还能增强市场适应性和抗风险能力，推动企业实现从粗放型增长向高效型发展的转型。

全要素生产率（TFP）的提升是企业实现高质量发展的核心竞争力所在。全要素生产率不仅是技术进步的体现，更是企业综合实力的体现。企业应通过技术创新、管理创新和商业模式创新来持续提升全要素生产率。例如，特斯拉通过垂直整合供应链，推动技术和生产的协同优化，大幅提升了资源利用效率和创新能力。此外，企业应积极引入最新一代的信息技术，如大数据、人工智能和物联网等。这些技术的应用不仅能够推动智能制造和精准营销，还能显著提升企业的管理效率和决策质量。

信息技术的整合和应用还可以加强产业链各环节之间的协同和共享，促进供应链的整体优化。例如，海尔集团通过其“智家平台”与上下游企业实现数据共享和资源整合，大幅提升了供应链效率，降低了库存成本和生产周期。这种紧密的协同合作，不仅有助于提升整个产业链的效益，还能增强企业在市场中的综合竞争力。同时，企业应与上下游合作伙伴建立长期稳定的战略合作关系，共同应对市场变化和风险，实现产业链的协同发展和资源的高效利用。

从传统的粗放型生产经营模式转向集约高效的发展路径，是企业实现高质量发展的必然选择。企业家应以战略眼光和创新精神为引领，积极推动企业的数字化转型和业务模式升级。例如，通过部署智能工厂、建设数字化管理平台，企业可以提升运营效率，同时创造更多价值。此外，企业家还应注重构建绿色发展模式，通过节能减排、清洁生产等措施减少对环境的影响，在实现经济效益的同时履行社会责任。

始终坚持效益优先，是企业实现高质量发展的核心要求，也是推动新质生产力发展的关键路径。企业家应从精细化管理、技术创新、资本运作、资源配置等多方面入手，通过全要素生产率的提升和信息技术的深度融合，实现企业的转型升级。在激烈的市场竞争中，企业不仅要努力提升效益，还应承担更多社会责任，为社会经济的可持续发展贡献力量。通过这种高效益、高质量的发展模式，企业能够在实现自身长远目标的同时，为社会创造更大的价值。

（六）始终坚持质量第一，促进企业实现质量变革

企业家应提升以质取胜的战略意识，首先从供给侧结构性改革入手，专注于核心领域，优化产品结构，深入开展品质提升工作，将资源集中于优势产品，切实提高质量水平。同时，企业家应加强品牌意识，培养企业独特的竞争优势，打造高标准、高质量的企业品牌，实现品牌和质量的同步提升，从而推动企业向价值链中高端迈进。推动新质生产力的发展是一项庞大而复杂的系统工程，要求我们齐心协力，积极投入行动。我们将继续加强与社会各界的联系与合作，努力为企业家和企业提供优质服务，营造健康发展的环境，共同为实现我国新质生产力的发

展作出更多贡献。

企业家精神在中国新质生产力的发展过程中将发挥主体性作用。当前，中国经济已进入新时代，正处于向高质量发展转型的关键时期，面对经济转型和爬坡过坎的挑战，实现经济结构优化和新旧动能转换迫在眉睫。这需要塑造一个以企业家精神为引领、具有熊彼特意义上“创造性破坏”作用的创新驱动型经济增长模式。在这个过程中，企业家精神的显化和强化是关键变量。社会主义市场经济的主体是企业，而企业发展的核心是企业家精神。企业家们通过一系列面向市场的严格“经济计算”，将技术创新和管理创新渗透到现实经济生活中，推动中国经济向高质量发展阶段演变。企业家及其精神是中国新质生产力发展过程中“市场在资源配置中起决定作用”的主导力量，企业家精神的主体性作用不可或缺。

企业家精神的发挥对于国家发展有着巨大的促进作用，因而上述结论对我国高质量经济发展的制定与实施有重要意义。为实现我国可持续发展和企业的良好发展，本书提出以下建议：从企业角度来看，企业家应充分意识到“环境可能存在的市场机会”和企业的社会影响所产生的效应，在发展中应该平衡企业活动的经济，社会和环境影响，在企业发展战略上，积极参与可持续发展的业务，寻求在经济，社会和环境三个领域的效率和竞争力可持续发展（Egri 和 Herman，2000；Perrini，Russo 和 Tencati，2007）。

从政策制定者的角度来看，他们应认识到企业家精神可能是应对可持续发展挑战的有效解决方案。因此，应积极鼓励企业树立社会责任感，并通过环保工艺或清洁技术来生产产品和提供服务。政策制定者应制定有影响力的法律法规，以促使企业采用更加可持续和高效的生产和经营方法。此外，决策者还应通过增加培训和教育计划的投入，增强企业的创新能力，加强专利保护，促进行业与研究中心之间的合作，并刺激适用于可持续发展的产品和服务的研究。总的来说，我们的研究结果支持了企业家精神与可持续发展的三支柱价值观之间的相互影响，并给出了之间的相互影响关系[①]。然而，本书在讨论可持续发展目标时，主要从经济、社会和环境这三重底线出发，采用人均生产总值、人均二氧化碳排放量和修正的人类发展指数来进行衡量，这种方法较为单一。在未来的研究中，可以将贫困、教育质量和气候变化等更多的可持续发展目标纳入分析，以提供更全面的视角。

① 刘忠迪．企业家精神与高质量经济发展［D］．浙江工商大学，2020. DOI：10. 27462/d. cnki. ghzhc. 2020. 000088.

第九章

研究结论与展望

一、研究结论

（一）揭示了企业家精神赋能新质生产力

本书经过数理推导和分析揭示了企业家精神赋能企业新质生产力。研究结果表明，具备强烈企业家精神的企业领导者对于企业新质生产力的发展具有显著的正向影响作用。由于企业家精神赋能新质生产力可能存在较长的时滞等可能，为排除内生性问题，研究采用被解释变量滞后一期及 SYS－GMM 等方法验证。研究结果发现，基准回归结果是稳健的且不存在严重的内生性影响。企业家精神鼓励创新思维，促使企业不断探索新技术、新工艺和新业务模式，从而开辟出全新的生产领域和市场空间。这种不断求新的态度，使得企业能够不断推出符合市场需求的新产品和服务，提升市场竞争力，为新质生产力的培育奠定基础。企业家精神中的冒险精神推动企业勇于承担风险，投资于研发和技术革新，即使面临失败的可能也坚持不懈。这种对未知领域的探索和挑战，往往能催生出颠覆性的技术创新，引领产业升级，形成独特的新质生产力。企业家精神强调市场敏锐度和快速响应能力，使企业能够及时捕捉市场变化，灵活调整生产策略，满足消费者日益多样化、个性化的需求。这种基于市场导向的灵活生产能力，是新质生产力的重要组成部分，有助于企业在复杂多变的市场环境中保持竞争优势。企业家精神倡导持续学习和个人成长，鼓励企业构建学习型组织，不断提升员工技能和知识水平，为新质生产力的持续发展提供人才保障和智力支持。

（二）企业家精神赋能企业新质生产力存在异质性

本书致力于深入探究企业家精神如何赋能新质生产力，借助现有完整的企业家精神评价指标体系和新质生产力评价指标体系，采用熵权法进行测度，对上市企业的企业家精神与新质生产力进行了全面的量化分析。在此基础上，我们进一步探索了企业家精神对新质生产力的影响机制，并通过异质性检验，揭示了不同产权性质、不同区域以及不同企业类型下，企业家精神赋能新质生产力的差异性表现。在探究企业家精神对新质生产力的影响机制时，我们发现，企业家精神在推动企业技术创新、产业升级、市场拓展等方面发挥着至关重要的作用。企业家通过不断追求创新、敢于冒险、善于领导等特质，能够激发企业的内在活力与创造力，推动企业在激烈的市场竞争中脱颖而出。具体而言，企业家精神通过推动技术创新，促进了企业产品的升级换代与品质提升，提高了企业的生产效率与市场竞争力。同时，企业家精神还推动了企业的产业升级与转型，使企业能够更好地适应市场需求的变化与行业的发展趋势。本书的研究还进一步揭示了不同产权性质、不同区域以及不同企业类型下，企业家精神赋能新质生产力的差异性表现。在产权异质性方面，发现国有企业的企业家精神赋能效果优于非国有企业。这主要是因为国有企业在决策流程上更为规范，能够更加注重企业的长期发展战略。在这种背景下，企业家精神能够更好地推动企业技术创新与产业升级，进而提升企业新质生产力。相比之下，非国有企业在决策流程上可能更加灵活，但在长期发展战略与技术创新方面可能存在不足，导致企业家精神赋能新质生产力的效果相对较弱。在区域异质性方面，发现东部地区与中西部地区在经济发展水平、资源禀赋等方面存在显著的差异。中西部地区由于资源相对落后，企业家精神所能发挥的作用空间阈值更大。通过积极引进先进技术、推动产业升级等方式，中西部地区的企业能够显著提升自身的新质生产力。而东部地区由于长期积累的资源等优势，企业新质生产力的发展门槛相对较高，导致企业家精神赋能新质生产力的效果相对较弱。但值得注意的是，东部地区的企业在技术创新、市场拓展等方面仍然具有显著的优势，这为企业家精神的进一步发挥提供了广阔的空间。在企业异质性方面，发现高新技术企业与非高新技术企业在技术创新方面存在明显的差异。高新技术企业由于创新门槛较高，其在技术创新方面的边际效应相对较低。而非高新技术企业的市场潜力无限，企业家在把握市场机遇、推动企业发展中发挥着至关重要的作用。在这种背景下，非高新技术企业的企业家精神能够更好地赋能新质生产力，推动企业的快速发展。

（三）企业家精神与新质生产力之间存在中介效应

在探究企业家精神如何转化为新质生产力的过程中，本书深入挖掘了企业创新能力、数智技术应用以及资源配置效率这三个核心中介变量的关键作用。其一，企业创新能力的中介作用。企业创新能力，作为企业家精神转化为新质生产力的首要中介变量，其重要性不言而喻。本书发现，企业创新主要依赖于现代信息技术，如云计算、大数据、人工智能等前沿科技的深度融合与应用。这些技术不仅革新了企业的业务流程、组织架构与产品服务，还推动了生产效率的飞跃式提升，为企业创造了前所未有的竞争优势。在企业家精神的引领下，企业积极将创新理念融入技术实践，不断推出符合市场需求的新产品和服务。这些创新成果不仅满足了消费者对高品质、个性化产品的需求，还引领了行业发展的新趋势。通过持续创新，企业形成了独特的新质生产力，这种生产力不仅体现在生产效率的提升上，更体现在对市场需求的敏锐洞察与快速响应能力上。企业创新能力的中介作用还可能体现在其对企业内部管理的革新上。随着创新理念的深入人心，企业的管理模式逐渐由传统层级制向扁平化、网络化转变，这种转变不仅提高了管理效率，还激发了员工的创新活力与创造力。同时，创新能力的提升还促进了企业间的协同创新，推动了产业链上下游企业的紧密合作与资源共享，进一步增强了企业的整体竞争力。其二，数智技术应用的中介效应。数智技术的应用是企业创新能力的重要支撑，其在企业家精神与新质生产力之间的中介作用同样不容忽视。本书发现，数智技术不仅提升了企业的生产效率，还显著增强了企业的市场敏锐度和快速响应能力。通过大数据分析与人工智能技术，企业能够更准确地把握市场趋势与消费者需求，及时调整生产策略与营销策略，以满足消费者日益多样化、个性化的需求。新质生产力的重要组成部分包含基于市场导向的灵活应变能力。此外，数智技术的应用还促进了企业间的数字化转型与产业升级。通过构建数字化平台与生态系统，企业能够实现与上下游企业的无缝对接与协同作业，推动产业链的数字化转型与智能化升级。这种转型升级不仅提高了产业链的整体效率与竞争力，还为企业的长远发展奠定了坚实的基础。其三，资源配置效率的中介作用与内部机制。资源配置效率的优化，作为企业家精神转化为新质生产力的又一关键中介变量，其在企业发展中同样发挥着举足轻重的作用。本书发现，资源配置效率的提升不仅促进了企业内部的创新氛围与持续学习文化，还为企业引入新技术、新工艺提供了有力的保障。在资源配置效率优化的背景下，企业能够更加高效地将有限资源投入最具潜力的项目，这种高效的资源配置机制不仅提高了企业的效率，还激发了员工的创新热情与创造力。同时，资源配置效率的提升还促进了企业内部的持续学习文化，鼓励员工积极学习新知识、新技能，以适应快速变化的市场需求与技术环境。资源配置效率的中介作用同样体现在其对企业组织架构与人才管理的革新上。随着资源配置效率的提升，企业能构建更灵敏的人才激励机制与培训体系，吸引并留住了一批具有创新精神与专业技能的优秀人才，为新质生产力的持续发展提供了坚实的人才保障。

（四）企业家精神赋能新质生产力存在调节效应

在探索企业家精神如何有效赋能新质生产力的过程中，本书深入剖析了环境不确定性及企业竞争地位这两个关键外部条件所扮演的角色。通过严密的实证分析与理论探讨，我们不仅揭示了环境不确定性作为外部条件的一个重要特征，如何负向调节企业家精神对新质生产力的影响，还阐明了企业竞争地位的高低如何正向影响企业家精神赋能新质生产力的过程。其一，环境不确定性的负向调节作用。环境不确定性，作为现代市场经济体系中的一个显著特征，对企业家精神赋能新质生产力的过程产生了深远的影响。在高度不确定的市场环境中，市场需求、技术革新和竞争态势均呈现出快速而多变的特点。这种不确定性不仅增加了企业经营的风险与挑战，也为企业家们提供了新的机遇与空间。本书发现，环境不确定性负向调节着企业家精神对新质生产力的作用。具体而言，在高度不确定的市场环境中，企业家们需要更加敏锐地捕捉市场机会，勇于尝试新的商业模式和技术路径，以应对环境的快速变化。然而，这种尝试往往伴随着较高的风险与不确定性，可能导致企业家精神在赋能新质生产力的过程中受到一定程度的抑制。其内在可能的原因如下：首先，环境不确定性增加了市场预测的难度，使得企业家们难以准确判断市场趋势与消费者需求，从而影响了创新决策的有效性与及时性。其次，技术革新与竞争态势的快速变化，使得企业家们在选择技术路径与商业模式时面临更多的不确定性与风险，可能导致创新活动的失败或效果不佳。最后，高度不确定的市场环境还可能导致企业内部的资源配置与组织结构调整变得更为复杂与困难，进一步抑制了企业家精神在赋能新质生产力方面的作用。其二，企业竞争地位的正向影响作用。除了环境不确定性外，企业竞争地位的高低也是影响企业家精神赋能新质生产力过程的关键因素之一。本书发现，企业竞争地位的高低正向影响着企业家精神在赋能新质生产力方面的作用。具体而言，具有较高竞争地位的企业，往往拥有更多的资源与优势来支持创新活动，从而更容易实现新质生产力的提升。这种正向影响作用主要体现在以下几个方面：首先，具有较高竞争地位的企业通常拥有更多的市场份额与品牌影响力，这使得它们在市场上具有更强的议价能力与话语权。这种优势有助于企业获取更多的资源与机会，为创新活动提供有力的支持。其次，高竞争地位的企业往往拥有更加完善的研发体系与创新机制，能够更有效地整合内外部资源，推动创新成果的转化与应用。最后，高竞争地位的企业还更容易吸引优秀人才与合作伙伴的加入，形成更加紧密的创新生态链，进一步提升企业的创新能力与竞争力。

（五）企业家精神赋能新质生产力存在链式中介

研究发现，企业家精神赋能新质生产力的过程中存在两条链式中介路径："企业家精神→企业创新能力→数智技术应用→企业新质生产力"和"企业家精神→企业创新能力→资源配置效率→企业新质生产力"。该研究结果表明，企业家精神通过提升企业创新能力促进企业数智技术应用，进而对企业新质生产力赋能。企业家精神通过增强企业创新能力促进企业资源配置效率提升，进而对企业新质生产力赋能。

在深入探索企业家精神如何赋能新质生产力的复杂过程中，本书揭示了两条至关重要的链式中介路径，这两条路径不仅深刻阐述了企业家精神对企业新质生产力提升的内在机制，而且为企业发展策略的制定提供了理论依据与实践指导。具体而言，这两条链式中介路径分别为："企业家精神→企业创新能力→数智技术应用→企业新质生产力"以及"企业家精神→企业创新能力→资源配置效率→企业新质生产力"。通过细致的实证分析与理论探讨，本书得出了以下详尽而深入的结论。企业家精神与企业创新能力的紧密联系，企业家精神作为推动企业不断前行与革新的核心动力，其本质在于对未知的探索、对风险的承担以及对创新的执着追求。在本书结论中发现，企业家精神通过激发企业的创新意识与创新能力，为企业的长远发展奠定了坚实的基础。企业家们敢于突破传统框架，勇于尝试新技术、新方法，这种精神特质直接促进了企业创新能力的提升。企业家精神通过营造开放包容的创新氛围、提供充足的创新资源以及建立有效的创新激励机制，显著提升了企业的创新能力。这种能力的提升，不仅体现在技术创新层面，还包括管理创新、市场创新等多个维度。同时，数智技术应用是企业创新能力的直接体现与生产力提升的关键，在“企业家精神→企业创新能力→数智技术应用→企业新质生产力”这一链式中介路径中，数智技术应用成为企业创新能力提升的直接体现与生产力跃升的关键。随着信息技术的飞速发展，数智技术已成为推动产业升级、提升企业竞争力的核心要素。企业家精神通过激发企业的创新意识，推动了数智技术在企业内部的广泛应用。数智技术的应用，不仅提高了企业的生产效率与产品质量，还优化了企业的运营流程与管理决策。例如，通过引入智能制造系统，企业能够实现对生产过程的精准控制，大幅降低生产成本与能耗；通过运用大数据分析技术，企业能够深入挖掘市场需求与消费者行为，为产品开发与市场营销提供有力支持。此外，数智技术还促进了企业间的协同创新，构建了更加紧密的产业生态链。因此，企业家精神通过提升企业创新能力，间接促进了数智技术的有效应用，进而推动了企业新质生产力的显著提升。

资源配置效率则是企业创新能力的深化体现与生产力提升的另一途径。在“企业家精神→企业创新能力→资源配置效率→企业新质生产力”这一链式中介路径中，资源配置效率成为企业创新能力深化的体现与生产力提升的又一重要途径。企业家精神通过增强企业的创新能力，优化了企业的资源配置策略，提高了资源的利用效率与产出效益。资源配置效率的提升，意味着企业能够以更低的成本、更高的效率获取并利用各种资源，包括资金、人才、技术等。这种效率的提升，不仅降低了企业的运营成本，还增强了企业的市场竞争力。例如，通过优化供应链管理，企业能够实现对供应商的有效整合与协同，降低采购成本与库存风险；通过实施人才发展战略，企业能够吸引并留住优秀人才，为企业的持续发展提供智力支持。因此，企业家精神通过增强企业创新能力，促进了资源配置效率的提升，进而推动了企业新质生产力的持续增长。

综合以上两条链式中介路径的分析可知：企业家精神在推动企业新质生产力提升中发挥着至关重要的作用。它不仅通过提升企业创新能力与数智技术应用水平，直接促进了生产力的跃升；还通过优化资源配置效率，为生产力的持续增长提供了有力保障。

二、展望

当前中国正处于经济转型的关键时期，如何更好地培育企业家精神，制定有利于企业家精神发展的政策措施，形成合理的企业家精神空间布局，对驱动新质生产力的发展，具有重要意义。本书通过实证分析揭示了企业家精神对企业新质生产力的作用机制，但在理论框架和研究方法层面仍存在若干待完善之处：首先，在核心变量测量方面，现有评估体系主要采用财务指标来衡量企业家精神，未能充分体现企业家群体在创新意识、风险承担和机会捕捉等方面的多维特质。后续研究可尝试构建复合型评价指标，结合企业家多维度的人格特质以及行为意识来构建更能系统反映企业家精神的指标模型。其次，当前针对企业家精神研究的样本群体较为宽泛，未来可以进一步细化企业类型，探索企业家精神在不同规模企业（如中小企业和隐形冠军企业等）中的赋能逻辑与路径差异。再次，未来研究还可以深入探索其他可能的中介变量与调节变量，如企业文化、组织结构、市场环境等中介变量和政策环境、市场需求变化、企业文化与组织结构等调节变量。以更全面地揭示企业家精神对新质生产力的影响机制。最后，我们还可以结合最新的理论成果与实践经验，不断优化与完善研究模型与方法，为企业的实践发展提供更加有力的理论支持与实践指导，这些研究方向的深化将有助于完善企业家精神培育体系，为赋能企业新质生产力提供更具操作性的实践指导。

参考文献

[1] Acemoglu D. Reward structures and the allocation of talent [J]. European Economic Review, 1993, 39 (1): 17 -33.

[2] Acs Z J, Bruenhfelm P, Audrsch D B, et al. The knowledge pile bheoy of enerenhip [J]. Small Buine Eomie 209 32 (0): 15 -30.

[3] BanetnelmP - Acs z1, AuresBn et al. The mising link Kont edge diffusion , and etepeneuensip in endogenous growth [J]. Small Business Economics, 2010, 34 (2): 105 -125.

[4] Ac Z J, Sande MWJ L. Knowledgo pilor entreruri in an en - dogenous growth model [J]. Smal Buines Eonomie, 2013, 41 (4): 775 -795.

[5] Ambidextrous Organizations: Managing Evolutionary and Revolutionary Change [J]. Michael L. Tushman; Charles A. O'Reilly. California Management Review, 1996 (4).

[6] Audresch D B, Keilbach M. The theory of knowledge pille entrepre - neuship [J]. Jourmal of Mangene Sudies , 2074 (7); 1242 -1254.

[7] Audrestch D B, Keilbach M. Entrepreneurship and regional growth: An evolutionary interpretation [J]. Journal of Evolutionary Econnomics, 2004, 14 (5): 605 -616.

[8] Audretsch D B, Lehmann E E, Warning S. University pillvers and new firm location [J]. Research Policy, 2005, 34 (7): 113 -1122.

[9] Audretsch D B, Lehmann E E. Does the knowledge pillver theory of enteprenruhip hold for reion? [J]. Rerc Poliy , 00534 (8): 191 -1202.

[10] Audretsch D B. The entrepreneurial society [J]. Journal of Technology Transfer, 2009, 34 (3): 245 -254.

[11] AulreB Bdliki M. The mising pilr The rerivily tlror . konl piloo cneneni U [J]. Smal Buine Eomi 2013, 41 (4): 819 -836.

[12] Bae T J, QianS, MianC, et al. The reloinkip between entrerer ship education and entepreneurial inentonsn A meta analyic review [J]. Entrepre -neurship Theory & Practice, 2014, 38 (2): 217 -254.

[13] Barney J. Firm Resources and Sustained Competitive Advantage [J]. Journal of Management, 1991 (1): 99 -120.

[14] Baumol W J, Schilling MA, Wolff E N. The superstar inventors and entre -preneurs: How were they educated? [J]. Journal of Economics & Management Strategy, 2009, 18 (3): 711 -728.

[15] Baumol W J. Entrepreneurship: Productive, unproductive, and destructive [J]. Journal of Political Economy, 1990, 98 (5): 893 -921.

[16] Bercovitz J, Feldman M. The mechanisms of collaboration in inventiveteams: Composition, social networks, and geography [J]. Research Policy, 2011, 40 (1): 81 -93.

[17] Bowen H P, Clercq D D. Institutional context and the allocation of entre -preneurial effort [J]. Journal of International Business Studies, 2008, 39 (4): 747 -767.

[18] Braunerjelm P, Acs Z J, Audretsch D B. The missing link: Knowledge diffusion and entrepreneurship in endogenous growth [J]. Small Business Economics, 2010 (2): 105 -125.

[19] Brooksbank D J, O' Gorman C, Pickernell D. The knowledge pillover theory of entrepreneurship: An application to foreign direct investment [J]. International al Jum o Erepemeuship 8 Smll Buine 2012, 15 (1): 237 -261.

[20] Brou D, Ruta M. A commitment theory of subsidy agreements

[J]. Social Science Electronic Publishing, 2012, 14 (1): 239 - 270.

[21] ChenTJ, Ku Y H. Rent seeking and entrepreneurship: Intermet startups in China [J]. Cato Journal, 2016, 36 (3): 659 688.

[22] Ciriello R F, Richter A, Schwabe G. Digital innovation [J]. Business & Information Systems Engineering, 2018 (60): 563 - 569.

[23] Covin J G, Slevin D P . A conceptual model of entrepreneurship as firm behavior [J]. Entrepreneurship Theory and Practice, 1991 (1): 7 - 25.

[24] Datta S, Iskandar - Datta M, Singh V. Product market power, industry structure, and corporate earnings management [J]. Journal of Banking & Finance, 2013, 37 (8): 3273 - 3285.

[25] Davidsson P. The domain of entrepreneurship research: Some suggestions [J]. Advances in Entrepreneurship, Firm Emergence and Growth, 2003, 6 (3): 315 - 372.

[26] Deai S, Aces Z J, Weitel u. A model of desuetire enepenershi insghi for coniie and prt conite reove [J]. Joumnl of Conicr Relotion 2013. 57 (1): 20 - 40.

[27] Drucker P F. Entrepreneurship and Innovation: Practice and Principles [M]. New York: Harper Business, 1985.

[28] Elert N. What determines entry? Evidence from Sweden [J]. Annals of Regional Science, 2014, 53 (1): 55 - 92.

[29] Exploration and Exploitation in Organizational Learning [J]. James G. March. Organization Science, 1991 (1).

[30] Faggio G, Noorderhaven N. Entrepreurial attitude and economic growth: A cross - section of 54 regions [J]. The Annals of Regional Science, 2004 (2): 199 - 218.

[31] Fritsch M. How does new business formation ffect regional development? Introduction to the special issue [J]. Small Business Economics,

2008, 30 (1): 1 -14.

[32] Glick W H, Miller C. Organizational Change and Redesign: ideas and insights for improving performance [M]. New York: Oxford University Press, 1993.

[33] Haque1U. The poeiii gow. ehcol enererci necus: Iplaion for Pakian [J]. Labor Joumnl of Omimne, 2016, 21. 15 -31. 162.

[34] He B, Li Z, Vinig T. Entrepreneurship, technological progress and resource alloation effience: A case of China [J]. Journal of Chinese Entrepreneurship, 2010, 2 (3): 242 -254.

[35] Hebert, R and Link A. In Search of the Meaning of Entrepreneurship [J]. Small Business Economics, 1989 (1989): 39 -49.

[36] Hesse N, Sternberg R. Alternative growth patterns of university spin - offs: Why so many remain small? [J]. International Entrepreneurship & Management Jour - nal, 2017, 13 (3): 1 -32.

[37] Holcombe R G. Entrepreneurship and economic growth [J]. Quarterly Journal of Austrian Economics, 1998, 1 (2): 45 -62.

[38] https: //www. chinatimes. net. cn/article/78858. html.

[39] https://www. gov. cn/yaowen/liebiao/202407/content _ 6961543. htm.

[40] Iftikhar M N, Justice J B, Audretsch D B. The knowledge spillover theory of entrepreneurship: An Asian perspective [J]. Small Business Economics, 2022: 1 -26.

[41] Kang D, Dall' erba S. Eploing the pailly varying imovationo capacity ofthe US counties in the framework of Cilichese knowlede poduetiono fuetion: л mixed CWR aproch [J]. Joumal of Gogaphphce Sytens, 2016, 18 (2): 125 -157.

[42] Katz J A, The chronology and intellectual trajectory of American entrepreneurship education: 1876 - 1999 [J]. Journal of Business Ventu-

ring, 2003 (2), 283 -300.

[43] Kirzner I M. Entrepreneurial discovery and the competitive market process: An Austrian approach [J]. Journal of Economics Literature, 1997 (1): 60 -85.

[44] Kirzner I M. The meaning of market process: Essays in the development of modern Austrian economics [M]. New York: Routledge, 1992.

[45] Knight F H. Risk, uncertainty and profit [J]. Hart, Schaffner and Marx, 1921.

[46] Knight F H. Risk, Uncertainty and Profit [M]. New York: Houghton Mifflin, 1921.

[47] Kwock B, James M, Tsui A. Doing business in China: What is the use of having a contract? The rule of law and Cuanxi when doing business in China [J]. Journal of Business Studies Quarterly , 2013, 4 (4): 56 -67.

[48] Mark C Casson. Entrepreneurship and Business Culture [M]. Aldershot, Hants, England, 1995.

[49] Mark C Schumpeter. Entrepreneurship and Business Culture [M]. Aldershot, Hants, England, 1995.

[50] Marshall A. Principles of political economy [M]. Maxmillan, New York, 1890.

[51] Morris M H, Kuratko D F. Corporate entrepreneurship [M]. Fort Worth, TX: Harcourt Cllege Publishers. 2002.

[52] MuellerP, Stel A V, Storey D J. The effects of new firm formation on regional development over time: The case of Great Britain [J]. Small Business Economics, 2008, 30 (1): 59 -71.

[53] Parker S C. The Economics of Entrepreneurship [M]. Cambridge University Press. Cambridge, 2009.

[54] Peress J. Product market competition, insider trading, and stock

market efficiency [J]. The Journal of Finance, 2010, 65 (1): 1 -43.

[55] Ponds R, Oort F V, Frenken K. Inovonoion, siller and uivestyin - dusty clboration An exlended knowledge prdution fuction pprach [J]. Papers in Evolutionary Economic Geography , 2009, 10 (2): 231 -255.

[56] Rothwell R, Zegveld W. Reindusdalization and technology [M]. London: Longman Group Limited, 1985.

[57] Sauka A, Welter F. Determinants of business insolvencies dur-ingeconomic growth and ression in Latvia [J]. Journal of Baltic Studies, 2014, 45 (3): 375 -396.

[58] Schumpeter J A. The creative response in economic history [J]. The Journal of Economic History, 1947, 7 (2): 149 -159.

[59] Schumpeter J, Backhaus U. The theory of economic development [M]. Holland: Springer, 1934.

[60] Shaw E, Marlows, Lam W, et al. Gender and entepreneurial cpi-lal: Implicatons for firm performance [J]. Intemational Jourmnal of Gender & Entrepreneurship, 2013, 1 (1): 25 -41.

[61] Smallbone D, Welter F. The distinctiveness of entrepreneurship in transition economies [J]. Small Business Economics, 2001, 16 (4): 249 - 262.

[62] Sobel R S. Tesing Baumol: Istional quality and the poductivit of enrepencuplu [J]. Joumal of Buine Veluig, 208, 23 (6): 641 -65, 163.

[63] The Discovery of Grounded Theory: Strategies for Qualitative Re-search | Barney G. Glaser and Anselm L. Strauss. Chicago: 271 pages. 1967. [J]. Brodsky C. M. Psychosomatics, 1968 (3).

[64] The Promise of Entrepreneurship as a Field of Research [J]. Scott Shane; S. Venkataraman. The Academy of Management Review, 2000.

[65] The Value of the Ability to Deal with Disequilibria [J]. Theodore W. Schultz. Journal of Economic Literature, 1975 (3).

[66] Thurik R, Audetech D, Grilo L. Goaliation entrenenrsnip and the region [J]. Seales Researh Reporte, 2012, 169 (I-2); 249-257.

[67] Vesper K H. Entrepreneurship Education [M]. Entrepreneurial Studies Center, UCLA, Los Angeles, CA., 1993.

[68] Watkins D, Stone G, Entrepreneurship Education in UK HEIs: Origins, Development and Trends [J]. Industry and Higher Education, 1999 (6), 382-389.

[69] Wemerfelt B A. Resource-based View of the Firm [J]. Strategic Management Journal, 1984 (2): 171-180.

[70] Whetten D A. What Constitutes a Theoretical Contribution [J]. Academy of Management Review, 1989, 4 (14): 490-495.

[71] Wiseman T. Entrepreneurship, couption , and the size of US undergroundeconomies [J]. Joumal of Entepreneurship & Publie Poliey, 2013, 4 (3): 313-330.

[72] Wright M, Vohora A, Locket J I. The fomation of hihtch uiversiy spi nouts; The role of joint ventures and venture capital investors [J]. Joural of Technology Transfer, 2004, 29 (3-4): 287-310.

[73] Yu F L. Adaptive entrepreneurship and the economic development of Hong Kong [J]. World Development, 1998, 26 (5): 897-911.

[74] 才国伟，钱金保. 解析空间相关的来源：理论模型与经验证据 [J]. 经济学季刊，2013，12 (2)：869-894.

[75] 蔡湘杰，贺正楚. 新质生产力何以影响全要素生产率：科技创新效应的机理与检验 [J]. 当代经济管理，2024，46 (10)：1-14.

[76] 曹东勃，蔡煜. 新质生产力指标体系构建研究 [J]. 教学与研究，2024 (4)：50-62.

[77] 曹裕，寇芙柔，张文静. 以科技与产业融合创新推动湖南特色新质生产力发展的路径研究 [J]. 湖南社会科学，2024 (3)：23-30.

[78] 曾晨，李跃华．系统哲学视域下新质生产力的构成要素与生成进路［J］．党政研究，2024（4）：23－36＋124－125.

[79] 曾铖，郭兵，罗守贵．企业家精神与经济增长方式转变关系的文献述评［J］．上海经济研究，2015（2）：120－129.

[80] 曾铖，李元旭．试论企业家精神驱动经济增长方式转变——基于我国省级面板数据的实证研究［J］．上海经济研究，2017（10）：81－94.

[81] 常璇．加快形成农业新质生产力：理论框架、现实困境与实践进路［J］．经济问题，2024（7）：20－28.

[82] 钞小静，任保平．新发展阶段共同富裕理论内涵及评价指标体系构建［J］．财经问题研究，2022（7）：3－11.

[83] 晁罡，钱晨，王磊．从“差序格局”到“天下格局”：中国优秀企业家精神的演化过程［J］．经济管理，2024，46（2）：5－29.

[84] 车运景．“独角兽”企业爆发源——新时代企业家精神［J］．中外管理，2018（4）：28－29.

[85] 陈昌兵．新时代我国经济高质量发展动力转换研究［J］．上海经济研究，2018（5）：16－24＋41.

[86] 陈逢文，郑圣楠，付龙望．企业家精神、人力资本与中国经济发展——基于2005—2014年省级面板数据的实证分析［J］．福建论坛（人文社会科学版），2018（11）：67－76.

[87] 陈昊雯，李垣，刘衡．联盟还是并购：基于环境动态性和企业家精神调节作用的研究［J］．管理学报，2011，8（11）：1589－1595＋1603.

[88] 陈洁．弘扬企业家精神的内在逻辑与制度回应［J］．中国法律评论，2024（5）：39－50.

[89] 陈劲，杨东涛．创新驱动与企业家精神对企业竞争力的影响［J］．科学学与科学技术管理，2020，41（5）：20－28

[90] 陈劲，杨东涛．中国企业家精神发展的制度环境影响研究

[J]. 技术经济, 2020, 39 (2): 12 -20.

[91] 陈丽君, 郁建兴, 徐铱娜. 共同富裕指数模型的构建 [J]. 治理研究, 2021 (4): 5 -16.

[92] 陈龙. 新质生产力的出场逻辑、核心内涵与实现路径 [J]. 人文杂志, 2024 (5): 11 -20.

[93] 陈明明, 张文铖. 数字经济对经济增长的作用机制研究 [J]. 社会科学, 2021 (1): 44 -53.

[94] 陈邑早, 解纯慧, 王圣媛, 等. 放宽市场准入对企业新质生产力的影响研究 [J]. 科研管理, 2024, 45 (12): 19 -28.

[95] 陈忠卫, 郝喜玲. 创业团队企业家精神及其测量 [J]. 商业经济与管理, 2008 (9): 23 -27.

[96] 程博, 许宇鹏, 柳竹韵. 国有企业改革与人力资本结构优化 [J]. 财经论丛, 2025 (1): 106 -117.

[97] 戴维 · S. 兰德斯. 国富国穷 [M]. 北京: 新华出版社, 2001.

[98] 戴翔, 刘长鹏, 成鹏东. 制度型开放赋能新质生产力发展: 理论与实证 [J]. 财贸研究, 2024, 35 (5): 1 -15 +76.

[99] 翟绪权. 新质生产力的理论意涵、时代特点与发展路径 [J]. 思想理论教育导刊, 2024 (4): 39 -46.

[100] 杜鹏程, 巩妙字, 丁梦茹, 等. 区城人力资本空间分布及与创新效率的关系 [J]. 科技管理研究, 2016, 36 (17): 61 -65.

[101] 段秀芳. 加强企业家精神的培育传承——美国硅谷的几点启示 [J]. 探求, 2018 (2): 29 -36.

[102] 方逸韬, 杨德才. 企业家精神与南北经济分化 [J]. 现代经济探讨, 2024 (9): 87 -99.

[103] 奋力谱写中国式现代化天津篇章——习近平总书记天津考察重要讲话鼓舞人心、凝聚力量, http: //www. qstheory. cn/qshyjx/2024 -02/04/c_ 1130072813. htm.

［104］冯伟，李嘉佳．企业家精神与产业升级：基于经济增长原动力的视角［J］．2019，41（6）：29－42.

［105］符小华．战略性新兴产业集聚、地区技术多样化与企业新质生产力［J/OL］．统计与决策，2025（2）：161－166［2025－01－27］.

［106］高培勇，杜创，刘霞辉，袁富华，汤铎铎．高质量发展背景下的现代化经济体系建设：一个逻辑框架［J］．经济研究，2019，54（4）：4－17.

［107］高培勇．理解、把握和推动经济高质量发展［J］．经济学动态，2019（8）：3－9.

［108］广东省工业和信息化厅．关于促进民营经济高质量发展的若干政策措施．［EB/OL］（2018－11－08）［2024－7－17］．http：//gdii. gd. gov. cn/zdjc/content/post_ 936618. html.

［109］广东省人民政府．广东省深化营商环境综合改革行动方案．［EB/OL］（2020－03－23）［2024－07－17］．http：//www. gd. gov. cn/zwgk/wjk/zcfgk/content/post_ 2938593. html.

［110］广东省省情调查研究中心．2024 广东企业新质生产力发展调研报告．［EB/OL］（2024－07－03）［2024－07－17］.

［111］广州市番禺区人民政府．关于推进社会信用体系建设高质量发展服务和融入新发展格局的实施方案．［EB/OL］（2024－03－09）［2024－07－17］．http：//www. panyu. gov. cn/jgzy/qzfbm/pyqfzhggj/xrpyzl/zcfg/content/post_ 9530640. html.

［112］郭占恒．新时代浙江全面深化改革开放的实践探索［J］．政策瞭望，2024，（5）：33－38.

［113］韩文龙，张瑞生，赵峰．新质生产力水平测算与中国经济增长新动能［J］．数量经济技术经济研究，2024，41（6）：5－25.

［114］韩文龙．新质生产力的政治经济学阐释［EB/OL］．马克思主义研究，2024（3）：100－115［2024－05－18］．http：//kns. cnki.

net/kcms/detail/11. 3591. A. 20240611. 1317. 018. html.

［115］郝晨，张卫国，李梦雅．国际社会创业的价值共创机制——基于社会网络视角的案例研究［J］．管理评论，2021，33（8）：326.

［116］郝颖，辛清泉，刘星．地区差异、企业投资与经济增长质量［J］．经济研究，2014（3）：101－114.

［117］何春梅．比亚迪“袋鼠式”生存［J］．经营者，2008，（Z3）：70－71.

［118］何雄浪，邓舒耀．创新型城市和智慧城市双试点政策促进新质生产力发展效应研究［J/OL］．西北民族大学学报（哲学社会科学版），1－13［2025－1－30］.

［119］何轩，马骏，朱丽娜，等．制度变迁速度如何影响家族企业主的企业家精神配置基于动态制度基础观的经验性研究［J］．南开管理评论，2016，19（3）：64－76.

［120］贺晓宇，沈坤荣．现代化经济体系、全要素生产率与高质量发展［J］．上海经济研究，2018（6）：25－34.

［121］胡莹，方太坤．再论新质生产力的内涵特征与形成路径——以马克思生产力理论为视角［J］．浙江工商大学学报，2024（2）：39－51.

［122］胡永刚，石崇．扭曲、企业家精神与中国经济增长［J］经济研究，2016（7）：87－101.

［123］黄群慧．新质生产力与新型工业化［J］．中国社会科学，2024，（6）：19－26.

［124］贾若祥，窦红涛．新质生产力：内涵特征、重大意义及发展重点［J］．北京行政学院学报，2024（2）：31－42.

［125］贾晓霞，广唯伊．企业新质生产力的创新动能与驱动路径研究——基于二元创新视角［J］．经济与管理评论，2024，40（5）：69－82.

［126］简新华，聂长飞．论新质生产力的形成发展及其作用发

挥——新质生产力的政治经济学解读 [J]. 南昌大学学报（人文社会科学版），2023，54（6）：29-36.

[127] 江苏省人民政府．省政府关于加快培育发展未来产业的指导意见．[EB/OL]（2023-11-06）[2024-07-25]. http：//www.jiangsu. gov. cn/art/2023/11/9/art_ 46143_ 11066954. html.

[128] 蒋永穆，乔张媛．新质生产力发展评价指标体系构建 [J]. 经济体制改革，2024（3）：5-15.

[129] 焦斌龙，冯文荣．企业家转型与经济增长方式转变 [J]. 当代经济研究，2007（2）：34-37+73.

[130] 孔东民，徐茗丽，孔高文．企业内部薪酬差距与创新 [J]. 经济研究，2017，52（10）：144-157.

[131] 李丹，李旭浦．数据要素如何赋能企业新质生产力——基于效应分解视角 [J/OL]. 科技进步与对策，1-12 [2025-01-26].

[132] 李宏彬，李杏，姚先国，等．企业家的创业与创新精神对中国经济增长的影响 [J]. 经济研究，2009，44（10）：99-108.

[133] 李宏彬．企业家的创业与创新精神对中国经济增长的影响 [J]. 经济研究，2009（10）：99-108

[134] 李建成，李亦舟，谢丽萍．数字化时代的熊彼特：企业家精神与技术扩散 [J]. 技术经济，2024，43（9）：45-55.

[135] 李琦，刘力钢，邵剑兵．数字化转型、供应链集成与企业绩效——企业家精神的调节效应 [J]. 经济管理，2021，43（10）：5-23.

[136] 李维安，王辉．企业家创新精神培育：一个公司治理视角 [J]. 南开经济研究，2003（2）：56-59.

[137] 李心茹，田增瑞，常焙筌．新质生产力、资源利用与企业组织韧性 [J]. 西部论坛，2024，34（4）：35-49.

[138] 李延辉，杨磊．企业创新、知识产权保护与经济高质量发展 [J]. 科研管理，2020，41（5）：75-84.

[139] 李阳，陈海龙，田茂再．新质生产力水平的统计测度与时

空演变特征研究［J］. 统计与决策，2024，40（9）：11－17.

［140］李颖．外贸企业汇率变动风险管理探究［J］. 商场现代化，2021（5）：103－105.

［141］李政，崔慧永．基于历史唯物主义视域的新质生产力：内涵、形成条件与有效路径［J］. 重庆大学学报（社会科学版），2024，30（1）：129－144.

［142］李政，廖晓东．新质生产力理论的生成逻辑、原创价值与实践路径［J］. 江海学刊，2023（6）：91－98.

［143］李政．新时代企业家精神：内涵、作用与激发保护策略［J］. 社会科学辑刊，2019（1）：79－85.

［144］李志坚，刘小红．制度创新对企业家精神的影响——基于中国省际面板数据的实证研究［J］. 中国工业经济，2018（7）：59－77.

［145］梁炜，朱承亮．颠覆性创新生态系统视角下新质生产力的逻辑内涵及监测框架［J］. 西北大学学报（哲学社会科学版），2024，54（3）：38－47.

［146］刘凤朝，刘靓，马荣康．区域间技术交易网络、吸收能力与区域创新产出——基于电子信息和生物医药领域的实证分析［J］. 科学研究，2015，33（5）：774－781.

［147］刘立云，孔祥利．新质生产力与新型生产关系的双向度变革研究［J］. 西安财经大学学报，2024，37（4）：34－44.

［148］刘满凤，吴卓贤．高新技术产业集群知识溢出的 Mar 效应和 Jac 效应的实证研究［J］. 科学学与科学技术管理，2013（8）：83－92.

［149］刘长庚，王宇航，彭千芮．反垄断有助于提高企业劳动收入份额吗?［J］. 南开经济研究，2023（4）：163－180.

［150］刘志迎，曹淑平，武琳，等．互联网企业商业模式循环迭代创新的演化机制——基于单案例的探索性研究［J］. 管理案例研究与评论，2019，12（4）：335－348.

［151］刘忠迪．企业家精神与高质量经济发展［D］．浙江工商大学，2020.

［152］卢江，郭子昂，王煜萍．新质生产力发展水平、区域差异与提升路径［J］．重庆大学学报（社会科学版），2024，30（3）：1－17.

［153］陆岷峰，窦博闻．在新质生产力背景下深化改革与推进长三角一体化战略——基于传统经典经济理论的分析［J/OL］．西南金融，1－12［2024－07－13］.

［154］罗曼予，朱念．企业家精神与经济增长关系的实证研究［J］．商业经济研究，2015（7）：97－99.

［155］罗铭杰．新质生产力的生态内涵论析［J］．河北经贸大学学报，2024，45（2）：11－19.

［156］罗爽，肖韵．数字经济核心产业集聚赋能新质生产力发展：理论机制与实证检验［J］．新疆社会科学，2024（2）：29－40＋148.

［157］马克斯·韦伯．新教伦理与资本主义精神［M］．黄晓京，等译．西安：陕西师范大学出版社，2002.

［158］马颖超，刘树林．企业家精神、数字化转型与商业模式创新［J］．经济问题，2024（11）：40－50.

［159］马永红，李欢，王展昭．网络结构视角下的产业转移与企业创新绩效［J］．科学学研究，2016，34（3）：366－372.

［160］马永红，张帆，李欢．转移企业结网策略对集群网络结构与知识水平的影响研究［J］．科学学与科学技术管理，2016，37（10）：86－95.

［161］马忠新，陶一桃．企业家精神对经济增长的影响［J］．经济学动态，2019（8）：86－98.

［162］毛一翔．新一轮改革开放呼唤新时代企业家精神［J］．红旗文稿．2018（10）：20－22.

［163］苗琦，鲍越，刘鹰．人力资本与技术资本对我国海归创业意向影响［J］．科学学研究，2015，33（7）：1035－1043.

[164] 聂长飞，简新华. 中国高质量发展的测度及省际现状的分析比较 [J]. 数量经济技术经济研究，2020 (2)：26 – 47.

[165] 牛翠萍，耿修林. 企业家精神、管理层权力与企业可持续发展绩效的实证 [J]. 统计与决策，2020，36 (19)：164 – 168.

[166] 潘越，汤旭东，宁博，等. 连锁股东与企业投资效率：治理协同还是竞争合谋 [J]. 中国工业经济，2020 (2)：136 – 164.

[167] 彭国红. 企业家精神对组织创新的影响 [D]. 武汉大学学位论文，2011.

[168] 彭长华，陶静. 弘扬企业家精神聚集高质量发展动能 [J]. 群众，2023 (24)：66 – 67.

[169] 蒲清平，向往. 新质生产力的内涵特征、内在逻辑和实现途径——推进中国式现代化的新动能 [J]. 新疆师范大学学报（哲学社会科学版），2024，45 (1)：77 – 85.

[170] 乔倩，白暴力. 新质生产力的生成背景、构成要素与实践理路 [J]. 世界社会主义研究，2024，9 (5)：17 – 27 + 125.

[171] 乔晓楠，马飞越. 新质生产力发展的分析框架：理论机理、测度方法与经验证据 [J]. 经济纵横，2024 (4)：12 – 28.

[172] 秦佳良，张玉臣，贺明华. 促进产业价值链迈向中高端：演化路径和政策思考 [J]. 企业经济，2018，37 (8)：46 – 53.

[173] 任佳，王霞，谢智敏，等. 企业家精神绩效水平测度与区域差异分析 [J]. 统计与决策，2022，38 (15)：170 – 174.

[174] 申杰，昌忠泽，毛培. 全国统一大市场建设与新质生产力发展——基于中国省级面板数据的实证分析 [J]. 重庆大学学报（社会科学版），2024，30 (6)：56 – 71.

[175] 申小林. 企业家寻租行为及特征分析 [J]. 中国工业经济，2001 (4)：25 – 32.

[176] 石建勋，徐玲. 加快形成新质生产力的重大战略意义及实现路径研究 [J]. 财经问题研究，2024 (1)：3 – 12.

［177］石晓军，杜宝瑞，秦国庆．家企混同、保险保障与创业存活［J］．保险研究，2024（1）：3－20.

［178］史丹，孙光林．数据要素与新质生产力：基于企业全要素生产率视角［J］．经济理论与经济管理，2024，44（4）：12－30.

［179］斯晓夫，张了丹，张涵茹．奥派理论与中国企业家精神：理论探索与问题研究［J］．研究与发展管理，2024，36（5）：15－25.

［180］孙丽伟，郭俊华．新质生产力评价指标体系构建与实证测度［J］．统计与决策，2024，40（9）：5－11.

［181］孙娜，曲卫华．“双碳”目标下 ESG 表现赋能企业新质生产力［J］．统计与信息论坛，2024，39（10）：24－41.

［182］孙鹏飞，张建．企业家精神与企业创新绩效研究［J］．经济学动态，2021（9）：45－52.

［183］孙献贞，李言，高雨晨．数字普惠金融发展与企业新质生产力［J］．兰州学刊，2024，（7）：54－67.

［184］汤涛．日本企业文化研究初探［D］．华东师范大学，2005.

［185］唐国华．企业家精神、产品创新与内生经济增长——理论模型和基于中国数据的经验研究［J］．经济问题，2014（3）：11－16.

［186］童伟伟，熊芳．中国技术性贸易措施对国内技术创新影响的实证分析［J］．国际经贸探索，2017，33（10）：51－65.

［187］汪丁丁．企业家关心的热点问题之二企业家的精神［J］．领导决策信息，2001（2）：24.

［188］汪辉平，王增涛，王美霞．知识资本、空间溢出与中国工业全要素生产率［J］．山西财经大学学报，2016，38（5）：1－10.

［189］汪岩桥．关于企业家精神的思考［J］．浙江社会科学，2004（3）：157－162.

［190］王飞，韩晓媛，陈瑞华．新质生产力赋能现代化产业体系：内在逻辑与实现路径［J］．当代经济管理，2024，46（6）：12－19.

［191］王飞，丁苏闽．企业家精神、融资约束与企业僵尸化的关

系研究［J］. 工业技术经济，2019（6）：145－151.

［192］王进富，黄涛，张颖颖. 创业警觉、资源拼凑对破坏性创新的影响——公司创业情境单案例扎根研究［J］. 科技进步与对策，2020，37（14）：102－1.

［193］王娟，李梦淼. TOE 框架下医药制造企业高质量发展组态路径——基于 fsQCA 和 NCA 混合研究方法［J］. 中南民族大学学报（人文社会科学版），2024，44（9）：148－160＋187－188.

［194］王珏，王荣基. 新质生产力：指标构建与时空演进［J］. 西安财经大学学报，2024，37（1）：31－47.

［195］王珂，郭晓曦. 中国新质生产力水平、区域差异与时空演进特征［J］. 统计与决策，2024，40（9）：30－36.

［196］王莉萍，马凌翔. 企业家精神与企业文化的耦合机制研究［J］. 经济管理，2021，43（4）：120－130

［197］王莉萍，马凌翔. 政府对企业家精神的激励与支持——基于中国创新创业政策的实证研究［J］. 经济管理，2021，43（4）：120－130.

［198］王敏. 基于企业家精神视角的中小企业创业创新研究［J］. 理论学刊，2012（7）：48－52.

［199］王天翔，王娟，朱卫未. 王传福的企业家精神与比亚迪双元创新［J］. 企业管理，2020（7）：54－56.

［200］王箫轲，陈杰. 新质生产力赋能国家粮食安全：理论逻辑、现实挑战与践行路径［J］. 当代经济管理，2024，46（7）：52－62.

［201］王晓慧. 中国经济高质量发展研究［D］. 吉林大学，2019.

［202］王雅洁. 加快形成新质生产力：关键环节、风险挑战与实现路径［J］. 内蒙古社会科学，2024，45（2）：141－148.

［203］王宇. 以新促质：战略性新兴产业与未来产业的有效培育［J］. 人民论坛，2024（2）：32－35.

［204］魏敏，李书昊. 新时代中国经济高质量发展水平的测度研

究［J］. 数量经济技术经济研究，2018（11）：3－20

［205］温科，李常洪. 数实技术融合对企业新质生产力的影响研究［J/OL］. 科研管理，1－12［2025－01－27］.

［206］吴成颂，殷文星. 协同视域下长三角金融科技与绿色金融对新质生产力的影响［J］. 苏州大学学报（哲学社会科学版），2025，46（1）：19－32.

［207］吴磊，刘燕，刘畅，等. “八八战略”引领新时代浙商精神对民企健康成长的影响研究［J］. 绍兴文理学院学报，2023，43（11）：41－56.

［208］伍先福，段步婧. 工业互联网与区域新质生产力发展［J/OL］. 软科学，1－16［2025－01－28］.

［209］习近平主持召开新时代推动东北全面振兴座谈会强调：牢牢把握东北的重要使命 奋力谱写东北全面振兴新篇章，https：//www.gov.cn/yaowen/liebiao/202309/content_6903072.htm.

［210］习近平总书记参加江苏代表团审议时的重要讲话指引方向、指导实践：以新质生产力为高质量发展注入强大动力，https：//www.gov.cn/yaowen/liebiao/202403/content_6936958.htm.

［211］夏晗. 企业家精神、企业创新对企业成长的影响［D］. 中南财经政法大学，2020.

［212］谢莉娟，王诗得. 贸易的技术创新效应——国内外贸易联动与部门间分工的权衡［J］. 经济理论与经济管理，2017，36（4）：97－112.

［213］徐波，王兆萍，余乐山，等. 新质生产力对资源配置效率的影响效应研究［J］. 产业经济评论，2024（4）：35－49.

［214］徐荣. 论新时代弘扬企业家精神［J］. 江苏行政学院学报，2023（6）：12－17.

［215］徐以标. 弘扬张謇企业家精神铸就江苏民营经济新辉煌［J］. 中国集体经济，2023（15）：82－85.

[216] 徐政，张姣玉，李宗尧．新质生产力赋能碳达峰碳中和：内在逻辑与实践方略 [J]．青海社会科学，2023 (6)：30－39.

[217] 徐政，郑霖豪，程梦瑶．新质生产力赋能高质量发展的内在逻辑与实践构想 [J]．当代经济研究，2023，(11)：51－58.

[218] 徐志向．唯物史观视阈下发展“新质生产力”研究 [J]．财经科学，2024 (5)：51－61.

[219] 许科敏．高质量发展离不开优秀企业家精神 [J]．企业管理，2018，(7)：12－13.

[220] 薛君，韦囡囡．营商环境视角的企业家精神地域差异研究 [J]．运筹与管理，2023，32 (9)：234－239.

[221] 薛钦源，史丹，史可寒．新质生产力的形成逻辑、新质特征和理论要素 [J]．当代财经，2024，(7)：3－16.

[222] 颜银里，安虎森．中国分割的经济空间：基于区域间经济增长微出的实证研究 [J] 当代经济科学，2014，36 (4)：47－57.

[223] 杨在军．新质生产力发展的十大产业政策进路 [J]．河北学刊，2024，44 (6)：9－18.

[224] 叶静怡，林佳，姜蕴路．知识溢出、距离与创新——基于长三角城市群的实证分析 [J]．世界经济文汇，2016 (3)：21－41.

[225] 叶作义，吴文彬．企业研发投入的驱动因素分析——基于中国上市公司企业家精神角度 [J]．上海对外经贸大学学报，2018 (2)：40－51＋86.

[226] 尹西明，武沛琦，钱雅婷，等．面向新质生产力培育的科技成果转化：场景范式与实践进路 [J]．科学与管理，2024，44 (3)：1－6＋103.

[227] 英明．新质生产力的基本意蕴、内在要求和实践路径 [J]．学术交流，2024 (4)：21－32.

[228] 于宝君，宫婷婷，朱慧敏，等．数智技术应用与制造企业服务化转型——创新资源配置及双元创新能力的链式中介作用 [J/OL].

科技进步与对策，1－12［2024－12－10］.

［229］余东华，马路萌．新质生产力与新型工业化：理论阐释和互动路径［J］．天津社会科学，2023（6）：90－102.

［230］喻骅，葛军，陈良华．环境不确定性、ESG责任履行与企业全要素生产率［J］．科学决策，2023（10）：71－88.

［231］袁富华．供给主导转向消费需求主导：长期增长过程的调整与效率模式取向［J］．学术研究，2016（10）：79－89＋177－178.

［232］张登．论美国进步主义时代企业家精神的形成与发展［D］．云南大学，2018.

［233］张峰．发展新质生产力的政治经济学分析［J］．湖南社会科学，2024（3）：41－46.

［234］张海峰，人力资本集聚与区域创新绩效——基于浙江的实证研究［J］．浙江社会科学，2016（2）：103－108.

［235］张海洋，董鑫鑫．企业家精神与产业结构升级——基于产业集聚的中介效应［J］．开发研究，2022（5）：28－38.

［236］张辉，刘鹏，姜钧译，等．ChatGPT：从技术创新到范式革命［J］．科学学研究，2023，41（12）：2113－2121.

［237］张军，黄家华．创业生态系统对企业家精神的影响机制——基于区域经济发展的视角［J］．管理世界，2022，38（1）：41－56.

［238］张利明．让绿色发展成为转型升级的亮丽底色［J］．企业管理，2020（7），51－53.

［239］张林，蒲清平．新质生产力的内涵特征、理论创新与价值意蕴［J］．重庆大学学报（社会科学版），2023，29（6）：137－148.

［240］张林．新质生产力与中国式现代化的动力［J］．经济学家，2024（3）：15－24.

［241］张乃丽，李明洋，封璐瑶．日本双循环发展格局的经验及对中国的启示［J］．日本问题研究，2022，36（3）：27－38.

［242］张仁枫，王莹莹．承接产业转移视角的区域协同创新机理

分析——兼论欠发达地区跨越式发展的路径创新［J］. 科技进步与对策，2013，30（7）：26－30.

［243］张维迎，盛斌．论企业家：经济增长的王国［M］. 北京：生活·读书·新知三联书店，2004.

［244］张文武，张为付．加快形成新质生产力：理论逻辑、主体架构与实现路径［J］. 南京社会科学，2024（1）：56－64.

［245］张新宁．科技创新是发展新质生产力的核心要素论析［J］. 思想理论教育，2024（4）：20－26.

［246］张玉利，谢巍．改革开放、创业与企业家精神［J］. 南开管理评论，2018，21（5）：4－9.

［247］张钺，李正风，潜伟．从 ChatGPT 到人机协作的知识共建［J］. 科学学研究，2023，41（12）：2131－2137.

［248］张哲，李季刚，汤努尔·哈力克．中国新质生产力发展水平测度与时空演进［J］. 统计与决策，2024，40（9）：18－23.

［249］张志学，华中生，谢小云．数智时代人机协同的研究现状与未来方向［J］. 管理工程学报，2024，38（1）：1－13.

［250］赵峰，季雷．新质生产力的科学内涵、构成要素和制度保障机制［J］. 学习与探索，2024（1）：92－101＋175.

［251］赵彦云，王康，邢炜．转型期中国省际经济波动对经济增长的空间溢出效应［J］. 统计研究，2017，34（5）：3－16.

［252］赵振华．论新质生产力的生成体系［J］. 毛泽东邓小平理论研究，2024（3）：1－13＋108.

［253］郑江淮，曾世宏．企业家职能配置、R&D 与增长方式转变——以长江三角洲地区为例［J］. 经济学（季刊），2010，9（1）：73－94.

［254］中华人民共和国政府．江苏推动产业链现代化调查：科技创新怎样成为主动力．［EB/OL］（2024－04－04）［2024－07－24］. https：//www. gov. cn/lianbo/difang/202404/content_6943914. htm.

[255] 周密，刘秉镰．供给侧结构性改革为什么是必由之路？——中国式产能过剩的经济学解释 [J]．经济研究，2017，52(2)：67-81.

[256] 周绍东，李靖．人文经济学视角下新质生产力发展研究 [J]．商业经济与管理，2024 (5)：93-104.

[257] 周文，白佶．新质生产力与新型生产关系：生产力跃迁与生产关系变革 [J]．云南民族大学学报（哲学社会科学版），2025，42(1)：131-142.

[258] 周文，许凌云．再论新质生产力：认识误区、形成条件与实现路径 [J]．改革，2024 (3)：26-37.

[259] 周阳敏，高友才．回归式产业转移与企业家成长："小温州"固始当代商人崛起实证研究 [J]．中国工业经济，2011 (5)：139-148.

[260] 朱乾，杨勇，陶天龙，等．企业家精神影响因素的国外研究综述 [J]．东南大学学报（哲学社会科学版），2012，14 (4)：52-57+72+127.

[261] 祝志勇，杨凤梅，李维莉．新质生产力三维创新生态系统及水平测度分析 [J]．云南财经大学学报，2024，40 (6)：1-14.

[262] 庄子银．创新、企业家活动配置与长期经济增长 [J]．经济研究，2007 (8)：82-94.

[263] 庄子银．企业家精神、持续技术创新和长期经济增长的微观机制 [J]．世界经济，2005 (12)：32-43+80.

附　录

2015—2024 年国内激发企业家精神的政策汇总

年份	发文单位	政策名
2015	国家发展改革委 科技部 人力资源社会保障部 中科院	《关于促进东北老工业基地创新创业发展打造竞争新优势的实施意见》 发改振兴〔2015〕1488 号
	国务院	《关于积极发挥新消费引领作用 加快培育形成新供给新动力的指导意见》 国发〔2015〕66 号
	国务院办公厅	《关于发展众创空间推进大众创新创业的指导意见》 国办发〔2015〕9 号
	国务院	《关于深化国有企业改革的指导意见》
	国务院	《关于深化体制机制改革 加快实施创新驱动发展战略的若干意见》
	国务院	《关于印发〈中国制造 2025〉的通知》 国发〔2015〕28 号
	工业和信息化部	《工业和信息通信业行业财经专家库管理暂行办法》
	科技部	《关于进一步推动科技型中小企业创新发展的若干意见》 国科发高〔2015〕3 号
2016	国家发展改革委	《关于推动积极发挥新消费引领作用加快培育形成新供给新动力重点任务落实的分工方案》
	国家发展改革委	《关于加快美丽特色小（城）镇建设的指导意见》 发改规划〔2016〕2125 号

续表

年份	发文单位	政策名
2016	国务院	《关于深化制造业与互联网融合发展的指导意见》国发〔2016〕28 号
	工业和信息化部 财政部	《关于推进工业文化发展的指导意见》工信部联产业〔2016〕446 号
	工业和信息化部	《关于完善制造业创新体系，推进制造业创新中心建设的指导意见》工信部科〔2016〕273 号
	国家知识产权局 工业和信息化部	《关于全面组织实施〈中小企业知识产权战略推进工程的指导意见〉的通知》国知发管字〔2016〕101 号
2017	国务院办公厅	《关于创新管理优化服务培育壮大经济发展新动能加快新旧动能接续转换的意见》国办发〔2017〕4 号
	工业和信息化部 国家发展和改革委 科学技术部	《关于印发〈汽车产业中长期发展规划〉的通知》工信部联装〔2017〕53 号
	国家发展改苣委	《关于加强分类引导培育资源型城市转型发展新动能的指导意见》发改振兴〔2017〕52 号
	国务院	《关于进一步激发和保护企业家精神的意见》
	国务院	《关于营造企业家健康成长环境弘扬优秀企业家精神更好发挥企业家作用的意见》〔2017〕28 号
2018	工业和信息化部	《关于政协十三届全国委员会第一次会议第 4488 号（经济发展类 374 号）提案答复的函》工信提案〔2018〕27 号
	科技部 全国工商联	《关于推动〈民营企业创新发展的指导意见〉的通知》国科发资〔2018〕45 号
	国务院办公厅	《关于聚焦企业关切进一步推动优化营商环境政策落实的通知》国办发〔2018〕104 号
	国务院	《关于印发优化口岸营商环境促进跨境贸易便利化工作方案的通知》国发〔2018〕37 号
	税务总局	《关于印发〈全国税务系统进一步优化税收营商环境行动方案（2018—2022 年）〉的通知》税总发〔2018〕145 号
	科技部 国资委	《印发〈关于进一步推进中央企业创新发展的意见〉的通知》国科发资〔2018〕19 号

续表

年份	发文单位	政策名
2019	国家发展改革委	《关于建立健全企业家参与涉企政策制定机制的实施意见》发改体改〔2019〕1494 号
	科技部 教育部	《关于印发〈国家大学科技园管理办法〉的通知》国科发区〔2019〕117 号
	国务院	《优化营商环境条例》
	国务院办公厅	《关于做好优化营商环境改革举措复制推广借鉴工作的通知》国办函〔2019〕89 号
	国务院办公厅	《关于印发全国深化"放管服"改革优化营商环境电视电话会议重点任务分工方案的通知》国办发〔2019〕39 号
	自然资源部办公厅	《关于推广京沪两地优化营商环境登记财产指标主要改革举措的函》自然资办函〔2019〕1807 号
2020	国家发展改革委	《关于营造更好发展环境支持民营节能环保企业健康发展的实施意见》发改环资〔2020〕790 号
	国务院办公厅	《关于印发全国深化"放管服"改革优化营商环境电视电话会议重点任务分工方案的通知》国办发〔2020〕43 号
	国务院办公厅	《关于进一步优化营商环境更好服务市场主体的实施意见》国办发〔2020〕24 号
	文化和旅游部	《关于进一步优化营商环境推动互联网上网服务行业规范发展的通知》文旅市场发〔2020〕86 号
	税务总局 国家发展改革委 公安部 司法部 财政部 人力资源社会保障部 住房城乡建设部 商务部 中国人民银行 海关总署 医保局 档案局 密码局	《关于推进纳税缴费便利化改革优化税收营商环境若干措施的通知》税总发〔2020〕48 号

续表

年份	发文单位	政策名
2020	国家发展改革委 国家能源局	《关于全面提升“获得电力”服务水平持续优化用电营商环境的意见》发改能源〔2020〕1479 号
	民航局	《关于印发〈民航优化营商环境实施细则〉的通知》
	交通运输部	《关于做好公路养护工程招标投标工作进一步推动优化营商环境政策落实的通知》交公路规〔2020〕4 号
	国家能源局综合司	《关于做好〈优化营商环境条例〉贯彻实施的通知》国能综通法改〔2020〕2 号
	市场监管总局	《关于贯彻落实《优化营商环境条例》的意见》国市监注〔2019〕249 号
2021	国家发展改革委 工业和信息化部	《关于振作工业经济运行 推动工业高质量发展的实施方案的通知》发改产业〔2021〕1780 号
	国务院	《关于印发提升中小企业竞争力若干措施的通知》工信部企业〔2021〕169 号
	工业和信息化部 科技部 财政部 商务部 国务院国有资产监督管理委员会 中国证券监督管理委员会	《关于加快培育发展制造业优质企业的指导意见》工信部联政法〔2021〕70 号
	工业和信息化部	《关于政协第十三届全国委员会第四次会议第 3291 号（医疗体育类 245 号）提案答复的函》工信提案〔2021〕24 号
	工业和信息化部科技部 财政部 商务部 国资委 证监会	《关于加快培育发展制造业优质企业的指导意见》

续表

年份	发文单位	政策名
2020	海关总署 国家发展改革委 财政部 交通运输部 商务部 卫生健康委 税务总局 市场监管总局 铁路局 民航局	《关于进一步深化跨境贸易便利化改革优化口岸营商环境的通知》署岸发〔2021〕85 号
	国家知识产权局	《关于深化知识产权领域“放管服”改革优化创新环境和营商环境的通知》国知发服字〔2021〕10 号
	国家发展改革委 最高法 财政部 人力资源社会保障部 自然资源部 住房和城乡建设部 中国人民银行 国资委 海关总署 税务总局 市场监管总局 银保监会 证监会	《关于推动和保障管理人在破产程序中依法履职进一步优化营商环境的意见》发改财金规〔2021〕274 号
	国资委	《关于发布〈中央企业科技创新成果推荐目录（2020 年版）〉的通知》

续表

年份	发文单位	政策名
2022	国务院	《关于构建数据基础制度更好发挥数据要素作用的意见》
	工业和信息化部 国家发展和改革委 科学技术部 财政部 人力资源和社会保障部 中国人民银行 国务院国有资产监督管理委员会 国家市场监督管理总局 中国银行保险监督管理委员会 国家知识产权局 中华全国工商业联合会	《关于开展“携手行动”促进大中小企业融通创新（2022—2025 年）的通知》工信部联企业〔2022〕54 号
	工业和信息化部人力资源 社会保障部 生态环境部 商务部 市场监管总局	《关于推动轻工业高质量发展的指导意见》
	工业和信息化部 国家发展改革委	《关于产业用纺织品行业高质量发展的指导意见》工信部联消费〔2022〕44 号
	工业和信息化部	《关于加强和改进工业和信息化人才队伍建设的实施意见》工信部人〔2022〕138 号
	工业和信息化部教育部 文化和旅游部 国家广播电视总局 国家体育总局	《虚拟现实与行业应用融合发展行动计划（2022—2026 年）》
	国务院办公厅	《关于进一步优化营商环境 降低市场主体制度性交易成本的意见》国办发〔2022〕30 号
	中国证监会 国务院国资委	《关于支持中央企业发行科技创新公司债券的通知》证监发〔2022〕80 号
	科技部 财政部	《关于印发〈企业技术创新能力提升行动方案（2022—2023 年）〉的通知》国科发区〔2022〕220 号

续表

年份	发文单位	政策名
2023	国务院	《关于促进民营经济发展壮大的意见》
	工业和信息化部 财政部	《关于印发电子信息制造业2023—2024年稳增长行动方案的通知》工信部联电子〔2023〕132号
	国家发展改革委 工业和信息化部 财政部 科技部 中国人民银行 税务总局 市场监管总局 金融监管总局	《关于实施促进民营经济发展近期若干举措的通知》发改体改〔2023〕1054号
	人力资源社会保障部	《关于强化人社支持举措 助力民营经济发展壮大的通知》人社部发〔2023〕61号
	工业和信息化部 国家发展改革委 科学技术部 财政部 生态环境部 交通运输部 农业农村部 商务部 文化和旅游部 国家市场监督管理总局 中国银行保险监督管理委员会	《关于培育传统优势食品产区和地方特色食品产业的指导意见》工信部联消费〔2023〕31号
2024	工业和信息化部 教育部 科学技术部 交通运输部 文化和旅游部 国务院国有资产监督管理委员会 中国科学院	《关于推动未来产业创新发展的实施意见》工信部联科〔2024〕12号

续表

年份	发文单位	政策名
2024	国务院	《关于进一步全面深化改革　推进中国式现代化的决定》
	国家市场监管总局	《关于印发〈市场监管部门优化营商环境重点举措（2024 年版）〉的通知》国市监注发〔2024〕84 号
	工业和信息化部	《关于创新信息通信行业管理 优化营商环境的意见》工信部信管〔2024〕147 号
	自然资源部 国务院国有资产监督管理委员会 国家税务总局 国家金融监督管理总局	《关于进一步提升不动产登记便利度促进营商环境优化的通知》自然资发〔2024〕9 号
	工业和信息化部办公厅 教育部办公厅 科技部办公厅	《关于开展“百园百校万企”创新合作行动的通知》工信厅联规函〔2024〕240 号